AF830155

Das Gesetz für Elsaß-Lothringen

betreffend

die Fischerei

vom 2. Juli 1891.

Auf der Grundlage der amtlichen, von Ministerialrat
Freiherrn von Bibra und Regierungsassessor Lichtenberg
bearbeiteten Ausgabe,

neubearbeitete zweite Auflage

von

Dr. Oskar Fischbach
Gerichtsassessor.

Straßburg.
Verlag von Karl J. Trübner.
1912.

M. DuMont Schauberg, Straßburg i. E.

Vorwort zur ersten Auflage.

Die vorliegende Ausgabe des Gesetzes vom 2. Juli 1891 betr. die Fischerei und der dazu erlassenen Verordnungen usw. soll dazu dienen, den Verwaltungs- und richterlichen Beamten und den weiten Bevölkerungskreisen, deren Interesse an der Fischerei gerade in Elsaß-Lothringen überaus lebhaft ist, die Handhabung und das Verständnis der fischereirechtlichen Bestimmungen zu erleichtern.

Veranlaßt wurde die Ausgabe durch den Leiter der Ministerialabteilung für Finanzen, Landwirtschaft und Domänen, Herrn Unterstaatssekretär von Schraut, dem auch das Zustandekommen des Gesetzes selbst in erster Reihe zu verdanken ist.

Leider wurde die Herausgabe des Werkchens durch unvorhergesehene Zwischenfälle verzögert. Dieser Umstand ermöglichte es jedoch andererseits, in den Anmerkungen noch verschiedene Fragen zu berücksichtigen, die während der kurzen Zeit der praktischen Geltung des Gesetzes bereits aufgetaucht sind.

Straßburg, im Oktober 1892.

Die Herausgeber.

Vorwort zur zweiten Auflage.

Seit der ersten Auflage dieses Buches sind etwa zwanzig Jahre vergangen; inzwischen ist manches, wenn auch nicht gerade durch Gesetz, so doch im Verordnungswege geändert worden, und die Literatur und die Rechtsprechung haben klärend gewirkt. Auch das Bürgerliche Gesetzbuch und das elsaß-lothringische Ausführungsgesetz dazu haben mancher der einschlägigen Materien, wenigstens mittelbar, ein verändertes Bild gegeben. Kein Wunder daher, wenn in Interessenten-, namentlich in Fischerkreisen, der Wunsch nach einer Neuausgabe des Werkes rege wurde. Der Aufforderung der Verlagsbuchhandlung, die zweite Auflage des Fischereigesetzes zu bearbeiten, bin ich, nach vorheriger Zustimmung der früheren Herausgeber, des Herrn Ministerialrats a. D. Freiherrn von Bibra und des Herrn Ministerialrats Lichtenberg, gerne nachgekommen, obgleich die Bearbeitung neuer Auflagen bekanntlich nicht zu den dankbarsten Aufgaben gehört.

Die äußere Anlage des Buches ist dieselbe geblieben; gestrichen habe ich solche Stellen, die als längere Auszüge aus der Begründung des Gesetzes wohl für die Übergangszeit, dagegen nicht für die Jetztzeit von Bedeutung sind. Der frei werdende Raum ist trotz tunlichster Beschränkung durch neue Zusätze reichlich ersetzt worden.

Dem Herrn Ministerialdirektor von Traut, der mir die Einsichtnahme der Fischereiakten des Ministeriums bereitwilligst gestattete, spreche ich hierfür an dieser Stelle meinen verbindlichsten Dank aus.

Straßburg, im März 1912.

Dr. Fischbach.

Inhaltsverzeichnis:

Abkürzungen:

Ausführungsver.	=	Verordnung vom 29. April 1892 zur Ausführung des Gesetzes betr. die Fischerei vom 2. Juli 1891.
Z.- u. Bez.-Amtsblt.	=	Zentral- und Bezirksamtsblatt für Elsaß-Lothringen.
Z. P. O.	=	Zivilprozeßordnung.
Dalloz = DP.	=	Dalloz, Jurisprudence générale.
Dalloz Rép.	=	Dalloz, Recueil périodique, Répertoire.
D. J. Z.	=	Deutsche Juristenzeitung, herausgegeb. v. Laband u. a.
Feldpolizeistrafges. = F. Pol. Str.	=	Feldpolizeistrafgesetz vom 9. Juli 1888.
Genossenschaftsver.	=	Verordnung betr. die Bildung von Fischereigenossenschaften vom 31. Juli 1892.
G. V. G.	=	Gerichtsverfassungsgesetz.
Ges. betr. d. Forststrafrecht	=	Gesetz betr. das Forststrafrecht und das Forststrafverfahren vom 28. April 1880.
Jur. Zeitschr. = Els. Z.	=	Juristische Zeitschrift für das Reichsland Elsaß-Lothringen.
Jur. Woch. = J. W.	=	Juristische Wochenschrift.
Puch. Z.	=	Puchelts Zeitschrift für deutsches und französisches Zivilrecht.
„Recht“	=	Das Recht, Rundschau für den deutschen Juristenstand, herausgeg. v. Soergel.
R. St. G. B.	=	Reichsstrafgesetzbuch.
Sammlung	=	Sammlung von Gesetzen, Verordnungen, Erlassen und Verfügungen betr. die Justizverwaltung in Elsaß-Lothringen.
Sitzungsberichte	=	Sitzungsberichte der 18. Session des Landesausschusses 1891.
St. P. O.	=	Strafprozeßordnung.
Wassergesetz	=	Gesetz betr. Wasserbenützung und Wasserschutz vom 2. Juli 1891, erläutert und herausgegeben von den Ministerialräten Jacob und Fecht, Straßburg 1892.
Ver. betr. die Fischerei	=	Verordnung betr. die Fischerei vom 28. April 1892.
Ver. betr. die Fischerei im Rhein	=	(Aufgehobene) Verordnung betr. die Fischerei in dem Rheine vom 24. Dezember 1876.
Ver. betr. die Fischereipolizei	=	(Aufgehobene) Verordnung betr. die Fischereipolizei vom 12. Februar 1883.
Vorlage Nr. 8.	=	Vorlage Nr. 8 der 18. Session des Landesausschusses 1891.

Literaturverzeichnis.

(Es sind nur die häufiger zitierten Werke erwähnt.)

Annalen des Deutschen Reiches.

Biermann, J., Das Sachenrecht des BGB., 2. Aufl.

Bruck, E., Die Jagd- und Vogelschutzgesetzgebnng Elsaß-Lothringens, 2. Aufl.

Bruck, E., Das Verfassungs- und Verwaltungsrecht Elsaß-Lothringens.

Dernburg, Lehrbuch des Bürgerlichen Rechts, Bd. III, Sachenrecht.

Eymann, Das Wassergesetz für das Kgr. Baiern v. 23. III. 1907.

Gierke, Deutsches Privatrecht, Bd. II.

Goltdammers Archiv für Strafrecht.

Groschuff-Eichhorn-Delius, Die preußischen Strafgesetze, 2. Aufl.

Huber, Die Wassergesetze Elsaß-Lothringens, 2. Aufl.

Kisch, Elsaß-Lothringisches Landesprivatrecht.

Landmann-Rohmer, Gewerbeordnung, 4. Aufl.

Leoni-Mandel, Das öffentliche Recht des Reichslandes Elsaß-Lothringen II.

Molitor, Das elf.-lothr. Ausführungsgesetz zum Bürgerl. Gesetzbuch.

Molitor, Gesetz betr. Abänderung verschiedener Justizgesetze (Justiznovelle).

Nelken, Das Gewerberecht in Preußen I.

Nelken, Elsaß-Lothringische Verwaltungsgesetze.

I. Teil: Die Gewerbeordnung.

Oertmann, Bairisches Landesprivatrecht.

v. Staudinger, Komm. zum Bürgerl. Gesetzbuch, 5. u. 6. Aufl., Bd. III, Sachenrecht.

v. Stengel, Wörterbuch des Staats- und Verwaltungsrechts, 2. Aufl. von Fleischmann.

Stier-Somlo, Jahrbuch des öffentlichen Rechts.

Stieve, Das Feldpolizeistrafgesetz für Elf.-Lothr.

Vergleichende Darstellung des deutschen und ausländischen Strafrechts, Besonderer Teil, Bd. VIII.

Walz, Das Badische Staatsrecht.

Einleitung.

Die Fischereiverhältnisse in Frankreich waren unter Ludwig XIV. durch die Ordonnance des eaux et forêts vom August 1669 geordnet worden. Danach hatte in den schiffbaren Flüssen der König (le domaine de la couronne), in den übrigen Wasserläufen der Grundherr (le seigneur), das Fischereirecht. Die Gesetze vom 4. August 1789, 15. März 1790 und 13. April 1791 nahmen den Grundherren das Fischereirecht und übertrugen dasselbe an die Ufereigentümer (Gutachten des Staatsrats vom 27./30. pluviose XIII). Ein Dekret vom 8. frimaire II (28. November 1793) bestätigte die Bestimmungen früherer Dekrete vom Juli 1793, wonach jedermann zur freien Ausübung der Fischerei befugt war; jedoch wurde durch Gesetz vom 14. floréal X die Fischereiberechtigung des Staates an den schiffbaren Wasserläufen wieder hergestellt, nachdem schon vorher durch Arrêté vom 28. messidor VI elf Artikel des Titel 31 der Ordonnanz von 1669, die von der Fischereiberechtigung handelten, wieder in Kraft getreten waren.

Der Code civil Art. 715 verwies wegen des Fischereirechts auf die besonderen Gesetze, welche diese Materie regelten.

Das Bedürfnis nach einer übersichtlichen Zusammenstellung der bestehenden Bestimmungen über Fischereiberechtigung und Fischereipolizei und nach einer den Zeitverhältnissen entsprechenden Umgestaltung derselben veranlaßte die französische Regierung, im Jahre 1828 bei den Kammern einen Gesetzentwurf betr. die Flußfischerei einzubringen. Derselbe wurde unter dem 15./24. April 1829 als Loi relative à la pêche fluviale mit Gesetzeskraft ausgestattet. Vgl. Dalloz, J. G., pêche fluviale.

Erweitert, abgeändert und ergänzt wurde dieses Gesetz durch die Ordonnanz, betr. die Flußfischerei vom 10. Juli 1835, durch das Gesetz vom 6. Juni 1840, die Ordonnanz vom 28. Oktober 1840, betr. die Verpachtung des dem Staate zustehenden Fischereirechts, das Dekret vom 29. April 1862, betr. die Übertragung der Oberaufsicht, Polizei und Ausbeutung der Flußfischerei an den Minister für Ackerbau, Handel und öffentliche Arbeiten, das Dekret vom 26. August 1865, betr. das Verfahren bei Prüfung der Maschenweite erlaubter Fischnetze, das Dekret vom 2. Dezember 1865, betr. die Belohnung für Protokolle über Fischereifrevel und namentlich durch das Gesetz, betr. die Fischerei vom 31. Mai 1865 und das Dekret, enthaltend die Vorschriften über Flußfischerei vom 25. Januar 1868.

Die Grundsätze, von denen die französische Gesetzgebung ausging, waren im allgemeinen folgende:

1. Bezüglich der Fischereiberechtigung: In den schiff- und flößbaren Wasserläufen, deren Unterhaltung dem Staate obliegt, steht die Fischerei dem Staate zu, im übrigen hat der Ufereigentümer das Fischereirecht; in den öffentlichen Wasserläufen darf jedermann mit der schwimmenden, in der Hand gehaltenen Angel fischen;
2. bezüglich der Fischereipolizei: Eine Reihe von Vorrichtungen, die die Fischerei stören, sind verboten; gewisse Fangarten dürfen nicht ausgeübt werden; für die Salmoniden besteht eine Winterschonzeit, für alle sonstigen Fische besteht eine allgemeine Frühjahrsschonzeit; für gewisse Fische ist ein Mindestmaß vorgeschrieben.

Unter der deutschen Verwaltung blieb die Gesetzgebung in Kraft. Die neuen Fischereipolizeiverordnungen: vom 24. Dezember 1876 und 9. April 1880 für den Rhein und vom 12. Februar 1883 für die anderen Wasserläufe, enthielten keine grundsätzlichen Änderungen.

Durch eine Reihe von Verordnungen wurden Schonreviere bestimmt. Ebenso wurde, als die Krebspest in den elsaß-lothringischen Gewässern überhandnahm, der Krebsfang in den meisten Wasserläufen verboten. Schließlich wurden durch Bezirkspolizeiverordnungen Bestimmungen wegen der allgemeinen Zulässigkeit bestimmter Fanggeräte und der Beschaffenheit der schwimmenden Angel getroffen; so für Ober-Elsaß durch die Verordnungen vom 4. März 1884 und vom 7. Juni 1885, für Unter-Elsaß vom 15. Januar 1884 und 22. März 1885 und für Lothringen vom 10. Dezember 1883, 8. August 1884 und 17. Juli 1890.

Gegen die überhandnehmende Verunreinigung der Fischwasser, namentlich durch die Abgänge industrieller Anlagen, war die Bekanntmachung des Ministeriums vom 9. August 1886 gerichtet, die auf Grund einer Übereinkunft zwischen Elsaß-Lothringen, Baden und der Schweiz vom 22. und 23. Oktober 1883, abgeschlossen in Basel, erlassen wurde.

Die deutsche Verwaltung war aber auch bemüht, für die Hebung der Fischerei durch Einführung gemeinschaftlicher gesetzlicher Bestimmungen, insbesondere hinsichtlich der Wanderfische, und durch Herbeiführung einer übereinstimmenden Behandlung der Fischereiinteressen im ganzen Stromgebiete des Rheines, zu dem ja Elsaß-Lothringen gehört, Sorge zu tragen. Das Reich schloß zu diesem Zwecke mit den Niederlanden und der Schweiz den Vertrag vom 30. Juni 1885, betr. die Regelung der Lachsfischerei im Stromgebiete des Rheins (R. G. B. 1886 S. 192). Die Landesverwaltung von Elsaß-Lothringen trat in derselben Absicht in Verhandlungen mit den Nachbarstaaten Baden und Schweiz ein. Das Ergebnis dieser Verhandlungen waren außer der obenerwähnten Baseler Übereinkunft mehrere Verträge, welche schließlich zu der Übereinkunft zwischen Elsaß-Lothringen, Baden und der Schweiz über die Anwendung gleichartiger Bestimmungen für die Fischerei im Rhein und seinen Zuflüssen, abgeschlossen in Luzern am 18. Mai 1887, führten. (S. 174.) Diese Übereinkunft berührt die Frage der Fischereiberechtigung nicht; sie setzt nur gemeinsame Normen für die Fischereipolizei fest. Im Gegensatz zu dem bisher in Elsaß-Lothringen geltenden Recht steht sie auf dem Standpunkt der reinen Individualschonzeit.

Als den in dieser Übereinkunft eingegangenen Verpflichtungen nachgekommen werden sollte, drängte sich von selbst der

Gedanke auf, diese Gelegenheit zu einer Reform des gesamten Fischereirechts zu benutzen und eine tunlichste Übereinstimmung zwischen dem für den Rhein und dem für die übrigen Wasserläufe geltenden Rechte herbeizuführen. Auch aus den Kreisen der Interessenten selbst, im Landesausschusse und bei den Fischereiaufsichtsbeamten wurden Klagen über das geltende Recht laut. Die Regierung entschloß sich deswegen zur Vorlage eines, das gesamte Fischereirecht Elsaß-Lothringens umfassenden Gesetzentwurfes, der in der 18. Session des Landesausschusses, Anfang 1891, zur Beratung kam, und der mit einer Reihe von Abänderungen unterm 2. Juli 1891 als Gesetz betr. die Fischerei Gesetzeskraft erlangte. Vgl. die Begründung des Gesetzentwurfs (Vorlage Nr. 8).

Die Durchführung der geplanten Änderungen war für Elsaß-Lothringen zum Teil nur unter Abänderung der bestehenden Gesetze ausführbar.

Es kommen hierbei in Betracht das Gesetz vom 15./24. April 1829 über die Flußfischerei, die Ordonnanz vom 10. Juli/16. September 1835, betreffend die Flußfischerei, die Ordonnanz vom 28. Oktober 1840, betreffend die Verpachtung des dem Staate zustehenden Fischereirechts, das Gesetz vom 31. Mai 1865 über die Fischerei, das Dekret vom 2. Dezember 1865 über die Belohnungen für Feststellung von Fischereifreveln, das Gesetz vom 24. Dezember 1876, betreffend die Festsetzung von Fischereischonstrecken, die Verordnung vom 24. Dezember 1876, betreffend die Fischerei im Rhein, endlich die Verordnung vom 12. Februar 1883, betreffend die Fischereipolizei.

Das grundlegende Gesetz vom 15./24. April 1829 hatte in materieller Beziehung schon durch die Einführung des Strafgesetzbuches in einzelnen Punkten Abänderungen erlitten; durch die Einführung des Gerichtsverfassungsgesetzes und der Strafprozeßordnung sind die Bestimmungen im V. Titel (Verfolgung der strafbaren Handlungen), im VI. Titel (Strafen und Verurteilungen), endlich im VII. Titel (Vollstreckung der Urteile) zum größten Teile hinfällig geworden. Es erschien daher zweckmäßig, die in Aussicht genommenen Abänderungen nicht in Form einer Novelle der bestehenden Gesetzgebung anzuschließen, sondern im Interesse der Übersichtlichkeit und Klarheit die zerstreute und mannigfach durchlöcherte Gesetzgebung zu beseitigen und an deren Stelle ein neues einheitliches Gesetz treten zu lassen. Im Interesse der Übersichtlichkeit empfahl es sich, die Einteilung in Hauptabschnitte beizubehalten. Es sind dies I. Fischereiberechtigung, II. Ausübung der Fischerei III. Beaufsichtigung der Fischerei, IV. Strafbestimmungen, V. Schlußbestimmungen.

Aus den Verhandlungen im Landesausschuß sind zu erwähnen:

Die erste Lesung des Gesetzentwurfs vom 12. Februar 1891.

Die zweite Lesung des Entwurfs vom 16. April 1891 (Sitzungsberichte S. 544 ff. und S. 581 ff.).

Die dritte Lesung vom 22. April 1891 (Sitzungsberichte S. 669 ff.).

Der Bundesrat erteilte den vom Landesausschuß beschlossenen Abänderungen in seiner Sitzung vom 11. Juni 1891 seine Zustimmung. Das am 2. Juli 1891 vollzogene Gesetz wurde in Nummer 14 des Gesetzblattes für Elsaß-Lothringen von 1891 (S. 69) verkündet.

Wegen der zur Ausführung des Gesetzes erlassenen Verordnungen und wegen ihres Wortlautes vgl. S. 114 f. u. 130 f.

Was den örtlichen Geltungsbereich des Gesetzes anlangt, so erstreckt sich die Wirksamkeit des Gesetzes auf das Gebiet von Elsaß-Lothringen. Auf die Wasserläufe an den Grenzen findet es soweit Anwendung, als dieselben innerhalb der Hoheitsgrenzen des Reichslandes liegen.

Der zwischen Frankreich und Baden abgeschlossene Staatsvertrag vom 5. April 1840 (Bull. des lois 1840 IX Série N. 8694 S. 415 ff. und badisches Staats- und Regierungsblatt 1840 S. 129 ff.) bestimmt nämlich folgendes:

Art. 1.

La démarcation entre la France et le Grand-Duché de Bade se compose de deux limites: l'une, destinée, sauf les exceptions stipulées au présent traité, à séparer les droits de souveraineté des deux pays et déterminée par le Thalweg du Rhin; l'autre, ayant pour objet, suivant les dispositions ci-après, de séparer les droits de propriété sur les îles et atterrissements du Rhin, et formée d'une série de lignes continues et invariables de position.

Art. 1.

Die Grenze zwischen Frankreich und dem Großherzogtum Baden besteht aus zweierlei Grenzlinien; die eine ist bestimmt, vorbehaltlich der in gegenwärtiger Uebereinkunft festgesetzten Ausnahmen, die Hoheitsrechte beider Staaten zu scheiden, und wird durch den Talweg des Rheins bezeichnet; die andere hat den Zweck, nach den unten folgenden Anordnungen die Eigentumsrechte über die Inseln und Verlandungen des Rheins zu scheiden, und ist durch eine Reihe zusammenhängender, in ihrer Lage unveränderlicher Linien gebildet.

Art. 4.

L'axe du Thalweg, dont la position aura été reconnue et constatée par un procès-verbal rédigé en double expédition, et accompagné d'une carte figurative, formera, jusqu'à la reconnaissance suivante, la limite de la souveraineté des deux Etats, nonobstant tous les changements qui pourront survenir, avant cette époque, dans la position du Talweg naturel.

Cette limite conventionnelle règlera l'application des lois

Art. 4.

Die Axe des Talwegs, dessen Lage untersucht, und durch ein doppelt auszufertigendes Protokoll nebst beigefügter Handkarte anerkannt worden ist, bildet bis zur nächstfolgenden Untersuchung der Hoheitsgrenze zwischen beiden Staaten ohne Rücksicht auf die Veränderungen, welche vor diesem Zeitpunkte in der Lage des wirklichen Talwegs eintreten können.

Diese konventionelle Grenze bestimmt die Anwendung der

civiles et criminelles, et l'exercice de toutes les parties de l'administration publique.

Les deux Gouvernements conviennent de s'entendre ultérieurement sur l'exécution réciproque des contrats et jugements civils, la poursuite des délits commis sur les frontières et la police des droits dont il est parlé en l'article suivant.

Zivil- und Kriminalgesetze, sowie die Ausübung aller Zweige der öffentlichen Verwaltung.

Beide Regierungen kommen überein, sich später über den gegenseitigen Vollzug der bürgerlichen Verträge und Rechtssprüche, über die Verfolgung der an der Grenze vorfallenden Vergehen und über die Polizei hinsichtlich der im folgenden Artikel erwähnten Berechtigungen gemeinschaftlich zu verständigen.

Art. 5.

Les droits de chasse, de pêche, de lavage de l'or, sur les îles et les eaux du fleuve seront exercés par le domaine, les communes, les établissements publics ou les particuliers de chaque État, jusqu'à la limite fixe des bans des communes, sans aucun égard à la position de la limite de souveraineté.

Il en sera etc.

Art. 5.

Die Jagd-, Fischerei- und Goldwäschereirechte werden von dem Domänenfiskus, von den Gemeinden, den öffentlichen Anstalten oder den Privaten eines jeden Staates bis an die feste Grenze der Gemeindegemarkungen, ohne alle Rücksicht auf die Lage der Hoheitsgrenze, ausgeübt.

Das Gleiche u. s. w.

Art. 9.

La limite de propriété ou des bans restera invariable de position; elle est continue et de figure polygonale, et elle traverse alternativement les eaux et les îles du Rhin sur toute l'étendue de la frontière. Sa figure géométrique,

Art. 9.

Die Eigentums- oder Banngrenze bleibt in ihrer Lage unveränderlich; sie bildet eine zusammenhängende mehrfach gebrochene Linie und durchschneidet abwechselnd die Gewässer und die Inseln des Rheins längs der ganzen Aus-

assurée par des bornes et des repères, sa position topographique, sont décrites dans le procès-verbal historique et descriptif de la limite des propriétés et sur la carte qui y est annexée. Ce procès-verbal aura la même force et la même valeur que la présente Convention dont il est censé faire partie intégrante.

La limite des propriétés qu'il décrit est approuvée et sera établie dans son intégrité.

Chaque propriétaire etc.

dehnung der Landesgrenze. Ihre geometrische Figur, welche durch Grenzsteine und feste Anhaltspunkte gesichert ist, und ihre topographische Lage sind in dem historischen und beschreibenden Protokoll über die Eigentumsgrenze und in der demselben beigefügten Karte beschrieben. Dieses Protokoll soll dieselbe Kraft und Gültigkeit haben, wie gegenwärtige Uebereinkunft, als deren integrirender Bestandteil es angesehen wird. Die Eigentumsgrenze, welche es beschreibt, ist hiermit genehmigt und wird aufs Vollständigste hergestellt werden.

Jeder Eigentümer u. s. w.

Die Auslegung dieser Bestimmungen ist namentlich bezüglich der auf Jagd und Fischerei sich beziehenden Stellen zweifelhaft. Sowohl die Verwaltungsbehörden wie die Gerichte schwankten. Die gerichtlichen Entscheidungen, insbesondere zu Artikel 5 des Bad.-franz. Staatsvertrags von 1840 sprechen sich übereinstimmend dahin aus, daß die Gesetzgebung des Heimatsstaats der betreffenden Gemeinde bis zu deren Gemarkungsgrenze (ohne Rücksicht auf die Lage der Hoheitsgrenze) für maßgebend zu erklären sind. (R. G. 6. II. 1891 in Jur. Zeitschr. 16 S. 193 und in den Annalen der Großh. bad. Gerichte Jahrg. 1891 S. 371; O.-L.-G. Colmar in Jur. Zeitschr. 12 S. 343, 461; Bd. 15 S. 29 und in Puchelts Zeitschr. 1892 S. 129; ferner Rechtspr. des Großh. bad. Verwaltungsgerichtshofs 1864—1890 S. 571 f.; Bad. hofgerichtliche Jahrb. Bd. 12 S. 183/187 u. Annal. der bad. Gerichte Bd. 29 S. 244 N. 106.) Vgl. hierzu auch Buchenberger, Fischereirecht, und Kisch, Elf.-lothr. Landesprivatrecht. In den im elsaß-lothringischen Staatsgebiete (diesseits der durch die Axe des Talwegs des Rheins gebildeten Hoheitsgrenze) gelegenen Teilen badischer Gemeindegemarkungen hat danach die elsaß-lothringische Jagd- und Fischerei-Polizeigesetzgebung Anwendung zu finden, während hinsichtlich des materiellen Jagd- und Fischereirechts, der Jagd- und Fischereiberechtigung, also betreffs der Frage, wer zur Ausübung dieser Rechte in den in Rede stehenden badischen Gemeindegemarkungsteilen berechtigt ist, und in welchem Umfange ihm diese Rechte zustehen, die badische Gesetzgebung maßgebend ist. Die durch den erwähnten Staatsvertrag eingeführte Eigentums- oder Banngrenze ist noch jetzt die Banngrenze zwischen den elsässischen und badischen Gemeinden und zieht sich als beiderseits mit Pappeln bepflanzter Durchhau durch den Rheinwald (auf der Karte der Kgl. preuß. Landesaufnahme durch Striche = = = gekennzeichnet), auf der ganzen zur Herstellung gebrauchten Strecke in einer Entfernung von 100—110 m diesseites des Dammes des seither korrigierten Rheines hin. Die in dieser Grenze (auch alte Hoheitsgrenze genannt) liegenden Schnittpunkte der Banngrenzen (diese sind auf der Karte mit .—.—.—. bezeichnet) werden durch Grenzsteine bezeichnet).

Da die fischereipolizeilichen Bestimmungen wegen Schonzeiten (Individualschonzeiten und allgemeine Frühjahrsschonzeit), Mindestmaßen, verbotener Fanggeräte und unzulässiger Arten der Ausübung der Fischerei in Elsaß-Lothringen und Baden beinahe völlig übereinstimmen, so wird nur die Frage praktisch bezüglich der Notwendigkeit der Lösung einer Fischerkarte. Eine solche muß auch derjenige Fischer lösen, welcher auf elsaß-lothringischem Staatsgebiet, aber innerhalb einer badischen Gemeindegemarkungsgrenze die Fischerei ausübt; denn es handelt sich hier um (Jagd- u.) Fischerei polizei gesetzgebung. Die Fischerkarten sind wie die Jagdscheine bei der Jagd lediglich ein Nachweis, daß vom Standpunkt der Fischereipolizei gegen die Ausübung der Fischerei durch den Inhaber keine Bedenken bestehen.

Hinsichtlich des materiellen (Jagd- u.) Fischereirechts in den Teilen badischer Gemarkungen, welche diesseits der elsaß-lothringischen Hoheitsgrenze liegen, ist dagegen die badische Gesetzgebung maßgebend und umgekehrt, so daß z. B. das Jagd- und Fischereirecht auf den Flächen des Rheinstroms und der Rheininseln, soweit diese Flächen innerhalb der elsässischen Gemarkung belegen sind, bis zur festen Grenze derselben, wenn sich diese auch auf badischem Hoheitsgebiet befindet, von der Gemeinde nach Maßgabe des elsaß-lothringischen Jagdgesetzes v. 7. II. 81 oder nach Maßgabe der Bestimmungen des elsaß-lothringischen Fischereigesetzes zur Verpachtung zu bringen ist. Andrerseits braucht wohl nicht besonders betont zu werden, daß es unzulässig wäre, eine diesseits der Hoheitslinie auf einem badischen Bann gelegene Jagd bzw. Fischerei durch die Gemeinde unter der Bedingung versteigern zu lassen, daß nur Badener zum Steigern berechtigt sind.

Was die Fischereiberechtigung angeht, so gelten innerhalb der badischen Gemarkungsgrenzen die Vorschriften des § 1 des badischen Gesetzes vom 29. März 1852, welche lauten:

Die Fischerei steht zu:

1. in schiffbaren und flößbaren Flüssen und Seen — als deren Bestandteil Altwasser, Gießen und dergleichen gelten, so lange sie ihren Zufluß aus dem Hauptwasser haben — dem Staate;
2. in Kanälen, Gewerbswassern, Teichen und anderen in ausschließlichem Eigentum befindlichen Gewässern — dem Eigentümer;
3. in den übrigen Gewässern — der Gemarkungsgemeinde oder wem sonst das Markungsrecht zusteht.

Ausgenommen von der Benützung und Verpachtung der Fischerei von seiten der Gemeinde sind die Gewässer in abgeschlossenen Räumen, Anlagen und Lustgärten.

Auch kann derjenige, der beide, oder auch nur ein Ufer, wo das Gewässer die Landesgrenze bildet, in einer Ausdehnung von mindestens fünfhundert Ruthen besitzt, verlangen, daß ihm die Fischerei auf seinem Eigentum zur selbständigen Ausübung überlassen werde.

Die als Erblehen verliehenen Fischereirechte bleiben aufrecht erhalten, doch treten die nach vorstehenden Bestimmungen zur Fischerei Berechtigten in den Genuß der Lehenabgaben."

Für den Rhein stimmt das badische Recht demnach mit dem elsaß-lothringischen bezüglich der Fischereiberechtigung im wesentlichen überein (vgl. § 1 des Gesetzes S. 14).

Trotz der ergangenen gerichtlichen Entscheidungen herrschen aber auf diesem Gebiete noch mannigfache Unklarheiten; es seien in dieser Beziehung noch folgende Einzelheiten hervorgehoben: Nach § 1 Abs. 2 des els.-lothr. F. G. steht es in den schiff- und flößbaren Wasserläufen jedermann frei, vorbehaltlich der gesetzlichen oder durch Verordnung gebotenen Beschränkungen, mit der schwimmenden, in der Hand gehaltenen Angel zu fischen. Es fragt sich, ob diese freie Angelfischerei auch auf den diesseits des Talweges des Rheines, also innerhalb der staatlichen Hoheitslinie, gelegenen Teilen badischer Gemarkungen ohne Erlaubnis des badischen Fischereipächters auf Grund einer elsaß-lothringischen Angelkarte ausgeübt werden darf. Die Anhänger dieser Meinung gehen davon aus, daß es sich bei der freien Angelfischerei um die öffentlich-rechtliche Zulassung einer bestimmten Modalität der Ausübung der Fischerei handelt, und daß sie mithin Platz greift, unabhängig von der Frage, wem in dem betreffenden Wasserlauf materiell das Fischereirecht zusteht. Es wird weiter betont, daß die Befugnis zur Ausübung der freien Angelfischerei kein aus dem staatlichen Fischereirecht in den öffentlichen Gewässern abgeleitetes, sondern ein sogen. ursprüngliches Recht sei, welches lediglich aus der Tatsache fließe, daß es sich um ein schiff- oder flößbares Gewässer handle.

Dieser Ansicht kann aber deshalb nicht beigetreten werden, weil es sich hier nur um das materielle, nicht um das polizeiliche Fischereirecht handelt. Nach Art. 5 des bad.-franz. Staatsvertrags von 1840 werden die Fischereirechte „von dem Domänenfiskus, von den Gemeinden, den öffentlichen Anstalten oder den Privaten eines jeden Staates bis an die feste Grenze der Gemeindegemarkungen ohne alle Rücksicht auf die Hoheitsgrenze ausgeübt". Schon aus der Stellung der freien Angelfischerei im Gesetz (§ 1 Abs. 2 F.G.) folgt, daß der Staat die genannte Befugnis aus seinem eigenen Fischereirecht an den schiff- und flößbaren Wasserläufen ableitet. Der Staat kann sonach die liberaler Weise im Bereiche seiner eigenen Fischereiberechtigung erteilte Angelbefugnis nicht auf solche Wasserläufe oder Teile solcher erstrecken, in denen ihm selbst eine Fischereiberechtigung gar nicht zusteht. Umgekehrt folgt aber hieraus nicht etwa, daß in elsaß-lothringischen Gemarkungsteilen, die jenseits der Hoheitslinie in Baden liegen, die freie Angelbefugnis nach Lösung einer els.-lothr. Angelkarte gestattet sei, denn die elsaß-lothringische Fischerei**polizei** reicht nicht über die Hoheitsgrenze, und folglich können auch nicht **Angelkarten** mit Wirkung für badisches Hoheitsgebiet ausgestellt werden. (Vgl. hierzu auch das S. 23 f. Gesagte.) Anders liegt der Fall auch nicht bezüglich der **Fischer**karten; reicht also eine von einer elsässischen Gemeinde verpachtete Fischerei über die Hoheitsgrenze, so muß für den in Baden liegenden Gemarkungsteil ebenfalls eine badische Fischerkarte gelöst werden, und umgekehrt. Ob dies an sich zweckmäßig erscheint, kann dahin gestellt bleiben. Es muß dem Ermessen der in Betracht kommenden Verwaltungsbehörde überlassen bleiben, von der Lösung einer Fischerkarte abzusehen, nachdem bereits im Heimatstaat des Pächters eine Karte gelöst und somit der vom Gesetz gewollte Legitimationszweck gesichert ist.

Da die in Frage kommenden Grenzlinien der Gemarkungen den Angelfischern wohl in vielen Fällen nicht bekannt sind, wird stillschweigend eine auf Gegenseitigkeit beruhende Konnivenz bezüglich der Bestrafung etwaiger Übertretungen geübt. (Eine Beschreibung der Gemarkungsgrenzen befindet sich im Anhang.)

Es ist vorgekommen, daß elsässische Gemeinden (z. B. Balgau und Nambsheim) auf der rechten Stromseite gelegene, ihnen zu Eigentum gehörige Flächen an die badische Rheinbauverwaltung verkauft haben. Durch einen solchen Verkauf werden die durch den Staatsvertrag vom 5. April 1840 festgelegten Gemarkungsgrenzen nicht geändert. Die gegenteilige, in einem Erlasse des Oberpräsidenten vom 2. September 1875 (Nr. 3189) zum Ausdruck gelangte Auffassung ist nicht zutreffend. Danach ist also die Fischerei, soweit es sich um Fischwasser handelt, in welchem nach § 1 FG. dem Staat die Fischerei zusteht, auch wenn es jenseits der Hoheitsgrenze liegt, innerhalb der in Betracht kommenden elsaß-lothringischen Gemarkung von der diesseitigen Wasserbauverwaltung nutzbar zu machen. Liegen die Voraussetzungen des § 1 Ziff. 2 nicht mehr vor, so steht die Fischerei nicht mehr dem Staat, sondern nach § 3 els.-lohr. FG. den Ufereigentümern, also allenfalls dem badischen Staat zu, soweit auf Besitz oder Titel beruhende Rechte Dritter nicht entgegenstehen.

Den zweiten zweifelhaften Fall bezüglich der Frage der Anwendbarkeit der els.-lothr. Fischereigesetzgebung bieten die Verhältnisse in der Saar und in der Blies, soweit diese Flüsse die Grenze gegen Preußen bilden. (Vgl. hierzu noch die Anm. zu § 1 des Ges.) Auch hier ist die Festlegung der politischen Grenze durch einen Staatsvertrag vom 23. Oktober 1829 erfolgt, in welchem ebenfalls der Talweg der beiden genannten Flüsse als Hoheitsgrenze bezeichnet wird. Betreffs der Fischerei ist dagegen folgendes bestimmt:

Art. 12.

Jusqu'à l'expiration des baux existant pour la pêche de la Sarre et de la Blies, le revenu sera partagé entre les deux Gouvernements: à partir de l'expiration de ces baux, la pêche dans la Sarre, depuis Guydengen jusqu'à moitié chemin de Sarreguemines, appartiendra à la Prusse, et l'autre moitié à la France; depuis le triple confin*) jusqu'à moitié chemin du confluent dans la Sarre, la pêche dans la Blies appartiendra à la Prusse et l'autre moitié à la France, auxquels points de séparation il sera planté des bornes d'une forme particulière qui indiqueront les limites de la pêche.

Quant etc.

*) Der dreifache Grenzpunkt liegt bei Uhrigsmühle, wo Preußen, Bayern und Elsaß-Lothringen zusammenstoßen.

Art. 12.

Bis zum Ablauf der gegenwärtigen Pacht über die Fischerei in der Saar und der Blies soll der Ertrag unter beiden Staaten geteilt werden. Vom Ablaufe dieser Pächte an soll jedoch die Fischerei in der Saar von Güdingen bis zur Hälfte des Weges von Saargemünd der Krone Preußen, und die andere Hälfte der Krone Frankreich zugehören.

Von dem dreifachen Grenzpunkte*) an, bis zur Hälfte des Weges nach der Mündung der Blies in die Saar, wird die Fischerei in der Blies der Krone Preußen, und die andere Hälfte der Krone Frankreich gehören. An den desfallsigen Scheidepunkten sollen Grenzsteine von einer besonderen Form gesetzt werden, welche die Grenzen der Fischerei bezeichnen.

Was den Ertrag der Fähren usw.

Vgl. Bulletin des lois 1831 IX Série Nr. 451 S. 425 und Gesetzsammlung für die Königlich Preußischen Staaten von 1830 S. 26 ff.

Diese Übereinkunft dürfte in analoger Weise, wie die zwischen Frankreich und Baden getroffene auszulegen sein. Soweit die Fischereipolizeigesetzgebung in Frage kommt, entscheidet auch in der Saar und in der Blies die Hoheitsgrenze über deren Anwendung.

Diese Ansicht wird auch von den Verwaltungsbehörden Elsaß-Lothringens geteilt. So ist wie in der früheren (v. 9. Mai 1892 C 16), so auch in der jetzt geltenden Verordnung über die Bestimmung von Laich- und Hegeplätzen vom 19. Dezember 1911 unter C 15 im nördlichen Teile der Saar, wo die Fischerei also der Krone Preußens zusteht, eine Strecke der linksseitigen Hälfte als Laich- und Hegeplatz bezeichnet worden. Diese Bestimmung ist wörtlich der Verordnung vom 12. Juli 1884 (Zentral- und Bezirksamtsblatt S. 173) entnommen. Dort wird als Grund der

*) Der dreifache Grenzpunkt liegt bei Uhrigsmühle, wo Preußen, Bayern und Elsaß-Lothringen zusammenstoßen.

Maßregel der Umstand angeführt, daß die entsprechende rechtsseitige Flußhälfte seitens der Preußischen Landesregierung gleichfalls als Fischereischonrevier bezeichnet worden sei. Ferner ist in der früheren Verordnung betr. das Verbot des Krebsfanges vom 13. Mai 1892 unter C II der Krebsfang in dem „mit Preußen gemeinschaftlichen Teil“ der Blies, also nicht bloß in dem Teil, bezüglich dessen „die Fischerei der Krone Frankreich zugehört“, untersagt worden. Eine Entscheidung des elsaß-lothringischen höchsten Gerichtshofes ist in dieser Frage bisher nicht ergangen. (Vgl. dagegen R. G. E. Bd. 39 C 54.) Vgl. hierzu noch S. 24.

Durch die Einführung des Bürgerlichen Gesetzbuches für das deutsche Reich sind die landesgesetzlichen Vorschriften über die Fischerei unberührt geblieben (Art. 69 E. G. B. G. B.), unbeschadet allerdings der Vorschrift des § 958 Abs. 2 B. G. B., wonach das Eigentum an Sachen nicht erworben wird, wenn die Aneignung gesetzlich verboten ist oder wenn durch die Besitzergreifung das Aneignungsrecht eines anderen verletzt wird. Insoweit also die Fischerei nicht freigegeben, und der dieselbe Ausübende zur Ausübung unbefugt ist, erwirbt er an den gefangenen Fischen kein Eigentumsrecht, obwohl im übrigen die Fische gemäß § 960_1 B. G. B. mit Ausnahme der in Teichen und anderen geschlossenen Privatgewässern befindlichen herrenlos sind.

Das els.-lothr. A. G. zum B. G. B. hat bezüglich der Fische und Fischereirechte keine Sonderbestimmungen getroffen.

Gesetz,

betreffend die Fischerei, vom 2. Juli 1891.

Gesetzblatt 1891, S. 69.

Wir Wilhelm, von Gottes Gnaden Deutscher Kaiser, König von Preußen rc.

verordnen im Namen des Reichs, für Elsaß-Lothringen, nach erfolgter Zustimmung des Bundesrats und des Landesausschusses, was folgt:

Erster Abschnitt.

Fischereiberechtigung.

§ 1.

Die Fischerei steht dem Staate zu:

1. in allen Flüssen, Kanälen und Vorgräben, welche mit Schiffen oder zusammengebundenen Flößen befahren werden können, und zu deren Unterhaltung der Staat verpflichtet oder mitverpflichtet ist;
2. in den Altwassern, Gießen, Armen, Einbuchtungen und Gräben, so lange sie ihr Wasser aus den schiff- oder flößbaren Flüssen erhalten, zu jeder Zeit unbehindert mit Fischernachen durchfahren oder befahren werden können, und zu deren Unterhaltung der Staat verpflichtet oder mitverpflichtet ist.

In den vorstehend bezeichneten Wasserläufen ist es jedermann gestattet, unbeschadet der einschränkenden Vorschriften dieses Gesetzes, mit der schwimmenden, in der Hand gehaltenen Angel zu fischen.

I. Inhalt der Fischereiberechtigung ist die Berechtigung zur Hegung und ausschließlichen Zueignung bestimmter in einem Gewässer angetroffener herrenloser Wassertiere (Glaser in Vergl. Darst. des deutschen u. ausl. Strafr. Bes. Teil VIII 506), oder wie Oertmann (Bairisches Landesprivatrecht S. 382) definiert: Die Fischereiberechtigung umfaßt die Befugnis, sich Fische und gewisse andere Wassertiere in einem bestimmten Gewässer ausschließlich anzueignen, zu diesem Zwecke die Tiere in dem Gewässer zu züchten und zu hegen und die hierzu sowie zum Fang notwendigen oder dienlichen Maßnahmen an und in den Gewässern zu treffen. (Vgl. auch Oberst. L. G. München v. 21. Dezember 1895 Bl. f. R. A. 61 S. 90 u. v. 31. Juli 1898 das. 63 S. 440, ferner Eymann, Das Wassergesetz für das Kgr. Baiern v. 23. März 07 II S. 189f., 197 u. v. Stengels Wörterbuch des deutschen Staats- und Verwaltungsrechts 2. Aufl. unter Fischerei S. 793.) Die Fischereiberechtigung erschöpft sich also nicht in der ausschließlichen Berechtigung, dem Fischfang obzuliegen, sondern gibt dem Berechtigten auch die Befugnis zur Vornahme der Maßnahmen, die zur Schaffung und Erhaltung eines angemessenen Fischbestandes notwendig sind, z. B. Vorkehrungen zur Zucht und Erhaltung der Fische (Laichplätze). Unter Umständen kann sich das Hegerecht zur Hegepflicht gestalten. Dabei ist jedoch zwischen der natürlichen und der künstlichen Fischzucht zu unterscheiden. Nur mit der natürlichen Fischzucht läßt sich eine Hegepflicht verbinden. Dieselbe überläßt die Fische ihrer natürlichen Entwickelung, sucht aber durch Fernhaltung schädlicher Einflüsse und durch Verbesserung der natürlichen Existenzbedingungen Erhaltung und Hebung des Fischbestandes zu fördern. (v. Stengel, Wörterbuch.) Neben dem Hauptrecht der Aneignung der Fische umfaßt die Fischereiberechtigung gewisse als Ausfluß des Hegungsrechts zu betrachtende Nebenrechte, nämlich die Befugnis, alle zur Hegung und Aneignung erforderlichen oder zweckdienlichen Maßnahmen an oder in dem Gewässer zu treffen, z. B. auch das Recht, die Ufergrundstücke zu betreten, der Fischerei schädliche Tiere zu erlegen usw.

II. Die Frage, welche Objekte in den Bereich des Fischereirechts fallen, z. B. außer Fischen auch Krebse, Muscheltiere, Frösche, richtet sich nach Landesrecht oder Gewohnheitsrecht (vgl. Art. 69 E. G. B. G. B.; Dernburg, Lehrb. des Bürg. R. Sachenrecht § 114; v. Staudinger, Komm. z. B. G. B.

5./6. Aufl. § 958 S. 399 b). Regelmäßig ist Objekt des Fischereirechts der Fisch, „welcher sich noch soweit in seiner natürlichen Freiheit befindet, daß er uns leicht entkommen kann". (Eymann S. 196, Kisch, Elf.-Lothr. Landesprivatrecht S. 628.) Gleichgültig ist, ob die Fische bei der Aneignung lebend oder tot bzw. verendet sind. Nach elf.-lothr. Landesrecht (§ 7 F. G. und Min. Ver. v. $\frac{\text{28. IV. 1892}}{\text{5. Sept. 1899}}$ Art. 1) gehören auch Krebse und Frösche zu den nutzbaren Wassertieren, nicht dagegen Muscheln und Austern. Ebenso fallen nicht unter das Fischereirecht gewisse, nicht nutzbare Wassertiere wie Wasserratten, Insekten. (Kisch, a. a. O.).

III. Das Fischen deckt sich seinem positiven Umfange nach nicht ohne weiteres mit dem Jagdausüben. (Glaser, a. a. O. 512). Fischen bedeutet das Aufsuchen, das Verfolgen und die Bemächtigung der Fischereiobjekte in Zueignungsabsicht; die bloße Erlegungsabsicht ist unter den Begriff des Fischereirechts nicht zu begreifen. Das Fangen und aus dem Wasser Heben, nicht auch das bloße Töten bildet den Gegenstand des Fischereirechts. Andrerseits gehört zum „Fischen" im Sinne des § 370 Ziff. 4 St. G. B. nicht nur das Fangen, sondern auch das bloße Nachstellen nach Fischen. (O. L. G. Colmar v. 5 Oktober 97, Jur. Z. 23 S. 58.) Bei Krebsen und Fröschen kann man nicht von „fischen" im eigentlichen Sinne reden; diese Wassertiere werden „gefangen", eine Ausdrucksweise, die übrigens auch ganz allgemein vom Fischen gebraucht wird.

Soweit das Fischereirecht eine ausschließliche Aneignungsberechtigung enthält, hat es allerdings die gleiche, juristische Natur wie das Jagdrecht (Kisch, S. 627). Es gehört sonach zu den absoluten Rechten, die dem Berechtigten ein Aneignungsrecht unter Ausschluß aller übrigen Personen gestatten; es ist nicht bloß durch das Privatrecht, sondern auch durch das Strafrecht geschützt (vgl. § 370 Ziff. 4 St. G. B., §§ 296 f. St. G. B. u. §§ 41 bis 53 F. G.). Es kann jedoch wohl kaum einem Zweifel unterliegen, daß das Fischereirecht im Gegensatz zu anderen Wassernutzungsrechten ausschließlich ein privates Recht ist (Oertmann, a. a. O. 139, Oberst. L. G. München, E. 17, 141, v. Staudinger, a. a. O.).

Eine Fischnacheile ist grundsätzlich nicht gestattet. (And. Ans. Haller, Entwurf eines Fischereigesetzes für Württemberg.) Es kann deshalb der Eigentümer eines Grabens oder einer Vertiefung die infolge einer Überschwemmung dort hingekommenen und zurückgebliebenen Fische behalten. Vgl. hierzu Dalloz, Rép. Suppl. v.° pêche fluviale No. 12 u. D. P. 73. 1. 313. Dem Fischereiberechtigten ist jedoch gestattet, die in solchen Vertiefungen zurückgebliebene Fischbrut an sich zu nehmen. (Walz, Badisches Staatsrecht S. 416.) Sind in den Bewässerungsgräben von Wiesen nach Schließung der Entnahmeschleusen Fische zurückgeblieben, so sollen die Wasserbeamten darauf achten, daß etwa gefundene größere Fische und die Fischbrut in den Wasserlauf zurückgebracht werden, damit der Fischereiberechtigte durch die im Interesse der Landwirtschaft vorgenommene Bewässerung der Wiesen keinen Schaden erleide.

Jagdokkupations- und Fischhegerecht. Konkurrenz. Ein Teil der jagdbaren Tiere (Fischotter, Wasserhühner, Kormorane (Säger)) ist wegen seiner Schädlichkeit für die Fischzucht (vgl. Min. Ver. v. $\frac{\text{28. April 1892}}{\text{5. September 1899}}$ Art. 2) für den Fischereiberechtigten von besonderer Wichtigkeit. Beim Schweigen der Gesetzgebung gilt die Bindingsche (Lehrb. I 2 S. 327) Regel, daß sich der Jagdberechtigte dieser Tiere nur durch Jagd, der Fischereiberechtigte dagegen nur durch Fischereiakte bemächtigen darf. Das elsaß-lothringische Recht gestattet die ohne Schießwaffe erfolgende Okkupation von Fischottern usw. (§ 8 F. G.) Das Recht auf Tötung der Fischräuber ergibt sich allenfalls auch aus § 228 B. G. B. (O. L. G. Rostock v. 20. Mai 1910 D. J. Z. 16 S. 544.)

IV. Das Subjekt des Fischereirechts.

Als die Grundlage des Fischereirechts wird regelmäßig das Eigentum am Gewässer angesehen, weshalb in öffentlichen Gewässern der Staat, in den übrigen Gewässern der Eigentümer fischereiberechtigt ist. (Eymann II 202.) Doch wird auch die Meinung sich vertreten lassen, daß die Fischereiberechtigung des Staates außer aus dem Grundeigentum auch aus der Regalität abzuleiten ist.

Der § 1 Abs. 1 F. G. gibt mit unwesentlichen, redaktionellen Änderungen den Abs. 1 Art. 1 des Gesetzes vom 15. April 1829 wieder. Die Unterscheidung in öffentliche und nicht öffentliche Gewässer entspricht einem in den meisten Staaten verwandten gemischten System, kombiniert aus dem Regalitäts- und dem Real-(oder: Anlieger)rechtsgedanken. (Glaser, 503, Haller a. a. O.) Bei den öffentlichen Gewässern legt der Staat im Interesse der von ihm repräsentierten Gesamtheit auf die Fischnutzung Beschlag, während er sie im übrigen der Privatwirtschaft überläßt (Kisch, 629).

1. In allen im öffentlichen Eigentum des Staates stehenden, natürlichen und künstlichen Wasserläufen nebst deren Zubehör steht die Fischereiberechtigung dem Staate zu. Das Gesetz teilt die Gesamtheit der unter § 1 fallenden Wasserläufe in zwei Unterabteilungen ein, von denen die erste die Haupt- und die zweite die Nebengewässer enthält. Zur ersten Gruppe gehören die mit Schiffen oder zusammengebundenen Flößen befahrbaren Wasserläufe. In Wasserläufen, welche nur zur Flößerei von Scheitholz (Trift, flottage à bûches perdues) dienen, steht das Fischereirecht nicht dem Staat, sondern den Ufereigentümern (§ 3 F. G.) zu. (Vgl. Dalloz, Rép., pêche fluviale 15.) Betreffs der zweiten Gruppe ist zu bemerken, daß in den Altwassern usw. dem Staat die Fischerei nur zusteht, soweit diese Wasserläufe mit Fischernachen befahren werden können. Ist dies nicht der Fall, so kommen die Ufereigentümer in Betracht, soweit also öffentliches Eigentum (domaine public) in Frage steht, der Staat (Leoni-Mandel, Elf.-lothr. Verwaltungsrecht S. 253 N. 2). Die in § 1 unter 2 aufgezählten Wasserläufe, wie Altwasser usw. unterstehen dem Fischereirecht des Staates nur so lange, als sie ihr Wasser aus den schiff- oder flößbaren Flüssen erhalten, zu jeder Zeit mit Fischernachen unbehindert durchfahren werden können und soweit zu ihrer Unterhaltung der Staat verpflichtet oder mitverpflichtet ist. Das letztgenannte Merkmal der Unterhaltungspflicht trifft also für die Gruppe zu 1. und 2. des § 1 F. G. zu.

Bezüglich der Schiffahrtshäfen ist folgendes zu bemerken: Sie sind in aller Regel Fortsetzung der Kanäle oder schiffbaren Flußläufe. Insbesondere ist der Straßburger Rheinhafen eine Fortsetzung des sogen. Zufahrtskanals und mithin ein Bestandteil des elsaß-lothringischen Kanalnetzes. Er ist der allgemeinen Schiffahrt geöffnet und unterliegt sohin ohne Zweifel den polizeilichen Bestimmungen über das große Straßenwesen in allen seinen Teilen (vgl. Art. 1 des Ges. v. 29. flor. X). Weniger klar läßt sich die Frage des Eigentums am genannten Hafen beantworten, ein Punkt, auf den aber hier nicht näher eingegangen werden kann. Da die Stadt Straßburg aber den Hafen allein unterhält, so steht ihr auch nach § 2 F. G. die Fischerei zu. Da anderseits der Hafen ein schiff- und flößbarer Wasserlauf ist, so kann das Ministerium ihn ohne weiteres zum Schonrevier erklären (§ 37 F. G.). Hierbei tritt allerdings zutage, wie wenig die §§ 1, 2 und 37 F. G. innerlich übereinstimmen, und daß es besser gewesen wäre, im Hinblick auf die Eigentumsfrage die Häfen und Schiffahrtskanäle von der freien Angelfischerei (§ 1, Abs. 2) auszunehmen.

2. Liegen die in Ziff. 2 angegebenen Voraussetzungen nicht vor, steht also den Ufereigentümern das Fischereirecht zu, so bleiben die in Frage kommenden Gewässer den fischereipolizeilichen Bestimmungen insolange unterworfen, als dieselben mit dem Flusse derart in Verbindung stehen, daß ein Wechsel der Fische stattfinden kann. Besteht dagegen keinerlei Verbindung mit dem Flusse, so fallen sie unter den Begriff der in § 6 bezeichneten, in Privateigentum stehenden Gewässer, und die fischereipolizeilichen Vorschriften finden, vorbehaltlich der Bestimmung in § 33, keine Anwendung. Vgl. Dalloz, Rép., pêche fluviale 20, 21.

Die Unterhaltung der öffentlichen Flüsse liegt grundsätzlich dem Staat ob.

Das Fischereirecht steht in seinem vollen Umfange dem Staat aber auch dann zu, wenn auf Grund des § 27 des Wassergesetzes durch Verordnung des Statthalters Grundeigentümer, sonstige Privatpersonen oder Körperschaften zu den Kosten der Unterhaltung der in § 1 bezeichneten Wasserläufe herangezogen werden. (Jacob-Fecht, Ges. betr. Wasserbenutzung und Wasserschutz S. 67.) Vgl. über die Beitragspflichten usw. § 22 des Wassergesetzes und ferner die Ausführungsvorschriften des Ministeriums betr. die Wasserverteilung, die Unterhaltung von Wasserläufen und die Bildung von Flußbauverbänden v. 1. Februar 1903.

3. Dem Staat steht ferner die Fischerei zu in den in seinem Privateigentum stehenden Gewässern, z. B. in Weihern, Teichen, Gebirgs- und Waldbächen usw. In diesen Gewässern ist die freie Angelfischerei nicht gestattet. Ebensowenig ist die Nutzbarmachung der Fischerei in diesen Gewässern notwendigerweise nur auf dem Wege der Verpachtung zu ermöglichen, wie dies für die in § 1 aufgeführten Wasserläufe durch § 9 des Gesetzes vorgeschrieben ist. Für die im Privateigentum des Staates stehenden Gewässer bleibt vielmehr die Art der Nutzbarmachung dem Ermessen der verwaltenden Behörde überlassen.

4. Dem Staat steht in den im § 1 erwähnten Wasserläufen das Fischereirecht als Verwalter und Inhaber des domaine public zu, und zwar nicht in dem Wasser als solchem, sondern in dem

Flusse. Der Fluß wird durch das Flußbett mit dem darin befindlichen Wasser gebildet. Der Staat hat daher nur soweit das Fischereirecht, als sich der Fluß in diesem Sinne erstreckt. Das Wasser, das das Flußbett verlassen hat, bildet keinen Teil des Flusses mehr und ist also nicht mehr dem Fischereirecht des Staates unterworfen. (R. G. v. 11. Juni 1901, Elf.-lothr. Z. 27 S. 189 und Jur. Woch. 1901 S. 588). Art. 538 C. c. und ebenso jetzt § 44 A. G. B. G. B. sagen nicht, daß das Wasser der schiff- und flößbaren Flüsse, sondern daß diese Flüsse selbst zum Staatseigentum gehören. Nicht also das Wasser, sondern der Fluß ist Objekt des Fischereirechts, und daher wäre es unrichtig zu behaupten, das Fischereirecht erstrecke sich soweit, als die Wassermasse des Stroms reiche, auch wenn dieselbe die Ufer überströme und also die überströmte Fläche (katastriertes und im Grundbuch eingetragenes Weideland) als Zubehör zu der Wassermasse zu erachten sei. (Vgl. auch das oben über das „Recht der Nacheile" Gesagte.) Handelt es sich um einen Nebenstrang zu einem Altwasser (Altrhein), so erstreckt sich das an dem letzteren bestehende Fischereirecht nur dann auf diesen Nebenstrang, wenn er einen Teil des Altrheins bildet, innerhalb dessen Flußbettes liegt. Die Grenze zwischen dem Fluß und dem im Privateigentum stehenden Ufer wird durch die Linie gebildet, welche der Fluß mit seinem höchsten Wasserstand bei normaler Steigung erreicht; ein anormaler Wasserstand, ein zeitweiliges, zufälliges Überfluten ist nicht entscheidend, weil dadurch der betreffende Boden nicht zum domaine public wird (R. G. a. a. O.). In Mulden oder Lachen, welche nur bei Überschwemmungen, nicht bei normalem Wasserstand vom Rheinwasser bedeckt sind, steht das Fischereirecht daher dem Eigentümer der Mulde zu (§ 891 B. G. B., Art. 186 E. G. B. G. B., Art. 538, 536 C. c., R. G. v. 11. Juni 1901 in Puchelts Z. 1901 S. 522; für das preußische Recht vgl. in ähnlichem Sinne: Pos. Jur. Mon. Schr. 12. Jahrg. Heft 5; R. G. v. 9. November 1903 in R. G. E. 55 S. 94). Unter „Lachen" im Sinne vorgenannter Entscheidungen sind zu verstehen „ausgetretene Wasser, welche, wenn das Hochwasser wieder abgelaufen ist, stehen geblieben und nach allen Seiten hin von Land umgeben sind". (R. G. v. 5. Oktober 1892 in Jur. Woch. 1892 S. 468.) Auch durch eine voraussichtlich nur kurz andauernde Gefangenschaft wird die natürliche Freiheit der Fische aufgehoben, wenn die betreffenden Tiere auf dem Privatgrundstück z. B. in einer Lache, Tümpel gefangen gehalten werden.

(Oberst. L. G. München Str. Rechtspr. d. 1 S. 269, Jur. Woch. 1910 S. 825, Warneyer, Jahrb. 2 zu § 960); daher besteht nur noch für den Grundeigentümer das Okkupationsrecht.

Ein in einem verlassenen Flußbett künstlich angelegter Teich verliert seine Eigenschaft als geschlossenes Privatgewässer nicht dadurch, daß infolge gewisser Naturereignisse der Fluß vorübergehend wieder in Verbindung mit dem Teiche tritt. (D. P. 73. 1. 313.) Überschwemmt andererseits ein Teich seine Ufer und die dahinterliegenden Nachbargrundstücke, so haben die Eigentümer der überschwemmten Grundstücke nicht das Recht des Fischfanges. (D. P. 70. 2. 178.)

V. Soweit ein Gewässer die Landesgrenze bildet, ist die Hoheitsgrenze in der Regel die Grenze der dem Staate zustehenden Fischereiberechtigung (Bruck, Verfassungs- und Verwaltungsrecht für E.-L. III S. 11 Nr. 2; Walz, Bad. Staatsrecht S. 414 Anm.) Vgl. hierzu auch die Ausführungen in der Einleitung S. 8, 1. Absatz. Soweit der Rhein als Grenzfluß in Betracht kommt, folgt die Hoheitsgrenze dem Talweg. Dies gilt insbesondere auch für den sog. Konventionsrhein von Basel abwärts. Da der Talweg im Oberrhein einem beständigen Wechsel unterworfen ist, wurde in dem s. Zt. mit Frankreich abgeschlossenen Grenzvertrag (Lüneviller Frieden v. 1802, Pariser Frieden v. 1814; Vertrag mit Frankreich v. 5. April 1840 Bull. d. lois 1840 IX. Sér. Nr. 8694 S. 415 f; Els. L. Z. 15 S. 23 f. Vgl. auch Walz a. a. O. u. Badisches Staats- und Regierungsblatt 1840 S. 129 f.) eine jährliche Neufeststellung des Talwegs vereinbart und neben der schwankenden Hoheitsgrenze noch eine festbleibende Banngrenze gezogen, die nicht nur für die Eigentums-, sondern auch für gewisse, aus den Gemarkungsverhältnissen abzuleitende Rechte (besonders für das Jagd- und Fischereirecht) maßgebend sein sollte, so daß diese Rechte, wenn der der betr. von der badischen Banngrenze mitumschlossene Gemarkungsteil jenseits der Hoheitsgrenze zu liegen kommt, sich nach den badischen Vorschriften bestimmen und umgekehrt. Die innerhalb der badischen Hoheitsgrenze gelegenen elsaß-lothringischen Gemarkungsteile werden als abgesonderte Gemarkungen im Sinne des § 174 bad. Gd. O. behandelt. (Walz a. a. O.) Auf die in Elsaß-Lothringen gelegenen Teile badischer Gemeinde-Gemarkungen sind in Anwendung des erwähnten französisch-badischen Vertrages von 1840 die reichsländischen Polizeigesetze, dagegen bezüglich des materiellen Rechts die badischen Gesetze anzuwenden. In dieser Beziehung genügt es für die Anwendbarkeit der badischen Gesetze, wenn dieselben in denjenigen badischen Gemeinden, zu welchen die auf der anderen Seite gelegenen Teile der Gemarkung gehören, publiziert sind. (O. L. G. Colmar v. 15. Mai 1891, Puchelts Zeitschr. 1892 S. 129.) Daher bedarf z. B. der Fischer, der auf elsaß-lothringischem Staatsgebiet, aber innerhalb einer badischen Gemarkung fischt, einer Fischerkarte. Fernerhin ist die Ausübung der freien Angelfischerei in dem auf einem badischen Gemeindebann liegenden Wasserlauf (z. B. am Rheinufer und an Altwassern stellenweise) nicht gestattet.

2. Dieselben Grundsätze gelten Preußen gegenüber für die Fischerei in der Saar und Blies (Staatsvertrag vom 23. Oktober 1829 Bull. des lois 1830; IX. Série, tome I, II. e. Partie S. 425 f. und für den deutschen Text: Gesetzsmlg. f. d. Kgl. preuß. Staaten 1830 S. 26 f). Danach findet das preußische Fischereigesetz v. $\frac{30.\ \text{V.}\ 1874}{30.\ \text{III.}\ 1880}$ Gesetzsmlg. S. 197 bzw. 228) und die auf Grund dieses Gesetzes erlassenen Verordnungen keine Anwendung auf die Fischerei, die an dem auf lothringischem Gebiete belegenen linken Ufer der Saar ausgeübt wird. (Vgl. K. G. I. Str. S. v. 28. April 10 in Stier-Somlo, Jahrb. des Verwaltungsrechts Bd. 6, 2. (1911) S. 209).

Nach Art. 12 des genannten Übereinkommens zwischen Preußen und Frankreich gehört die Fischerei in der Saar von Güdingen bis zur Hälfte des Weges von Saargemünd der Krone Preußen und die andere Hälfte der Krone Frankreich zu; ähnlich ist das Verhältnis, soweit die Blies die Grenze bildet.

Bei der Verfolgung von Zuwiderhandlungen gegen fischereipolizeiliche Bestimmungen haben sich nun Schwierigkeiten bezüglich der Anwendung der preußischen oder der diesseitigen Gesetzgebung deshalb ergeben, weil die Hoheitsgrenze der beiden Staaten nach Art. 1 des angeführten Übereinkommens dem Talweg der Saar oder Blies folgt. Richtiger Ansicht nach bildet für die Anwendung der fischereipolizeilichen Bestimmungen in der Saar und in der Blies der Talweg, also die Hoheitsgrenze, nicht aber die in Art. 12 des Übereinkommens vom 23. Oktober 1839 festgesetzte besondere Fischereigrenze die maßgebende Grundlage für die Strafverfolgung.

VI. Für die in § 1 Ziff. 1 F. G. vorausgesetzte Schiff- und Flößbarkeit kommt nunmehr § 44 A. G. B. G. B.

in Betracht; danach gehören die schiff- und flößbaren Wasserläufe und die Schiffahrtskanäle zum öffentlichen Gut. Ein Wasserlauf ist schiff- oder flößbar, wenn er die gedachte Eigenschaft tatsächlich besitzt, d. h. wirklich der Schiffahrt und Flößerei dient (nicht genügt die Holztrift, flottages à bûches perdues), und ferner, wenn er durch einen behördlichen Akt für schiff- oder flößbar erklärt ist. Trifft die letztere Voraussetzung zu, so verliert der Wasserlauf seine Eigenschaft als schiff- oder flößbar auch nicht dadurch, daß er faktisch nicht zur Schiffahrt verwendet wird, oder daß er an einzelnen Stellen infolge von Wasserfällen oder anderen Hindernissen nicht befahren werden kann (Kisch S. 676 Anm. 3 u. die dort. Zit. Jacob u. Fecht, Wassergesetz § 3 Anm. 1 f. Vgl. auch § 4 F. G.) Welche Wasserläufe zu den in § 1 Ziff. 1 genannten gehören, bestimmt eine Verordnung des Statthalters; eine solche ist aber bis jetzt noch nicht ergangen. Vgl. die auf Grund des französ. F. G. v. 15. April 1829 erlassene Ordonnanz v. 10. Juli 1835 und die vor dem Inkrafttreten des F. G. ergangene Verordnung v. 30. Oktober 1891 (Gesetzbl. S. 124), Molitor, Komm. z. A. G. B. G. B. S. 94. Die Schiff- und Flößbarkeit gilt nicht für den Fluß als Ganzes, sondern erst von dem Punkte an, wo sie tatsächlich beginnt. Auf den höherliegenden Flußteil finden daher die Grundsätze von den nicht schiffbaren Wasserläufen Anwendung (Kisch S. 677, Huber, Wassergesetze 2. A. S. 76). Über die Abgrenzung des öffentlichen Eigentums (wenn dessen Eigenschaft feststeht), insbesondere über die Grenze der schiffbaren Flüsse entscheidet der Bezirkspräsident. (Vgl. O. L. G. Colmar u. R. G. in Elf. L. Z. 21 S. 62 u. 22 S. 97, Molitor A. G. B. G. B. S. 93, Kisch S. 677.)

VII. Die schiff- und flößbaren Wasserläufe stehen im Eigentum des Staates. Dies gilt auch von Flüssen, die früher unter der Hoheit reichsfreier Städte gestanden haben mögen (vgl. Kisch S. 677 Anm. 10 und das dort zit. Urt. O. L. Colmar 23. Mai 1900, Jur. Z. 25 S. 431, betr. die Rechte der Stadt Metz an einem Moselarm). Das öffentliche Eigentum erfaßt den Fluß in seiner Gesamtheit, also sowohl das Flußbett wie das Wasser (§ 48 A. G. B. G. B.). Die als Folgerungen des staatlichen Eigentums zu betrachtenden Rechte des Staats, so das Fischereirecht, haben trotz ihres Subjekts rein privatrechtliche Bedeutung. (Kisch S. 678.) Als öffentliches Eigentum ist der schiffbare Wasserlauf dem privatrechtlichen Verkehr entzogen (§ 44 Abs. 1

A. G. B. G. B.). An öffentlichen Flüssen und den Zubehörungen derselben findet also, wie schon nach französischem Recht Art. 2226. 2232 C. c. (vgl. O. L. G. Colmar v. 15. Mai 1891, Puchelts Zeitschr. 1892 S. 129) eine Ersitzung eines dinglichen Rechts, z. B. eines Fischereirechts, nicht statt. Besondere Benutzungsrechte Einzelner sind durch die Verkehrsunfähigkeit jedoch nicht ausgeschlossen (Molitor S. 92), sie haben den Charakter von öffentlich-rechtlichen Gebrauchsbefugnissen. Als solche stehen sie im Gegensatz zu den privaten Nutzungsrechten, die künftig, d. h. nach dem derzeitigen Rechtszustand, nicht mehr begründet werden können. Soweit sie früher, also zu einer Zeit begründet worden sind, wo die öffentlich-rechtliche und die privatrechtliche Seite der Flußherrschaft nicht genau unterschieden wurde, haben sie weiter Bestand. (Kisch S. 681.)

Verläßt ein Fluß dauernd sein Bett, so wird dieses, da die öffentliche Zweckbestimmung aufgehört hat, privates Eigentum des Staates. (Nach § 56 A. G. B. G. B. fällt das verlassene Flußbett den durch den veränderten Lauf des Wassers geschädigten Eigentümern nach Verhältnis des ihnen entzogenen Bodens zu. Der Staat erwirbt an dem neuen Flußbett ohne weiteres das Fichereirecht. Bezüglich der Wiederherstellung des früheren Wasserlaufs durch die Verwaltungsbehörde, die früheren Angrenzer oder Triebwerksbesitzer vgl. Huber, Wassergesetze 2. A. S. 171.)

Auch die künstlichen Stauweiher gehören zu dem in § 44 Abs. 2 aufgezählten öffentlichen Gut. (Molitor S. 93.)

Wasserbecken (bassins ou réservoirs), die zur Speisung von Schiffahrtskanälen oder der Fischkultur dienen, sind nicht öffentliches Gut, sondern gewöhnliches privates Staatseigentum, wenn sie mit dem Kanal nur durch kleine Rinnen und vermittelst kleiner Schleusen in Verbindung stehen. (D. P. 74. 2. 246.) In solchen Wasserbecken ist die freie Angelfischerei nicht gestattet. Anders liegt der Fall, wenn das Wasserbecken von einem Flusse aus durch einen Kanal mit Wasser versorgt wird, zum Zwecke, das überflüssige Wasser des Flusses aufzunehmen und es an den Kanal abzugeben, wenn der Wasserinhalt des Flusses selbst (z. B. im Sommer) zur Speisung des Kanals unzulänglich wird. (D. P. 90. 2. 351.)

VIII. Die generelle Angelbefugnis hat — wie überhaupt das Angeln eine westeuropäische Liebhaberei bildet — vor allem im französischen Recht eine Heimat. Während der Revolution war die Fischerei für alle Gewässer der Staatsdomänen freigegeben worden. Die Wirkung dieser Maßnahme konnte nicht ausbleiben; es setzte ein schonungsloser Vernichtungskrieg gegen die Fische ein. Das Gesetz vom 14. floréal des Jahres X hob demgemäß die proklamierte Fischfreiheit prinzipiell wieder auf und gab das Fischereirecht dem domaine public zurück, behielt aber dem Publikum wenigstens die Befugnis mit einer „ligne flottante tenue à la main" (den Gegensatz bildet das Fischen mit der ligne dormante oder de fond sowie mit der Hand (vgl. Darst. S. 515) zu fischen vor, eine Ermächtigung, die auch die Restauration überdauerte und die im Art. 5 Abs. 3 des F. G. vom 15. April 1829 ausdrücklich gewahrt ist. Diese gesetzliche Bestimmung ist in das elsaß-lothr. F. G. übernommen worden; sie ist einschränkend auszulegen; eine Überschreitung der Befugnis gilt als Fischwilderei (pêche illégale).

Vgl. § 31, 5 d. F. G., Art. 18 Ver. v. $\frac{\text{28. April 1892}}{\text{5. September 1899}}$ (Denecke, Die Notwendigkeit der Reform unseres Fischereigesetzes 1908 S. 8.) Danach soll bei der freien Angelfischerei die Angel eine schwimmende und mit nicht mehr als 50 g belastete sein. Die Gepflogenheit mancher Angelfischer, die Angelschnur mit dem vorgeschriebenen Gewicht zu belasten und einen großen Angelhaken anzubringen, um einen möglichst großen Köder daran befestigen zu können, und auf diese Weise die vom Gesetz verlangten Voraussetzungen (schwimmende in der Hand gehaltene Angel) zu umgehen, indem eine Grundangel geschaffen wird, was sich bei einem nicht stark fließenden Wasser auf die obenbeschriebene Art leicht durchführen läßt (vgl. über diese Art des Angelns Denecke S. 13 f.), ist als Angeln mit festliegender Grundangel strafbar. (Vgl. Dalloz, Rép. pêche fluv. No. 94; die hier geäußerte Auffassung gilt erst recht für den Bereich des elf.-lothr. F. G., das der Tendenz der freien Angelfischerei eher ungünstiger ist als das französische Gesetz, und wird bestätigt durch die Fassung des Art. 18 der Ver. vom $\frac{\text{28. April 1882}}{\text{5. Sept. 1899}}$). Auch das zeitweilige Niederlegen der Angel oder das Feststecken derselben am Uferrand begründet die Strafbarkeit. Ausnahmen hiervon gelten aber natürlich dann, wenn der Angler die Angel aus der Hand legt, um einen mitgebrachten Imbiß zu verzehren, die Pfeife anzustecken oder den Angelköder zu bereiten. Daß der Angler in jeder Hand eine Angel hält, ist nach dem Gesetz nicht verboten, wohl aber dürfte das Angeln mit drei Angeln als unerlaubt zu bezeichnen sein. (Vgl. hierzu auch D. P. 1905, X. 5. 13—14; 1906, XIX. 1. 456.)

1. Der Gebrauch eines Handnetzes (filoche) ist nicht gestattet O. L. G. Colmar v. 5. Oktober 1897, Jur. Z. 24 S. 58) und ist auch durch die Ver. v. 5. September 1899 nunmehr ausdrücklich ausgesprochen. Strafe: § 370 Ziff. 4. St. G. B.

Es müßte bei anderweitiger Auslegung schon aus den Worten des Gesetzes hervorgehen, daß neben der „schwimmenden in der Hand gehaltenen Angel" ein weiteres in der Hand gehaltenes Angelgerät in Anwendung gebracht werden darf. Auch das bloße „Mitführen" des Handnetzes (Käscher, filoche) ist strafbar.

Die vom Eigentümer oder Pächter eines Wasserlaufes oder von Angelvereinen in einem bestimmten Los ausgeübte Angelfischerei mittels Handnetzes ist gestattet; ebenso steht es diesen Personen frei, gleichzeitig mehrere schwere Angeln auszulegen oder die Angel mit mehreren Angelschnüren oder Angelhaken zu versehen. (Vgl. Deneke a. a. O. S. 12.)

Die Benützung eines Nachens zur freien Angelfischerei ist gestattet. (D. P. 89. 2. 64.)

2. Die sogen. freie Angelfischerei ist nicht etwa ein subjektives öffentliches Recht, sondern nur ein durch verwaltungspolizeiliche Vorschriften beschränkter Ausfluß der Handlungsfähigkeit des Individuums, eine Befugnis, die im Gemeingebrauch wurzelt, (Kisch S. 631 Anm. 17), die aber das staatliche Fischereirecht an den betreffenden Wasserläufen zur Voraussetzung hat. Vgl. oben S. 11.

Die freie Angelfischerei ist nur in den Gewässern gestattet, die dem Staat gehören und die öffentliches Eigentum sind. Zu diesen „Flüssen" im Sinne des § 1 Ziff. 1 gehören: die Ill von Colmar abwärts, der Rhein, die Mosel, die Saar, die Rote Saar von Alberschweiler, die Weiße Saar von 2900 m oberhalb Hermelingen abwärts und das Bannwasser und seine Verzweigungen. Alle anderen natürlichen Wasserläufe, soweit sie nicht unter § 1 Ziff. 2 fallen, also die nicht schiff- und flößbaren nach § 3 F. G. unterliegen nicht der freien Angelfischerei.

Unter die Kanäle im Sinne des § 1 Ziff. 2 fallen an sich auch die Kanalschleusen, doch ist durch die Ver. v. 28. April 1892 / 5. Sept. 1899 Art. 10, 11 und 18 die Ausübung der freien Angelfischerei im Innern der Schleusen, Schützenanlagen, Durchlässe, Mühlgerinne und Fischleitern, ferner an den Wehren oder in geringerer Entfernung als 30 m oberhalb und unterhalb dieser Werke ausdrücklich verboten.

3. Nach Absatz 2 soll die gemäß Art. 5 Absatz 3 des Gesetzes vom 15. April 1829 allgemein gestattete Fischerei mit der schwimmenden, in der Hand gehaltenen Angel vorbehaltlich einzelner, im Interesse einer wirtschaftlichen Fischereipflege notwendigen Einschränkungen grundsätzlich beibehalten werden. Diese Einschränkungen bestehen im wesentlichen in der Einführung der Angelkarte und hiermit in Verbindung in dem Ausschlusse von Kindern und von Personen, welche gewisse Bestrafungen erlitten haben, ferner in der Festsetzung des Begriffs der schwimmenden, in der Hand gehaltenen Angel, endlich in dem Verbot der Ausübung dieser Art des Fischfangs während eines bestimmten Zeitraumes des Jahres.

4. Die sogen. freie Angelfischerei in den öffentlichen Gewässern hat von jeher zu den mannigfachsten Beschwerden der Berufsfischer (Fischereipächter) und Fischereivereine Anlaß gegeben und ist wiederholt Gegenstand der Erörterung auch in den Generalräten und Bezirkstagen gewesen. Waren die Beschwerden der Berufsfischer vorwiegend auf die direkte Schädigung ihres Gewerbes gerichtet, so herrschte in den Bezirkstagen und Fischereivereinen der Gesichtspunkt vor, daß nicht sowohl durch den Fang der Fische selbst, als durch die Art der Ausübung und die massenhafte Zahl der Angler eine fortgesetzte Beunruhigung und Zerstörung des Fischlaiches und der Fischbrut stattfinde und dadurch eine Verminderung der Fischbevölkerung herbeigeführt werde. Den in letzterer Beziehung bestehenden Mißständen kann durch das absolute Verbot der freien Angelfischerei während eines bestimmten jährlichen Zeitraums (einer vermittelten Laichzeit) wenigstens zum großen Teile begegnet werden. In ersterer Beziehung kann nur durch Feststellung des schwankenden Begriffes der schwimmenden, in der Hand gehaltenen Angel abgeholfen werden. Es erscheint gerechtfertigt, daß der Staat, welcher die Fischerei zu seinen Gunsten verpachtet, den Pächter insoweit Schutz in ihrem Gewerbe gewährt, daß die freie Angelfischerei, welche nach allgemeiner Auffassung nicht vom Gesichtspunkte des Erwerbes, sondern von dem der Erholung und eines der Gesundheit förderlichen Vergnügens der Bevölkerung (in den Verhandlungen der Generalräte wird jederzeit der Charakter des délassement betont) zu betrachten ist, nicht in gewerbsmäßige Fischerei ausarte. Reglementierungen der schwimmenden Angel wurden

schon zu französischer Zeit auf dem Verordnungswege vorgenommen, aber die Frage der Zulässigkeit solcher Verordnungen war keineswegs eine unbestrittene. Während es im Kommissionsbericht zum Entwurf des Gesetzes von 1829 ausdrücklich heißt, „die Kommission habe es nicht für nötig erachtet, eine Definition oder Beschreibung der schwimmenden, in der Hand gehaltenen Angel zu geben, da dies „du domaine des ordonnances du roi" sei, spricht sich der Kommissionsbericht zum Fischereigesetze vom 31. Mai 1865 dahin aus, daß, weil das Gesetz von 1829 keinerlei Einschränkung der Angelfreiheit enthalte, solche Einschränkungen auch nicht auf dem Wege der Verordnung eingeführt werden könnten. Vgl. Dalloz, J. G. Pêche fluviale 96 und Rec. pér. 1865. IV. partie p. 40 No. 25. Die Verschiedenheit der Auffassung ist auch in der Rechtsprechung zum Ausdruck gelangt. In Preußen, woselbst im Gebiete des französischen Rechts die freie Angelfischerei in den öffentlichen Gewässern auf Grund des Gesetzes vom 14. floréal X und des arrêté vom 17. nivose XII bestand, ist dieselbe durch das Gesetz vom 30. März 1880, betreffend die Abänderung des Fischereigesetzes vom 30. Mai 1874, aufgehoben worden. (Vgl. Erläuterungen zu §§ 21, 23, 24 und 31 und zu Art. 18 der Verordnung betr. die Fischerei.) Durch die nunmehrige Fassung des Absatzes 2 im Zusammenhalt mit § 31 Ziffer 1 und 5 sind diese Zweifel beseitigt; auch bieten diese Bestimmungen die Möglichkeit, die freie Angelfischerei mit den Interessen der Fischereipächter und einer wirtschaftlichen Fischereipflege in Einklang zu bringen.

§ 2.

In Kanälen und Gräben, welche auf Privateigentum angelegt sind und auf Kosten der Eigentümer unterhalten werden, steht die Fischerei den Eigentümern zu.

1. Unter den Begriff der „Kanäle und Gräben" fallen namentlich die zum Betriebe der Mühlen und sonstigen Triebwerke dienenden künstlich hergestellten Wasserrinnen.

2. Der Rechtssatz, wonach den Eigentümern des künstlich hergestellten Kanalbettes auch das Fischereirecht zusteht, ist eigentlich deutschrechtlichen Ursprungs. Die auf dem eigenen Grund und Boden angelegten Gräben sind nach deutschem Recht Privatgewässer und in den Privatgewässern ist die Fischerei ein Recht des Eigentümers am Bett des Wassers, mag das Wasser stehend sein oder als aqua profluens sich dem Eigentumsbegriff entziehen. Die Tatsache, daß die Gräben aus einem Wasserlauf

gespeist werden, an dem z. B. dem Staat das Fischereirecht zusteht, ist nicht geeignet, das Recht des Staates auch auf derartige Gräben zu erstrecken. Denn das Fischereirecht mit den darin enthaltenen Befugnissen besteht nicht an der aqua profluens des Wasserlaufes, sondern an dem Bachganzen in bestimmter räumlicher Ausdehnung, folgt mithin nicht der über die Grenze sich fortbewegenden Wasserwelle. (Vgl. R. G. v. 24. Juni 1887 in Jur. Woch. 1887 S. 359.) Diesem an sich deutschrechtlichen Satze folgt das Gesetz und zwar in Anlehnung an das frühere Recht. (Vgl. auch D. P. 74. 1. 449; 74. 2. 247; ferner D. P. 69 1. 320 u. 61. 1 174.)

3. Vom Standpunkt einer rationellen Fischwirtschaft ist die Aufrechterhaltung des Fischereirechts der Besitzer von Gräben und Kanälen nicht zu begrüßen; die Verarmung einer Anzahl von Gewässern an Fischen wird mit Recht vielfach der rücksichtslosen Ausbeutung der Kanalfischereirechte zugeschrieben. (So auch Deneke, a. a. O. S. 14.) Namentlich dem Forellenbestand in den nicht schiff- und flößbaren Gewässern wird durch diese Vorschrift viel Schaden zugefügt. Unzulässig dürfte es jedenfalls sein, den Fischfang derart auszuüben, daß die Gräben zum Zwecke der Aneignung der Fische vorübergehend trocken gelegt werden, da hier von einem „Fangen" der Fische, mithin von „Fischerei" keine Rede mehr sein kann. (Vgl. Art. 11 Ziff. 2 der Verordn. betr. die Fischerei, S. 122.) Im Großherzogtum Baden ist aus den vorstehenden Erwägungen das nach dem Gesetz vom 29. Mai 1852 den Eigentümern vorbehaltene Fischereirecht in Kanälen und Gewerbswassern durch die Novelle vom 29. März 1890 gegen Entschädigung entzogen und den Gemarkungsgemeinden übertragen worden.

4. Es ist selbstverständlich, daß die in § 2 bezeichneten Wasserläufe den fischereipolizeilichen Bestimmungen unterliegen; eine Sonderstellung gegenüber den sonstigen nicht schiff- oder flößbaren Wasserläufen (§ 3) nehmen sie nur insofern ein, als die Fischereiberechtigten in denselben nach § 16 Abs. 2 nicht zum Beitritt zu einer Fischereigenossenschaft gezwungen werden können.

§ 3.

In allen anderen als den in den §§ 1 und 2 bezeichneten Wasserläufen steht die Fischerei den Ufereigentümern zu und zwar jedem auf seiner Seite bis zur Mitte des Wasserlaufs, jedoch mit Vorbehalt der entgegenstehenden auf Besitz oder Titel beruhenden Rechte.

1. Der § 3 F. G. behandelt das Fischereirecht an den nicht schiff- und flößbaren Wasserläufen. Der Begriff der letzteren ergibt sich aus ihrer Gegenüberstellung zu den schiff- und flößbaren Wasserläufen. (Vgl. das zu § 1 F. G. Gesagte.) Innerhalb der nicht schiff- und flößbaren Wasserläufe wird eine weitere Unterscheidung, etwa zwischen Flüssen und Bächen, nicht mehr gemacht (Molitor A. G. B. G. B. zu § 45 N. 2. Kisch S. 683). Nach Theorie und Praxis gelten folgende Grundsätze: Die fließende Wasserwelle steht in niemandes Eigentum; ebenso ist aber auch das Bett der nicht schiffbaren Wasserläufe herrenlos (Kisch S. 684, Aron, A. G. B. G. B. S. 51, Molitor § 45 N. 2); demgemäß ist auch durch § 45 A. G. B. G. B. (vgl. auch die §§ 46 u. 47 ebenda), die Verkehrsunfähigkeit dieser Wasserläufe, wie wenn sie zum öffentlichen Gute gehörten, ausgesprochen.

Zu den natürlichen Wasserläufen im Sinne des § 3 F. G. gehören auch diejenigen Gewässer, die nur durch künstliche Anlagen teilweise verbessert worden sind. Befinden sich die in § 3 genannten Wasserläufe infolge des Übertretens eines Flusses zufälligerweise in Verbindung mit dem Flusse, so wird dadurch an dem Rechte der Uferangrenzer nichts geändert. D. P. 82. 5. 310.

2. Seit dem mit Gesetzeskraft ausgestatteten Gutachten des Staatsrats v. 27.—30. pluv. XIII. galt in Frankreich ebenso wie das Jagdrecht, so auch das Fischereirecht, als Ausfluß des Eigentums am Flußufer des nicht schiffbaren natürlichen Wasserlaufs. Das Fischereigesetz vom 15. April 1829 bestätigte lediglich dieses bereits früher allgemein anerkannte Fischereirecht des Ufereigentümers an nicht öffentlichen Gewässern, und auch durch das elf.-lothr. F. G. von 1891 wurde das Fischereirecht der Ufereigentümer trotz der schwerwiegenden, dagegen sprechenden Bedenken beibehalten. Vorschläge, welche, dem Beispiele anderer Staaten folgend, auf Enteignung des Fischereirechts der Ufereigentümer zugunsten der Gemeinden oder wenigstens auf Ausübung des Rechtes durch die Gemeinden auf Rechnung der Berechtigten abzielten, konnten gegenüber der herrschenden öffentlichen Meinung nicht verwirklicht werden. Vgl. Sitzungsberichte Seite 558, 559.

3. Das Fischereirecht des Angrenzers ist zum Akzessorium des Ufereigentums erhoben; es ist unlösbar mit dem Ufereigentum verbunden und kann ohne dieses logisch nicht bestehen, ebensowenig wie andere Uferangrenzerrechte (z. B. das Recht, Schlamm, Sand, Kies zu entnehmen, Huber, Wassergesetze 2. A. S. 63).

Die Grenzlinie für die Fischereiberechtigung der beiderseitigen Ufereigentümer bildet die Mitte des Wasserlaufes, nicht des Flußbettes, da ja tatsächlich die Fischerei nur im Wasser ausgeübt werden kann. Verlegt sich daher der Wasserlauf innerhalb des Bettes, weicht er von der einen Uferseite zurück, um sich auf die andere zu werfen, so folgt die Fischereiberechtigung dieser Verlegung. Vgl. Dalloz, J. G. Pêche fluviale 52.

4. Entgegenstehende, auf Besitz oder Titel beruhende Rechte: Der Charakter der Fischereiberechtigung ist verschieden, je nachdem sie an eigenen oder fremden Gewässern besteht (Oertmann, Bair. Landesprivatrecht S. 382). Soweit sie an privaten Gewässern deren Eigentümer gebührt, ist sie Ausfluß des Eigentums und nicht Inhalt eines daneben herlaufenden, besonderen Rechtsverhältnisses. Bei den an öffentlichen oder Privatflüssen begründeten selbständigen Fischereiberechtigungen muß man unterscheiden: a) persönliche, in der Weise, daß der Staat oder der sonstige Eigentümer dem Berechtigten die persönliche Erlaubnis erteilt, die Fischerei zu betreiben; der Begründungsakt kann dann sein: Kauf, Schenkung, Pacht, letztere kommt allein in Betracht für Wasserläufe n. § 1 F. G. vgl. § 10 F. G.; b) dingliche, im Sinne einer Grundgerechtigkeit, genauer einer servitus in patiendo consistens.

Bezüglich dieser letzteren Kategorie ist nun eine Streitfrage entstanden, nach der Richtung, ob in Elsaß-Lothringen selbständige dingliche Fischereirechte möglich sind, und zwar auch ohne Eintragung in das Grundbuch. Für die Bejahung dieser Frage v. Amelunxen in der Notariatszeitschrift f. E.-L. 1907 S. 221, für deren Verneinung Ungerer in Jur. Z. Bd. 33 S. 317. Darüber ist man sich jedenfalls einig, daß nur alte, vor dem Jahre 1805 erworbene Rechte überhaupt in Frage kommen können, die von den früheren Grundherren an dritte Personen auf entgeltliche Weise (non entachés de féodalité, wie sich das Dekr. v. 6. Juli 1793 ausdrückt) übertragen worden sind, und daß von einer Neubegründung solcher selbständigen dinglichen Fischereirechte nach dem gegenwärtigen Rechtszustand keine Rede mehr sein kann. Schon der Code civil kannte ein selbständiges als dingliches Recht bestehendes Fischereirecht nicht. Letzteres, welches sich als ein Okkupationsrecht darstellt, kann nicht unter den Begriff der Servitut gebracht werden, dem stehen die Art. 637, 686 C. c. entgegen; jedenfalls würde auch bei dieser Annahme mit Rücksicht auf die Bestimmung des Art. 691 ein

Erwerb des Fischereirechts durch Ersitzung ausgeschlossen sein. Der Art. 715 C. c. spricht nur von der Befugnis zu fischen (faculté de pêcher) und weist auf die französischen Gesetze, welche dieselbe regeln, hin. (Vgl. R. G. v. 16. Oktober 1885 in Jur. Woch. 1885 S. 338.) Da das Fischereirecht ein „droit dérivatif de la propriété ist, das von demselben auf die Dauer nicht getrennt werden kann, ist eine Ersitzung durch Dritte nicht möglich, es sei denn, daß zugleich mit dem Ufergrundstück das Fischereirecht ersessen wird (Martin, Code nouveau de la pêche fluviale no. 42, 43. Der entgegenstehenden Ansicht von Kisch S. 630 Anm. 11 u. d. Herausg. der 1. Aufl. dieses Buches § 3 Anm. 3 kann nicht beigetreten werden. (So auch Ungerer a. a. O. S. 322.) Ferner ist es nicht möglich, das Grundstück abzutreten und sich das Fischereirecht vorzubehalten oder gelegentlich einer Teilung das Fischereirecht einem nicht Ufereigentümer zuzuwenden. (Dalloz, Rép. pêche fluviale No. 13. Vgl. ferner D. P. 61. 1. 176: „les lois de 1789 et 1790 et les décrets des 6. et 30. juillet 1793 (8. frim. an 2) ont aboli sans aucune exception les droits privés de pêche.")

Das elf.-lothr. Ausführungsgesetz z. B. G. B. hat, anders als die Ausführungsgesetze der einzelnen Bundesstaaten, das private Fischereirecht nicht berücksichtigt. (Vgl. Art. 3, Art. 69 E. G. B. G. B. u. dazu R. G. E. 55 S. 315, ferner § 83 Gr. B. O.) Daher ist auch eine Fischereigerechtigkeit als Grunddienstbarkeit an öffentlichen, wie an nicht schiff- und flößbaren Wasserläufen in Elsaß-Lothringen nicht möglich, vor allem auch nicht aus dem Grunde, weil es an einem herrschenden Grundstück fehlt (vgl. R. G. v. 1. Dezember 1900, Jur. Woch. 1901 S. 41. Es besteht somit in dieser Beziehung ein bemerkenswerter Unterschied zum Rechte der Bundesstaaten, vgl. für Bayern, Oertmann, Landesprivatrecht; Eymann Bd. II S. 1910; Staudinger, Komm. z. B. G. B. 5/6 A. Bd. III S. 501, 404; Bayr. Obst. L. G. v. 7. Januar 1903, „Recht" 1903 S. 104 Nr. 486 u. v. 22. März 1909, „Recht" 1909 Nr. 1738, Ersitzung!; für Preußen K. G. J. Bd. 34 A. 218; D. J. Z. 1906 S. 1157.)

Der Ansicht von Amelunxens, daß durch § 3 die Existenzberechtigung alter selbständiger Fischereigerechtigkeiten von neuem unzweideutig ausgesprochen worden sei, kann nicht beigetreten werden. Der Vorbehalt des § 3 bezieht sich nur auf die Worte „und zwar jedem auf seiner Seite bis zur Mitte des Wasserlaufes" und ändert nichts an dem Grundsatz, daß in den nicht schiff- und flößbaren Wasserläufen die Ufereigentümer das ausschließliche Fischereirecht haben. Gegen die Auffassung v. Amelunxens spricht auch, wie Ungerer (S. 317) richtig hervorhebt, der Wortlaut des § 3, wo von „Dritten" keine Rede ist; ferner auch das formale Bedenken, daß der Vorbehalt bei § 1 F. G. hätte gemacht werden müssen.

Einer zeitweiligen Trennung des Fischereirechts, und zwar sowohl auf Grund obligatorischen Vertrages als auch durch Bestellung eines Nießbrauchs am Ufergrundstück, steht nichts im Wege. (Ungerer S. 334.) Auch steht nichts im Wege, an im Privateigentum stehenden Gewässern Elsaß-Lothringens Fischereirechte im Wege der Grunddienstbarkeit zu begründen. (v. Amelunxen S. 234.)

§ 4.

Die Bestimmung darüber, welche Wasserläufe und Teile von Wasserläufen zu den in § 1 bezeichneten gehören, erfolgt durch Kaiserliche Verordnung auf Grund eines Vorverfahrens.

Werden in Zukunft Wasserläufe schiff- oder flößbar gemacht oder erklärt, so haben die Eigentümer, welchen hierdurch die Fischerei entzogen wird, Anspruch auf Entschädigung seitens des Staates.

Vorteile, welche dem Eigentümer durch die von der Regierung angeordneten Maßregeln erwachsen, sind auf die Entschädigung in Anrechnung zu bringen.

I. Die Bezeichnung der Wasserläufe, welche als schiff- oder flößbar anzusehen sind, ist durch die Verordnung vom 28. September 1885, Reichs-Gesetzblatt S. 273, dem Statthalter übertragen.

Bisher ist eine solche neue Verordnung nicht erschienen. Zur Zeit gehören demnach zu den in § 1 bezeichneten Wasserläufen die bereits früher als schiff- und flößbar erklärten, nämlich:

a) Zufolge Ordonnanz vom 10. Juli 1835 betreffend die Flußfischerei: Die Ill von Colmar abwärts, der Rhein, die Mosel, die Saar, die Rote Saar von Alberschweiler und die Weiße Saar von 2900 Meter oberhalb Hermelingen abwärts. (Die gleichfalls dort aufgeführte Strecke der Moder von Stattmatten ab wurde durch Verordnung vom 26. September 1877, Gesetzblatt S. 64, von dem Verzeichnis gestrichen.)

b) Zufolge Verordnung vom 30. Oktober 1891, Gesetzblatt S. 124, das Bennwasser und seine Verzweigungen.

II. Die Bestimmung über die Einräumung eines Entschädigungsanspruchs für den mit der Schiff- und Flößbarkeitserklärung verbundenen Verlust des Fischereirechts ist aus dem bisherigen Gesetze übernommen. (Art. 3 Absatz 3 des Gesetzes vom 15. April 1829.) Es genügt also nicht, daß ein Fluß schon seit längerer Zeit schiff- und flößbar ist, um die Rechte der Ufereigentümer aufzuheben; es ist vielmehr ein Hoheitsakt des Staates erforderlich, der im Gesetzblatt publiziert werden muß. (Vgl. auch D. P. 92. 1. 251.) Die Frage, ob ein solcher Anspruch überhaupt begründet ist, galt früher als zweifelhaft und wurde schon anläßlich der Beratung des Gesetzes vom 15. April 1829 erörtert. In dem Entwurf zu diesem Gesetze war eine Entschädigung nicht vorgesehen, sie wurde vielmehr erst anläßlich einer Petition in der Pairskammer eingefügt. Der Entwurf ging von der Annahme aus, daß der Vorteil, an einem schiffbaren Wasserlauf zu liegen, den Verlust des Fischereirechts ausgleiche. Da diese Annahme sich nicht in allen Fällen als zutreffend erweisen wird, ist die Bestimmung im neuen Gesetze beibehalten worden. (Vgl. Vorlage Nr. 8, S. 21.)

III. Zu dieser staatlichen Entschädigungspflicht ist folgendes zu bemerken: 1. Nach O. Mayer (Deutsches Verwaltungsrecht II S. 345, derselbe in Heft 8 (1904) der „Neuen Zeit- und Streitfragen“: Die Entschädigungspflicht des Staates nach Billigkeitsrecht; ferner in v. Stengels Wörterbuch „Die Entschädigungspflicht des Staates I 732; ferner Fleiner, Institutionen des Verwaltungsrechts S. 240) handelt es sich um eine öffentlich-rechtliche Entschädigungspflicht, begründet in der Billigkeit, der ausgleichenden Gerechtigkeit. Es kommen naturgemäß nur hoheitliche Akte des Staates in Betracht; nicht hierher gehören alle die Vermögensbeschädigungen, die auf privatrechtliche Eingriffe des Staates oder der Gemeinde zurückgehen, z. B. Handlungen, die der Staat in seiner Eigenschaft als Eigentümer einer Liegenschaft vornimmt. In diesen letzteren Fällen ist ohne weiteres ein zivilrechtlicher Entschädigungsanspruch gegeben. Bei hoheitlichen Akten unterscheidet man (Fleiner a. a. O.) zwei Fälle: a) Ein Gesetz selbst hat unmittelbar die Eingriffe in das Privatvermögen verfügt, und b) Die Vermögensbeschädigung wird nur durch eine zur Vollziehung einer gesetzlichen Vorschrift erlassene gesetzmäßige Verfügung der Verwaltungsbehörde verursacht. Im letzteren Falle hängt die Entscheidung darüber, wer von den Wirkungen des Gesetzes betroffen wird, von den Verwaltungsbehörden ab, und es ist daher möglich, daß von ihnen der eine Bürger zu einem finanziellen Opfer an den Staat gezwungen wird, während ein anderer verschont bleibt. Daher spricht O. Mayer hier auch von einer „Opfertheorie", weil die Entschädigung eine Forderung der Gerechtigkeit darstellt. Voraussetzungen der Entschädigungspflicht sind also erstens das Vorliegen eines Vermögensschadens, und zwar muß ein greifbarer Schaden vorliegen (Eingriff in das Eigentum, das Recht an einer Sache), zweitens, der Schaden muß aus der öffentlichen Verwaltung entstanden sein; es genügt aber ein allgemeiner Kausalzusammenhang; einerlei ist, ob der staatliche Eingriff gerecht oder ungerecht, einerlei ferner ob die Einwirkung rechtmäßig oder unrechtmäßig war. Drittens muß sich der Schaden als ein besonderes Opfer darstellen.

In dem Falle zu a) (Eingriff kraft Gesetzes) ist dem Geschädigten nach einem in neuerer Zeit allgemein zur Anerkennung gelangten Satze ein Entschädigungsanspruch nur geschuldet, sofern ein solcher im Gesetz ausdrücklich zugebilligt worden ist. (Vgl. R. G. E. 61 S. 11 u. 64 S. 185; in früheren Entscheidungen, vgl. R. G. E. 12 S. 3, hatte das Reichsgericht noch die Auffassung vertreten, daß im Falle der Aufhebung eines wohlerworbenen Rechts durch die Gesetzgebung ohne weiteres ein privatrechtlicher Anspruch gegen den Staat auf volle Entschädigung stattfindet, soweit nicht ein solcher Anspruch durch die Gesetzgebung besonders ausgeschlossen ist.)

Zu Fall b) Eingriff auf Grund gesetzmäßiger Verwaltungsverfügung) ist folgendes zu bemerken: Wenn der Staat einem Dritten das Fischereirecht einräumt, so gewährt er es unbeschadet derjenigen seiner Rechte, welche die Grundlage für die Erfüllung seiner durch die öffentliche Bestimmung des Flusses gegebenen Pflichten bilden (R. G. E. 54 S. 266), nämlich für die zur Sicherheit und Bequemlichkeit der Schiffahrt nötigen Anstalten und Maßnahmen zu sorgen (R. G. in Gruchots Z. 31 S. 884). Aus der natürlichen und im Gesetze anerkannten Bestimmung der öffentlichen Ströme, der Dampfschiffahrt zu dienen, muß also z. B. geschlossen werden, daß eine Steigerung dieser ihrer Tauglichkeit für diesen Zweck an und für sich gerechtfertigt ist, und daß der Fischereiberechtigte, wenn der frühere Zustand vorteilhafter für ihn war, deshalb Ersatz nicht verlangen kann (R. G. E. 54 S. 260 u. Jur. Woch. 1898 S. 208). Instandhaltungsmaßnahmen, welche im flußwirtschaftlichen oder im öffentlichen Interesse gelegen sind, muß sich der Fischereiberechtigte ohne weiteres gefallen lassen (R. G. E. 49 S. 251). Nur zwecklose Maßnahmen oder solche, die absichtlich oder in grobfahrlässiger Weise vermeidbare Störungen der Fischerei hervorrufen, haben die Haftbarkeit des Unternehmers (Staates) im Gefolge (Eymann II 198). Dem berechtigten Eingriff der Staatsgewalt gegenüber hat der Fischereiberechtigte keinen Anspruch auf Unterlassung der Störung und kein Widerspruchsrecht, sondern nur einen Entschädigungsanspruch. (Vgl. R. G. in Jur. Woch. 1893 S. 383; Bair. Obst. L. G. 8 S. 446, 15 S. 88 n. F. 6 S. 633.) Ein Entschädigungsanspruch wegen im Interesse der Schiffahrt vorgenommener Arbeiten ist also insoweit nicht begründet, als diese Eingriffe eine Folge der Regulierung des Flußbettes durch Beseitigung der darin vorhandenen Wurzeln, Baumstämme und Steine unter Anwendung von Baggermaschinen sowie durch gleichmäßige Herstellung der Ufer und der Uferbefestigungen mittels Steinpflasters sind. Auch die Vertiefung des Flußbettes hat unter den vorbenannten Voraussetzungen der Fischereiberechtigte zu dulden, ebenso die Herstellung von Buhnen, sofern dieselben nicht etwa in ganz ungewöhnlich geringem Abstande von einander angebracht sind. Ein Entschädigungsanspruch ist dagegen gegeben, wenn durch die Arbeiten die Fischerei entweder ganz aufgehoben oder eine der Bedeutung nach gleiche Folge herbeigeführt wird (Jur. Woch. 1898 S. 186, R. G. E. 54 S. 267, ferner Fr. Großmann, Die Schadensersatzansprüche von Fischereiberechtigten gegen den Staat infolge von Flußregulierungen in den Annalen des Deutschen Reiches 1910 S. 529 f., 697 f.). So ist bspw. ein Entschädigungsanspruch begründet wegen der in einem Strom vorgenommenen Durchstiche, insoweit dadurch Teile des Gewässers, welche für die Fischerei von Wert waren, ohne Ausgleich beseitigt sind, denn hier handelt es sich um völlige Entziehung eines Teils des dem Fischereirecht unterworfenen Gegenstands, von der nicht ohne weiteres angenommen werden kann, daß sie ohne Entschädigung vorgenommen werden dürfe. (R. G. v. 25. Juni 1907, Jahrb. d. öff. R. 1908 S. 645.) Aber auch bei Verlandungen, die manchmal infolge der Anbringung von Buhnen eintreten, ferner bei Stromversetzungen, wenn die Richtung des Stromes örtlich gerade für die Fischerei von besonderer Bedeutung ist, so bei einer den Gebrauch besonders zugelassener Geräte ausschließenden Einengung des Stroms, ist ein Anspruch auf Entschädigung gegeben. (R. G. E. 54 S. 267.) Bei der Anbringung von Buhnen berechtigt allerdings der Umstand, daß die seitliche Ausdehnung des vom Wasser bedeckten Raumes eine Verminderung erlitten hat, nicht ohne weiteres zu einem Vergütungsanspruch, sondern nur unter der Voraussetzung, daß es sich, wie bei dem Durchstich, um eine ohne Ausgleich gebliebene Entziehung eines für die Fischerei wertvollen Flußteils handelt. (Vgl. hierzu noch R. G. v. 23. April 1890, Jur. Woch. 1890 S. 197; v. 1. Februar 1898, Jur. Woch. 1898 S. 208.)

Wegen des Anbringens von Weiden, Schlickzäunen, Pfählen, überhaupt wegen Uferschutzbauten vgl. noch Eymann II 193 f.; derselbe Bl. f. R. A. in Bayr. 74 Nr. 13/14; J. G. Bleyer, Das bair. Fischereigesetz v. 15. August 1908, 2. Aufl.; ferner H. O. Schmitt, Das bair. Fischereigesetz v. 15. August 1908; Buchenberger, Fischereirecht und Fischereipflege in Baden, 2. Aufl. Wegen Kanalanlagen vgl. R. G. v. 11. März 1909 im „Recht" 1909 S. 300; wegen Legens von Flußhölzern R. G. in Gruchots Z. 44 S. 929; wegen Dammbauten, Eymann II 193, 201.

Entstanden ist der Entschädigungsanspruch des Fischereiberechtigten nicht schon dann, wenn z. B. das ausgeschiedene Flußbett dem Staat oder demjenigen, der mit seiner Genehmigung die Flußregulierung vorgenommen hat, zum Eigentum zugefallen ist, oder wenn dieser sich durch rechtliche Verfügungen mit dem Fischereirecht in Widerspruch setzt, z. B. deren Ausübung untersagt, sondern erst dann, wenn der neue Eigentümer tatsächlich einen Zustand hergestellt hat, durch welchen (z. B. durch Zulandung des alten Flußbettes) die Ausübung der Fischerei unmöglich gemacht wird. (R. G. v. 15. November 1898 in Jur. Woch. 1898 S. 687.)

2. Vorstehende unter 1. enthaltenen Ausführungen geben das Mindestmaß desjenigen wieder, was der durch Flußregulierungsarbeiten geschädigte Fischereiberechtigte an Schadensersatz verlangen kann.

Für Elsaß-Lothringen kommt aber weiter noch § 40a des A. G. B. G. B. in Betracht. (Vgl. Molitor, Das Gesetz für E. L. betreffend die Änderung verschiedener Justizgesetze v. 13. Februar 1905 (Justiznovelle).)

§ 40a lautet: „Wird durch die Veranstaltung einer öffentlichen Arbeit oder durch den Betrieb eines dem öffentlichen Nutzen dienenden Unternehmens das Eigentum oder ein sonstiges Recht eines andern beeinträchtigt, so ist derjenige, welcher die öffentliche Arbeit veranstaltet oder das Unternehmen betreibt, zum Ersatz des dadurch verursachten Vermögensschadens verpflichtet. Auf den Entschädigungsanspruch finden die Vorschriften des § 906 des Bürgerlichen Gesetzbuchs entsprechende Anwendung."

Durch diese gesetzliche Bestimmung ist im Gegensatz zu der eingangs unter I. erwähnten „Opfertheorie" Otto Mayers, der die ganze Materie in das öffentliche Recht verweist, dem Geschädigten ein zivilrechtlicher Anspruch auf Schadloshaltung eingeräumt, ein Verfahren, das im Hinblick auf Art. 109 E. G. B. G. B. und in Anbetracht der „Gemischtheit" der Angelegenheit — im öffentlichen Recht wurzelt sie nämlich insoweit, als es sich bei dem vorausgegangenen Eingriff um die solche Eingriffe rechtfertigende Enteignungsmacht des Staates handelt — nicht zu beanstanden ist. Die rechtliche Natur des Entschädigungsanspruchs war früher bestritten (Molitor, A. G. B. G. B. S. 25 Anm., S. 27 Anm.). Das Reichsgericht hat angenommen, daß es sich um einen öffentlich-rechtlichen Anspruch handelt (Jur. Woch. 1905 S. 70). Aber auch die Verfolgung eines auf öffentlich-rechtlichem Titel (Enteignungsmacht des Staates) beruhenden Anspruchs kann eine bürgerliche Rechtsstreitigkeit darstellen. Maßgebend ist nicht der Umstand, ob die Verpflichtung, zu deren Erfüllung die verklagte Partei angehalten werden soll, in einer Vorschrift des öffentlichen Rechts wurzelt, sondern die Frage, ob es sich dabei tatsächlich lediglich um einen Gegenstand des öffentlichen Interesses, des Gemeinwohls oder um ein Rechtsgut einer einzelnen Person handelt (R. G. E. 57 S. 352, ferner bei Reger Bd. 25 S. 364; O. L. G. Colmar v. 9. April 1908, Jur. Zeitschr. 1909 S. 236). Vgl. hierzu Molitor, a. a. O. S. 25, Note 1.) Es muß sich nach dem Wortlaut der Gesetzesbestimmung um die Veranstaltung öffentlicher Arbeiten (travaux publics) handeln. Die Worte „durch die Veranstaltung" dürfen nicht zu eng aufgefaßt werden, da auch Schäden, die das fertige Werk verursacht — und dieser Zeitpunkt allein kommt bei Fischereirechten, wie oben unter 1. bereits gezeigt in Frage —, unter die Vorschrift fallen.

Im Gegensatz zu § 823 B. G. B. ist nach § 40a weder Widerrechtlichkeit noch Verschulden erforderlich. „Die öffentliche Arbeit, den Betrieb des gemeinnützigen Unternehmens kann der dadurch Geschädigte nicht hindern; die Veranstaltung, der Betrieb erfolgen im öffentlichen Interesse erlaubter Weise, sind also nicht rechtswidrig, und den Veranstalter trifft — solange er nicht über den Rahmen der Autorisation schuldhaft hinaustritt — kein Verschulden; die Negatorienklage (§§ 1004, 1024 B. G. B.) ist ausgeschlossen." (Molitor, a. a. O. S. 30.)

Der im § 40a Abs. 2 zum Ausdruck kommende Gedanke, daß „vorübergehende Beeinträchtigungen, welche durch gewöhnliche Verbesserungen oder Unterhaltungsarbeiten oder durch Veranstaltungen, die der Natur und dem Zwecke der (Wasser-)Straße entsprechen, verursacht werden", keinen Anspruch auf Schadloshaltung hervorzubringen vermögen, muß, der ganzen Tendenz des Gesetzes entsprechend, analog auch für Wasserläufe gelten. Der in § 4 Abs. 3 F. G. ausgesprochene Grundsatz, daß Vorteile, welche dem Eigentümer durch die von der Regierung angeordneten Maßregeln erwachsen, auf die Entschädigung in Anrechnung zu bringen sind, entspricht einem allgemeinen Rechtsprinzip. (Vgl. R. G. in Gruchots Beitr. 49 S. 644; Molitor, Justiznov. S. 36 Nr. 15.)

Der Fall, daß durch vorsätzliches oder fahrlässiges Handeln eines Beamten ein Fischereirecht geschädigt wird, z. B. ein Schleusenwärter läßt unbefugt das Innere einer Schleuse oder eine Kanalstrecke austrocknen und bewirkt dadurch ein Fischsterben (§§ 823, 839 B. G. B.), dürfte wohl zu den Seltenheiten gehören.

IV. Die Frage, ob der Staat in Wasserläufen, welche für schiff- und flößbar erklärt werden, die Fischerei an Dritte, z. B. an die bisher berechtigten Ufereigentümer überlassen kann, ist unentschieden. Während aus dem Wortlaut des § 1: „die Fischerei steht — zu" die Verneinung der Frage gefolgert werden kann, lassen sich aus dem Wortlaut des § 4: Eigentümer, „welchen hierdurch die Fischerei entzogen wird" und aus § 18 des Wassergesetzes: zum Zwecke der Benutzung für ... „die vom Staate vergebene Fischerei" Gründe für die entgegengesetzte Ansicht ableiten. Vgl. auch Jacob u. Fecht, Wassergesetz. S. 49. Anm. 3 zu § 18.

§ 5.

Der Anspruch auf Entschädigung erlischt, wenn er nicht binnen 3 Monaten nach der behaupteten Schadenszufügung bei dem Bezirkspräsidenten schriftlich oder zu Protokoll angemeldet worden ist.

In Ermangelung gütlicher Einigung befindet der Bezirkspräsident über den Grund und Betrag der Entschädigung nach Anhörung des Vertreters der Wasserbauverwaltung, sowie zweier vom Bürgermeister der Gemeinde, auf deren Gebiet die Grundstücke liegen, zu bezeichnenden Gemeinderäte, und nachdem dem Beschädigten Gelegenheit zur Äußerung gegeben worden ist.

Gegen den Beschluß des Bezirkspräsidenten steht der Rechtsweg offen. Die Klage muß bei Vermeidung des Ausschlusses des Rechtswegs binnen drei Monaten nach Behändigung des die Entschädigung regelnden Beschlusses bei dem Gerichte der belegenen Sache erhoben werden.

Der Bezirkspräsident vertritt die Landesverwaltung.

1. Nach dem Gesetze vom 15. April 1829 Art. 3 Abs. 3 soll die Entschädigung nach Maßgabe des Art. 16, 17 und 18 des Gesetzes vom 18. März 1810, an deren Stelle die Bestimmungen des Gesetzes vom 3. Mai 1841 getreten sind, geregelt werden. Die Formen des Enteignungsgesetzes sind umständlich und schwerfällig und stehen nicht im Verhältnis zu den geringfügigen Beträgen, um deren Ermittelung es sich in der Regel handelt. Sieht man von der Anwendung des Enteignungsgesetzes ab, so kann die Feststellung der Entschädigung entweder durch Beschluß der Verwaltungsbehörde vorbehaltlich des Rechtswegs, oder auf dem Wege verwaltungsgerichtlichen Verfahrens in Frage kommen. Das Gesetz hat den ersteren Weg eingeschlagen und sich rücksichtlich des Verfahrens den Bestimmungen des Gesetzes vom 21. November 1875, betreffend die Errichtung von Marksteinen, angeschlossen. Vgl. Vorlage Nr. 8, S. 21.

2. Die Vorschrift des § 5 F. G. behält auch gegenüber § 40a des A. G. B. G. B. ihre Kraft, soweit es sich darum handelt, daß Wasserläufe schiff- oder flößbar gemacht oder erklärt werden; denn die erstere Bestimmung ist gegenüber der letzteren lex specialis. In anderen Fällen der Schädigung eines Fischereirechts ist aber unmittelbar der Rechtsweg gegeben. (Vgl. f. d. preuß. Recht R. G. Jur. Woch. 1888 S. 294.)

§ 6.

Auf die in Privateigentum stehenden Gewässer, welchen es an einer für den Wechsel der Fische geeigneten Verbindung mit anderen natürlichen Gewässern fehlt (Fischteiche, Fischbehälter usw.), finden vorbehaltlich der Bestimmungen des § 33, die Vorschriften dieses Gesetzes keine Anwendung.

1. Die im vorstehenden Paragraphen bezeichneten Wasserläufe sind nicht Gegenstand der Fischerei im eigentlichen Sinne des Wortes. Während die in den sonstigen Wasserläufen hin und her wechselnden Fische an und für sich herrenlos sind und erst durch Okkupation in das Eigentum des Fischers gelangen, gehören die Fische in geschlossenen Gewässern den Eigentümern derselben schon infolge der Tatsache, daß sie sich in diesen Gewässern befinden. Werden daher Fische aus solchen geschlossenen Privatgewässern entwendet, so liegt nicht unberechtigtes Fischen, sondern Diebstahl (§ 242 St. G. B.) vor. (R. G. E. Straff. 10 S. 78.) Eine wichtige Frage ist daher die, wann ist ein Gewässer als geschlossen zu betrachten und wann nicht? Nach v. Stengels Wörterbuch zählen zu den geschlossenen Gewässern in der Regel alle künstlich angelegten Fischteiche und Fischbehälter, ohne Rücksicht darauf, ob sie mit einem natürlichen Gewässer in Verbindung stehen oder nicht, ferner die lediglich zur Fischzucht oder Fischhaltung hergestellten und ständig abgesperrten Rinnsale, so lange sie ausschließlich diesem Zweck dienen, endlich alle Gewässer, denen es an einer für den Wechsel der Fische geeigneten regelmäßigen Verbindung mit einem anderen natürlichen Gewässer fehlt. Nicht als geschlossene Gewässer gelten jedenfalls durch Mühlenanlagen abgeschlossene Bachstrecken (Bayr. Oberst. L. G. 10 S. 32 u. Seuff. Bl. 75 S. 364. Vgl. auch D. P. 74. 1. 449; 74. 2. 247; 96. 1. 109. D. P. 1910, IX. 1. 229; 1901, XII. 1. 388; 1904, XIX. 2. 387.) Über die Begriffe „Teich" und andere geschlossene Privatgewässer vgl. v. Staudinger, Komm. z. B. G. B. 5./6. Aufl. Bd. III S. 403 (§ 960 B. G. B.). Unter den Begriff „Teich" fallen sowohl die von Menschenhand für Zwecke der Fischzucht angelegten, wie auch die sogen. Himmelsteiche. Hinsichtlich der Teiche mit Ablaßvorrichtung liegt das Kriterium dafür, ob ein stehendes Gewässer geschlossen ist, darin, daß bei normalen Verhältnissen ein Wechsel der Fische nicht stattfinden kann. An

der Geschlossenheit eines Teiches wird aber nichts geändert, wenn das Wasser desselben im Frühjahr zur Regenzeit durch einen Graben nach einem Kanal zu seinen Abfluß hat. (R. G. E. Straff. 10 S. 78.) Hat anderseits ein See, Weiher, Teich einen Zu- und einen Abfluß nach einem anderen See usw., oder nach einem anderen Flußlauf, so daß ein Wechsel der Fische stattfinden kann, so liegt kein geschlossenes Gewässer mehr vor, auch dann nicht, wenn eine solche Verbindung nicht dauernd besteht, weil z. B. der Verbindungswasserlauf während eines großen Teils des Jahres trocken liegt. (R. G. v. 2. Oktober 05 im „Recht" 1905 S. 1173; Groschuff-Eichhorn-Delius, Preuß. Strafgesetze, 2. Aufl. S. 261.) Anders liegt der Fall, wenn nur durch ein ungewöhnliches Hochwasser, das sich als ein nicht vorherzusehendes Naturereignis darstellt, die sonst fehlende Verbindung hergestellt wird (R. G. v. 7. Juli 05 in Stier-Somlo, Jahrb. d. öff. R. 1906 S. 761).

Daher gehört z. B. auch der Gondrexanger Weiher in Lothringen nicht zu den in § 6 F. G. bezeichneten Gewässern, da derselbe mit anderen natürlichen Wasserläufen und Bächen direkt und mit größeren Flüssen durch Vermittlung der aus ihm gespeisten Kanäle indirekt in Verbindung steht. Während der Speisung der Kanäle findet tatsächlich trotz des großen Wasserdrucks ein Wechsel der Fische statt. (Bestritten!)

2. Der Ausdruck „in Privateigentum stehende Gewässer" umfaßt auch die im Privateigentum des Staates stehenden Gewässer. (Staudinger a. a. O. S. 403; Biermann, Sachenrecht § 960 Note 1.)

3. Ein Bedürfnis, diese geschlossenen Gewässer den fischereipolizeilichen Bestimmungen allgemein zu unterwerfen, liegt nicht vor; die Rücksichtnahme auf das Eigentumsrecht erheischt vielmehr, daß polizeiliche Beschränkungen nicht weiter auferlegt werden, als dies das öffentliche Interesse unbedingt erfordert.

Die Wirkung der Bestimmung des § 6 zeigt sich unter anderem darin, daß solche geschlossene Gewässer nicht zu einer Fischereigenossenschaft herangezogen werden können, daß die Art der Ausübung der Fischerei vollständig in das Belieben des Eigentümers gestellt ist, daß derselbe auch Fanggeräte und Fangmethoden anwenden kann, welche das Gesetz verbietet, daß er an die Bestimmungen über die Schonzeiten nicht gebunden ist, daß er endlich zur Ausübung der Fischerei in diesen Gewässern einer Fischerkarte nicht bedarf. Eine Einschränkung in ihrem Verfügungsrechte erleiden die Eigentümer nur insofern, als ihnen mit Rücksicht auf den Grundsatz des absoluten Markt- und Verkehrsverbotes während der Schonzeiten der Verkauf, das Umhertragen zum Zweck des Verkaufs der Fische usw., vorbehaltlich gewisser Ausnahmen, untersagt sein soll. Vgl. § 33 S. 56. Ob ein Gewässer zu den in § 6 bezeichneten gehört, ist im einzelnen Falle durch den Richter zu entscheiden.

Vgl. Dalloz, J. G. Pêche fluviale. 147—149, 238 und Rec. pér. 1865. IV partie p. 42. 1. Code civil art. 524, 564.

§ 7.

Zu dem Fischfange im Sinne dieses Gesetzes gehört auch der Fang von Krebsen und anderen nutzbaren Wassertieren, soweit sie nicht Gegenstand des Jagdrechts sind.

Welche Wassertiere hierzu zu rechnen sind, bestimmt das Ministerium.

Wo in diesem Gesetze der Ausdruck „Fische" gebraucht ist, sind die vorbezeichneten Tiere inbegriffen.

1. Die Krebse fallen ohne weiteres unter den Begriff des Fischereirechtes und sind in fast allen Fischereigesetzgebungen den Fischen gleichgestellt.

2. Nicht so verhält es sich mit anderen nutzbaren Wassertieren, wie Fröschen, Muscheln, Perlmuscheln und Austern. Für Elsaß-Lothringen kommen nur die Frösche in Betracht. Zum Froschfang berechtigt sind nur die Fischereiberechtigten, die Eigentümer der in § 6 F. G. genannten Gewässer sind und ferner die die freie Angelfischerei Ausübenden. Der Froschfänger muß im Besitz einer Fischer- oder Angelkarte sein. Eine Schonzeit für Frösche besteht nicht. Der Art. 9 der Ver. v. $\frac{\text{18. April 1892}}{\text{5. September 1899}}$ verbietet nur den Froschfang mit Rechen in der Zeit vom 1. März bis 30. Juni. Diese Bestimmung ist lediglich im Interesse der Fischerei getroffen. Wenn durch Art. 1 der genannten Verordnung die Frösche den Fischen gleichgestellt sind, so wird doch daran festgehalten werden müssen, daß die Wirkung dieser

Gleichstellung fischereipolizeilich nur dann eintritt, wenn die Voraussetzungen des Fischfanges gegeben sind, d. h. wenn es sich um den Froschfang in fischbaren Wasserläufen oder innerhalb der Uferlinien dieser handelt. Das Fangen von Fröschen auf eigenem Grund und Boden, sei es auf Äckern, Wiesen oder in Gräben, die nicht zum Durchzug von Fischen dienen, wird daher nicht als unter den Begriff des Fischfanges fallend betrachtet werden können. Daher ist diese Art des Froschfanges auch zur Nachtzeit (vgl. Art. 8 der Ver.) gestattet. Die Frage der Berechnung zum Froschfang richtet sich also in den oben angegebenen Grenzen lediglich nach den Vorschriften des materiellen Rechts.

Der Marktverkehr mit Fröschen ist das ganze Jahr über frei. Vgl. Sitzungsbericht S. 75, 76, 79 und 546. Vgl. auch Anmerkung zu Art. 9 der Verordnung betr. die Fischerei (S. 121) und Art. 1 der Verordnung betr. die Fischerei (S. 114).

§ 8.

Dem Fischereiberechtigten ist gestattet, ohne Rücksicht auf jagdpolizeiliche Bestimmungen die dem Fischbestande schädlichen Tiere, welche sich an oder in ihren Fischwassern aufhalten, ohne Anwendung von Schußwaffen zu fangen oder zu erlegen und für sich zu behalten.

Welche Tiere als dem Fischbestand schädlich zu erachten sind, bestimmt das Ministerium.

1. In der Begründung zu § 8 findet sich folgendes ausgeführt:

„Ohne Rücksicht auf die jagdpolizeilichen Bestimmungen soll den Fischereiberechtigten das Recht eingeräumt sein, gewisse, dem Fischbestande schädlichen Tiere ohne Anwendung von Schußwaffen zu erlegen. Gleichartige Bestimmungen enthält das Preußische Fischereigesetz vom 30. Mai 1874 (§ 45), das Sächsische vom 15. Oktober 1868 (§ 12), das Badische vom 3. März 1870 (Artikel 7), das Württembergische vom 27. November 1865 (Artikel 10), das Hessische vom 27. April 1881 (Artikel 51).

Es ist zu bemerken, daß das Reichsgesetz vom 22. März

1888, betreffend den Schutz von Vögeln, im § 5 Bestimmungen über Tötung von Vögeln zum Schutze der Fischerei ausdrücklich der landesgesetzlichen Regelung vorbehält. Da die Anschauungen über die Schädlichkeit der einzelnen Tiergattungen für die Fischerei je nach dem Ergebnisse der naturwissenschaftlichen Forschungen wechseln, ist von einer Einzelaufzählung der schädlichen Tiere abgesehen und nach Analogie des Jagdpolizeigesetzes das Verordnungsrecht des Ministeriums vorbehalten worden."

Vgl. Vorlage Nr. 8 S. 21.

2. Der § 8 räumt die nach § 2 des Jagdpolizeigesetzes den Eigentümern, Besitzern oder Pächtern zustehende Befugnis, auf ihren Ländereien schädliches Wild vertilgen zu dürfen, rücksichtlich der dem Fischbestand schädlichen Tiere, welche vom Ministerium als solche bezeichnet sind, den Fischereiberechtigten mit der Maßgabe ein, daß dieselben diese Tiere nicht nur fangen und erlegen, sondern auch für sich behalten dürfen. Den Fischereiberechtigten die Ablieferung der erlegten Tiere zur Pflicht zu machen, würde unbillig erscheinen, da dieselben der in Rede stehenden Tiere meist nur unter großem Aufwand von Zeit, Mühe und Kosten habhaft zu werden vermögen. Die Anwendung von Schußwaffen ist aus Gründen der Jagdpolizei ausgeschlossen. Eine solche könnte jedoch dann in Frage kommen, wenn der Fischereiberechtigte Eigentümer, Besitzer oder Pächter ist, und demselben auf Grund des § 6 Verordnung vom 16. Juli 1890, betreffend das schädliche Wild, die Anwendung von Schußwaffen zum Zwecke der Vertilgung gestattet würde.

Für Elsaß-Lothringen vgl. Art. 2 der Verordnung betr. die Fischerei.

4. Der Elsässische Fischereiverein in Straßburg sowie der Lothringische in Metz entwickeln im Zusammenwirken mit den Verwaltungsbehörden durch Gewährung von Prämien eine rege und erfolgreiche Tätigkeit in der Vertilgung namentlich der Fischreiher und Fischottern.

Über die Art der Prämiierung vgl. Bekanntmachung des Bezirkspräsidenten von Lothringen vom 26. März 1888 (Zentral- und Bezirksamtsblatt Seite 81), des Bezirkspräsidenten von Unter-Elsaß vom 5. Juli 1888. (Zentral- und Bezirksblatt S. 164) und des Bezirkspräsidenten von Ober-Elsaß vom 22. Mai 1891 (Zentral- und Bezirksamtsblatt A S. 93).

Zweiter Abschnitt.

Ausübung und Beaufsichtigung der Fischerei.

§ 9.

Die dem Staate in den in § 1 bezeichneten Gewässern zustehende Fischerei wird verpachtet. Die Verpachtung soll in der Regel auf dem Wege öffentlicher Versteigerung vorgenommen werden. Die Verpachtung ist für jeden Zeitraum, jedoch nicht über 12 Jahre zulässig.

1. Der § 9 handelt von der Art der Ausübung der dem Staate zustehenden Fischerei, beschränkt sich jedoch darauf, den Grundsatz auszusprechen, daß die Fischerei verpachtet und daß die Verpachtung in der Regel auf dem Wege der öffentlichen Versteigerung vorgenommen werden solle. Hiernach erscheint ausnahmsweise auch die Vergebung der Fischerei auf dem bisher üblichen Wege der Erteilung von Lizenzen gegen Entgelt zulässig und wird zu dieser Art der Vergebung namentlich in denjenigen Fällen zu schreiten sein, in welchen die öffentliche Versteigerung ergebnislos war. Vgl. Art. 1 der Ausführungsverordnung. (S. 114.) Dem Staat als Privateigentümer (§§ 6 u. 2 F. G.) steht natürlich jede beliebige Art der Verwertung der Fischerei zu.

2. Die Zulassung von Ausländern als Fischereipächter bedarf keiner besonderen Genehmigung. (Vgl. Sitzungsbericht 1891 XVIII. Sess. S. 551 B.)

3. Wegen der allgemeinen Pachtbedingungen vgl. S. 193.

4. Der Fischereipächter hat im Gegensatz zum dinglich Fischereiberechtigten niemals eine Klage gegen dritte Störer, weder eine petitorische — denn er hat als Pächter kein Recht an fremder Sache — noch eine possessorische — denn er ist nicht als Sachbesitzer anzusehen, und besondere Schutzmittel des Rechtsbesitzes als solchen sind dem B.G.B. fremd. Insbesondere ist der Fischereipächter gegen die von Dritten vorgenommene Immission in das Pachtwasser machtlos. Er kann höchstens auf Grund seines Rechtsvertrags vom Fiskus die Anstrengung der Klage, eventuell die Abtretung der diesem gegen den dritten Störer erwachsenen

Ansprüche begehren. (Oertmann, Bayr. Landesprivatrecht S. 382; Eymann II 201.)

Ist das Gewässer verpachtet, so ist der Pächter, unbeschadet der gesetzlich gestatteten freien Angelfischerei, allein berechtigt, sich die Fische anzueignen. Wer unter Verstoß gegen ein gesetzliches Aneignungsverbot oder unter Verletzung eines fremden Aneignungsrechtes Besitz ergreift, erwirbt nicht das Eigentum. § 958 II B. G. B. Nach Art. 69 E. G. B. G. B. sind neben § 958 II die landesrechtlichen Vorschriften aufrecht erhalten (O. L. G. Celle v. 17. Nov. 1901 in Goltdammers Arch. 51 S. 198; Gierke, Deutsches Privatrecht, II. S. 529 f.).

§ 10.

An den Verpachtungen dürfen sich, weder in eigener Person, noch durch Zwischenpersonen, als Hauptsteigerer, Teilhaber oder Bürgen beteiligen:

1. **die Beamten der Wasser- und Meliorationsbauverwaltung und die Fischereiaufseher im ganzen Umfange des Landes; die Beamten, welche bei der Verpachtung mitzuwirken haben, sowie die Einnehmer der Fischereipachtgelder in der ganzen Ausdehnung ihres Amtsbezirks;**
2. **diejenigen, welche mit einem Fischereiaufseher in gerader Linie verwandt, verschwägert oder durch Adoption verbunden oder in der Seitenlinie bis zum dritten Grade verwandt oder bis zum zweiten Grade verschwägert sind, auch wenn die Ehe, durch welche die Schwägerschaft begründet ist, nicht mehr besteht, in der ganzen Ausdehnung des Amtsbezirks des Fischereiaufsehers.**

1. Die Ausschließung gewisser Beamtenkategorien hat teils den Zweck, die Beamten zu verhindern, ihre Stellung zur Erlangung von Privatvorteilen zu mißbrauchen, teils auch die Absicht, eine Kollision zwischen ihrer Amtspflicht und ihrem Privatinteresse zu verhüten (vgl. Dalloz, J. G. Pêche fluviale 70. Forêts 1079, 1086). Durchschlagend erscheinen diese Erwägungen nur

bei den bei Vornahme der Verpachtungen und der Einziehung der Gelder beteiligten Beamten, bei den Wasserbaubeamten, den Beamten der Meliorationsbauverwaltung und den Fischereiaufsichtsorganen.

2. Um Übereinstimmung mit den Justizgesetzen zu schaffen, sind die Bestimmungen über die durch Verwandtschaft oder Schwägerschaft mit einem Fischereiaufseher bedingten Ausschließungsgründe nach Analogie der §§ 51 Ziff. 3 der St. P. O. und 383 Ziff. 5 der Z. P. O. gefaßt.

§ 11.

Die Streitigkeiten, welche zwischen der Verwaltung und den Fischereipächtern über die Auslegung und Erfüllung der Bedingungen der Verpachtung, sowie alle Streitigkeiten, welche zwischen der Verwaltung und dritten Beteiligten bezüglich ihrer Rechte und ihres Eigentums entstehen, gehören zur Zuständigkeit der Gerichte.

Angesichts der Bestimmung in § 4 des Einführungsgesetzes zur Z. P. O. vom 30. Januar 1877, würde auch ohne die Bestimmung des § 11 ein Zweifel über die Zuständigkeit der Gerichte kaum obwalten können.

§ 12.

Die Fischereipächter und Fischer dürfen an den im § 1 bezeichneten schiffbaren Wasserläufen nur den Leinpfad und an den flößbaren Wasserläufen nur den Flößpfad benutzen. Sie haben sich mit den Ufereigentümern über die Benutzung der Grundstücke, deren sie zum Ziehen und Trocknen ihrer Netze bedürfen, zu verständigen.

1. Der § 12 entpricht sachlich dem Art. 35 des Gesetzes vom 15. April 1829. Derselbe findet zweckmäßig seine Stelle im Anschluß an die sonstigen Bestimmungen über die Ausübung der Fischerei in den staatlichen Gewässern. (Vgl. hierzu auch Huber, Wassergesetz 2. Aufl. S. 257 f.)

2. Flößpfad ist eine andere Bezeichnung für den Leinpfad an den Ufern, auf welchen ein Schiffszug nicht stattfindet.

3. Den Fischern steht die Benutzung der Leinpfade und Flöß-

pfade zum Zwecke der Ausübung der Fischerei zu und zwar innerhalb derselben Grenzen und Beschränkungen, wie zum Zwecke des Schiffszugs und des Flößens. Nach Huber (S. 257) hat sich die Benutzung des Leinpfads auf das Ziehen der Fischerfahrzeuge zu beschränken; eine Benutzung des Leinpfads zur Angelfischerei durch die Fischereipächter ist daher, streng genommen, nicht gestattet. Die Fischer sind hiernach nicht befugt, auf den Leinpfaden dauernde Vorrichtungen anzubringen, z. B. Pfähle einzuschlagen, ihre Netze darauf zum Trocknen auszuhängen u. dgl. m. Auch ist das Benutzungsrecht auf den Leinpfad beschränkt. Bedürfen sie zur Ausübung der Fischerei angrenzende Grundstücke, so haben sie sich hiewegen mit den Eigentümern zu verständigen (vgl. Dalloz, J. G. Pêche fluviale 163 u. 164), d. h. nicht etwa steht den Fischereipächtern und Fischern ein Recht auf Benutzung des Leinpfads und der angrenzenden Grundstücke vorbehaltlich der Gewährung von Entschädigungen zu, sondern es steht ihnen nur so zu, daß die genannten Personen solche Handlungen nach vorheriger Erlaubniserteilung des Grundeigentümers vornehmen dürfen (Huber, a. a. O.).

Über die Rechte des Flußeigentümers auf Benutzung der angrenzenden Ufergrundstücke vgl. R. G. Jur. Woch. 1906 S. 42 u. im „Recht" 1906 (v. 17. Nov. 1905) Nr. 865; v. Staudinger, Komm. z. B. G. B. S. 404.

Das Uferbetretungsrecht muß schonend ausgeübt werden; eingefriedigte Grundstücke dürfen ohne vorherige Erlaubnis nicht betreten werden. Für allen Schaden, den der Fischereiberechtigte beim Betreten der Ufergrundstücke anrichtet, hat er aufzukommen.

4. Durch das Wassergesetz sind die bisher geltenden Bestimmungen über die Lein- und Flößpfade aufgehoben. Dieses Gesetz bestimmt in § 18, daß die Verwaltungsbehörde zum Zwecke der Benutzung für die vom Staate vergebene Fischerei und die Aufsicht hierüber die Freihaltung eines Raumes für den Verkehr (Leinpfad) verlangen kann. Es setzt die Breiten der Leinpfade nicht ein- für allemal fest, überträgt vielmehr die Befugnis der Festsetzung unter Bestimmung gewisser Maximalbreiten (3,25 m und wo Schiffszug stattfindet, 7,80 m) der Verwaltungsbehörde. Vgl. Vorschriften betr. die Leinpfade vom 1. März 1892 (Zentral- u. Bezirksamtsblatt A S. 112), u. Art. 2 der Ausführungs-Verordnung S. 86, vgl. ferner: Jacob u. Fecht, Wassergesetz, § 18 Anm. 3 S. 49.

5. Wegen des Uferbetretungsrechts bei nicht schiff- und flößbaren Wasserläufen, in denen die Fischerei einer Genossenschaft zusteht: vgl. § 16 Abs. 3 S. 57.

§ 13.

Gemeinden und öffentlichen Anstalten können die ihnen zustehende Fischerei, soferne sie nicht einer Genossenschaft (§§ 14, 15) angeschlossen sind, nur durch besonders anzustellende Fischer, durch Verpachtung oder durch Erteilung von Erlaubnisscheinen gegen Entgelt (Lizenzen) nutzen. Das Freigeben des Fischfanges ist verboten.

Die Dauer der Pachtverträge darf in der Regel nicht unter 9 Jahren bestimmt werden; Ausnahmen können unter besonderen Umständen von der Aufsichtsbehörde zugelassen werden.

1. Gemeinden und öffentlichen Anstalten steht die Fischereiberechtigung in vielen Fällen, insbesondere bei Waldbesitz, in einem Umfange zu, daß deren Ausübung selbständig d. h. ohne Anschluß an eine Genossenschaft wirtschaftlich gerechtfertigt erscheint. Liegt diese Voraussetzung vor, so soll die Fischerei entweder in Regie, oder auf dem Wege der Verpachtung oder durch Erteilung von Erlaubnisscheinen gegen Entgelt (Lizenzen) ausgeübt werden. Vgl. Sitzungsberichte S. 560.

2. Um eine wirtschaftliche und schonende Ausbeutung der Fischerei zu ermöglichen, ist für die Pachtverträge als Regel die Mindestdauer von 9 Jahren festgesetzt worden.

3. Aufsichtsbehörde ist nach Art. 21 der Verordnung betr. die Fischerei (S. 130) der zuständige Meliorationsbauinspektor. Da die Verpachtungen an sich der Genehmigung des Kreisdirektors unterliegen, so hat der Kreisdirektor bei Pachtverträgen auf weniger als 9 Jahre vor der Genehmigung die Zustimmung des Meliorationsbauinspektors einzuholen.

4. Früher war es in manchen Gemeinden üblich gewesen, daß die den Ufereigentümern zustehende Fischerei mit deren Zustimmung gemeinschaftlich durch die Gemeindeorgane verpachtet wurde, und daß der Erlös dann in die Gemeindekasse floß. Diese Art der Verpachtung muß als unzulässig bezeichnet werden, da es nicht Aufgabe der Behörde ist, Verpachtungen für Privatpersonen

vorzunehmen, selbst wenn der etwaige Erlös in die öffentliche Kasse fließt. Dem Bedürfnis, das durch diese Art der Verpachtung bisher befriedigt wurde, wird in Zukunft am ehesten durch Bildung von Genossenschaften nach den Bestimmungen des § 15 des Gesetzes entgegengekommen werden.

§ 14.

Behufs gemeinschaftlicher Bewirtschaftung und Nutzung der Fischerei und behufs geregelter Aufsichtsführung und gemeinschaftlicher Maßregeln zum Schutze des Fischbestandes können die Berechtigten eines zusammenhängenden Fischereigebietes unabhängig von den Grenzen der Gemarkung nach Maßgabe der Gesetze vom 21. Juni 1865, betreffend die Syndikatsgenossenschaften, und 11. Mai 1877, betreffend die Abänderung der Gesetzgebung hinsichlich des Wasserrechts, zu freien oder autorisierten Genossenschaften zusammentreten oder vereinigt werden.

Die Vereinigung zu einer autorisierten Genossenschaft kann ausgesprochen werden, wenn die Ufereigentümer von mindestens zwei Dritteilen der Länge der zum genossenschaftlichen Fischereigebiet gehörigen Wasserläufe, die beiderseitigen Uferlängen zusammengerechnet, ihre Zustimmung gegeben haben.

Das Ministerium kann das Verfahren, welches der Erteilung der Ermächtigung vorauszugehen hat (Art. 10 des Gesetzes vom 21. Juni 1865), anderweit regeln.

1. Der § 14 enthält eine der wichtigsten Neuerungen des Gesetzes. Vgl. hierzu den allgemeinen Teil der Begründung, Vorlage Nr. 8 Seite 16.

Die Fischereigenossenschaften stellen sich als öffentlich rechtliche Realgenossenschaften dar.

Die Bildung der Fischereigenossenschaften erfolgt entweder durch freiwillige, staatlich genehmigte Vereinbarung (freiwillige Genossenschaft), oder, wenn sie im Interesse des Fischbestandes liegt, einen wesentlichen wirtschaftlichen Nutzen gewährt und ferner eine gewisse Mehrheit der Beteiligten sich dafür ausspricht, durch Anordnung der Behörde (Zwangsgenossenschaft) v. Stengei, Wörterb. S. 795.

2. Aus der Begründung zu § 14 selbst ist folgendes hervorzuheben:

„Bei der Bildung von Fischereigenossenschaften finden die Bestimmungen des Gesetzes vom 21. Juni 1865 bzw. 11. Mai 1877 sinngemäße Anwendung, soweit nicht im Entwurfe Abweichungen enthalten sind. Es gilt dies insbesondere auch von den Förmlichkeiten des Verfahrens. Die Anregung kann sowohl von den Beteiligten selbst, als von der Verwaltung ausgehen; vor Einleitung der Voruntersuchung ist der Entwurf des Genossenschaftsstatuts aufzustellen und das Fischereigebiet abzugrenzen usw. Diese Abgrenzung kann der Natur der Sache nach nicht an die Gemarkungsgrenzen gebunden sein; sie ist vielmehr nach der Art und Lage der Wasserläufe und nach den Erfordernissen einer wirtschaftlichen Ausübung der Fischerei zu bewerkstelligen. Abweichend von den Bestimmungen des Gesetzes vom 21. Juni 1865 (Art. 12) sind die Voraussetzungen festzusetzen, unter welchen eine widerstrebende Minderheit zur Beteiligung an der Genossenschaft gezwungen werden kann. Während bei landwirtschaftlichen Unternehmungen, sei es zu Bewässerungen, Entwässerungen, zum Schutze gegen Überschwemmung oder zur Anlage von Feldwegen, das Interesse sich nach der Größe des Grundbesitzes bemißt und dementsprechend auch die Voraussetzung der Majorisierung nach diesem Gesichtspunkte festgestellt wird, kann bei der Fischerei nur die Länge der Wasserläufe als maßgebend in Betracht kommen. Bei der relativ geringen Bedeutung, insbesondere rücksichtlich der finanziellen Tragweite, hält es der Entwurf zur Bildung einer Genossenschaft für ausreichend, wenn die Ufereigentümer mindestens der halben Länge der zum Genossenschaftsgebiet gehörigen Wasserläufe, die beiderseitigen Ufer zusammengerechnet, ihre Zustimmung gegeben haben. Die Voraussetzung zur Bildung der Genossenschaft ist sonach gegeben, wenn beispielsweise die sämtlichen Eigentümer des einen Ufers oder die Eigentümer von $^2/_6$ Uferlänge des rechten und $^1/_6$ Uferlänge des linken Ufers ihre Zustimmung gegeben haben. Auch wird davon abgesehen, die Genehmigung an die Zustimmung einer bestimmten Zahl von Uferbesitzern zu knüpfen."

Vgl. Vorlage Nr. 8, S. 22.

3. Während nach dem Entwurfe, wie vorerwähnt. die Zustimmung der Eigentümer der Hälfte der gesamten Uferlänge zum Zustandekommen der Genossenschaft genügte, gelangte bei der dritten Lesung des Gesetzentwurfs ein Antrag zur Annahme, wonach zum Zustandekommen einer Genossenschaft die Zustimmung der Ufereigentümer nicht der halben Uferlänge, sondern von zwei Dritteilen der Uferlänge erforderlich ist.

4. Auf Grund des § 17 des Gesetzes vom 30. Juli 1890 sind durch das Ministerium unterm 1. Oktober 1891 Bestimmungen, betreffend das Verfahren bei Bildung autorisierter Genossenschaften, erlassen worden. (Zentral- und Bezirksamtsblatt A Seite 161 ff.)

In Anlehnung an diese Bestimmungen, jedoch mit noch weitergehender Vereinfachung, ist das Verfahren hinsichtlich der Bildung von Fischereigenossenschaften geregelt.

Vgl. Genossenschaftsordnung Abschnitt I. S. 159.

5. Wegen eines Musters zu Satzungen für Fischereigenossenschaften vgl. S. 187.

6. Für die Untersuchung und Anerkennung der von dritten Personen etwa auf Grund der in § 3 F. G. vorbehaltenen, auf Besitz oder Titel beruhenden Rechte ist im Verfahren betr. die Genossenschaftsbildung kein Raum. Die aus der staatlichen Ermächtigung entspringenden Vorteile der Genossenschaftsmitglieder sind öffentlich-rechtlicher Natur. Es kommen nur die Ufereigentümer als mitwirkende Personen bei der Gründung der Genossenschaft in Frage, selbst dann, wenn sie tatsächlich längs ihrer Uferstrecke nicht fischereiberechtigt sind.

Die an ihrer Stelle anderweitig Fischereiberechtigten treten insoweit zu der endgültig konstituierten Genossenschaft in ein Zugehörigkeitsverhältnis, auf Grund dessen für die Dauer des Bestehens der Genossenschaft ihr selbständiges Fischereirecht aufhört, und ihnen statt dessen nur die in dem Genossenschaftsstatut für die einzelnen Mitglieder festgesetzten Rechte, insbesondere auf anteilmäßige Verteilung der Genossenschaftseinkünfte zufallen. Ein Einspruchsrecht gegen die Gründung der Genossenschaft haben die genannten Fischereiberechtigten jedenfalls nicht.

§ 15.

Unabhängig von der Vorschrift des § 14 kann für ein zusammenhängendes Fischereigebiet die Bildung einer Ge-

nossenschaft durch den Gemeinderat nach Vernehmung eines unter der Leitung des Bürgermeisters von den Fischereiberechtigten der Gemeinde aus ihrer Mitte zu wählenden Ausschusses von fünf Mitgliedern beschlossen werden, wenn dies im Interesse der Erhaltung und Vermehrung des Fischbestandes liegt und einen überwiegenden wirtschaftlichen Nutzen darbietet.

Erstreckt sich das Fischereigebiet auf mehrere Gemeindegemarkungen, so ist die Bildung der Genossenschaft dadurch bedingt, daß die sämtlichen beteiligten Gemeinderäte nach Vernehmung des für jede Gemeinde zu bildenden Ausschusses der Fischereiberechtigten zustimmende Beschlüsse gefaßt haben.

1. Die Bestimmung ist dem § 3 des Gesetzes vom 27. Juni 1890, betreffend die Haltung der Zuchtstiere, nachgebildet.

2. Es wäre zu wünschen, daß von der Bestimmung des § 15 ausgiebigerer Gebrauch gemacht würde. Es sind, besonders in der Nähe von Städten, vielfach Fischwasser vorhanden, welche von den Uferberechtigten nicht ausgebeutet werden, und für welche es an Liebhabern nicht fehlen würde, wenn letztere nicht vor den Verhandlungen mit den zahlreichen einzelnen Fischereiberechtigten zurückschrecken würden. In derartigen Fällen wird es eine dankenswerte Aufgabe der Gemeindevorstände sein, die Bildung von Genossenschaften, sei es von Amts wegen, sei es auf Anregung von Fischereiinteressenten, in die Hand zu nehmen. Ist der Gemeinderat mit Übereinstimmung mit dem Ausschusse der Fischereiberechtigten der Ansicht, daß die Bildung einer Genossenschaft im Interesse der Erhaltung und Vermehrung des Fischbestandes liegt und einen wirtschaftlichen Nutzen darbietet, so wird derselbe keinen Anstand nehmen, selbst gegen den Willen einzelner Berechtigter, die Bildung einer Genossenschaft zu beschließen und dadurch die Einleitung und Durchführung des immerhin etwas umständlichen Verfahrens nach § 14 unnötig machen.

Vgl. Genossenschaftsordnung Abschnitt II. S. 163.

§ 16.

Die Bestimmungen der §§ 14 und 15 finden keine Anwendung auf die Strecken der Wasserläufe, welche sich innerhalb von Grundstücken befinden, die mit einer fortlaufenden Einfriedigung umgeben sind.

Die Fischereiberechtigten in Gräben und Kanälen (§ 2), sowie diejenigen, welche auf einer zusammenhängenden Strecke von mindestens 300 Meter in der ganzen Breite des Wasserlaufs fischereiberechtigt sind, können nicht zum Beitritt zu einer Genossenschaft gezwungen werden.

Der Ufereigentümer ist berechtigt, das Betreten seiner Grundstücke zum Zwecke des Fischens zu verbieten. Dieses Verbot ist bei der Ortspolizeibehörde anzumelden und von dieser den Fischereiberechtigten bekannt zu machen.

1. Der § 16 war in der Regierungsvorlage nicht enthalten mit Ausnahme der Bestimmung, daß Fischereiberechtigte an einer bestimmten zusammenhängenden Strecke in der ganzen Breite des Wasserlaufs nicht zum Beitritt zur Genossenschaft gezwungen werden können. Im Entwurf (§ 16 Absatz 3) war die Länge der Uferstrecke auf 500 Meter festgesetzt; bei der zweiten Lesung wurden die 500 Meter auf 300 Meter herabgesetzt.

2. Strecken von Wasserläufen, welche sich innerhalb von Grundstücken befinden, die mit einer fortlaufenden Einfriedigung umgeben sind, sollen nicht Objekte der Genossenschaft sein können. Diese Bestimmung ist dem § 1, Ziffer 2 des Gesetzes vom 7. Februar 1881, betreffend die Ausübung des Jagdrechtes, nachgebildet. Fälle der Art werden in der Praxis wohl nicht häufig vorkommen: es wird sich vrzugsweise um Strecken von Wasserläufen handeln, welche innerhalb eingefriedigter Gärten, Parks oder Gehöfte gelegen sind.

3. Von größerer Bedeutung ist die Vorschrift, daß Fischereiberechtigte in Gräben und Kanälen nicht zum Beitritt der Genossenschaft gezwungen werden können, wie dies nach dem Entwurfe zulässig war.

Vgl. Vorlage 8 S. 23.

Der Kommissionsbericht führt zur Begründung aus, „daß die Einbeziehung der im Privateigentum stehenden Gräben und Kanäle in die Genossenschaft der förmlichen Enteignung eines

Privatrechts gleichkomme, und sich in keiner Weise rechtfertigen lasse". Dieser Auffassung trat denn auch der Landesausschuß in der zweiten Lesung des Entwurfes bei und erhob die Redaktion des Kommissionsberichtes zum Beschlusse. Die Bestimmung wird bei Wasserläufen, an welchen sich zahlreiche Triebwerke befinden, der Genossenschaftsbildung vielfach hinderlich im Wege stehen, da die Fischbevölkerung sich in den zu den Triebwerken gehörigen Kanälen und Gräben mit Vorliebe aufzuhalten pflegt. In Baden ist, wie oben zu § 2 bemerkt, das Fischereirecht der Kanal- und Gräbenbesitzer durch die Novelle vom 29. März 1890 beseitigt worden; unter der Herrschaft des Gesetzes vom 29. März 1852 aber konnten die Besitzer von Kanälen und Gewerbswassern gezwungen werden, einer Fischereigenossenschaft beizutreten. Vgl. Buchenberger, Fischereirecht und Fischereipflege im Großherzogtum Baden. 1888. S. 21. Sitzungsberichte S. 548, 549, 560.

4. Eine weitere Einschränkung zugunsten der Ufereigentümer enthält der dritte Absatz. Derselbe handelt vom Uferbetretungsrecht und räumt dem Uferbesitzer die Berechtigung ein, das Betreten seiner Grundstücke zum Zwecke des Fischens zu verbieten. Macht der Ufereigentümer von diesem Rechte Gebrauch, so hat er dies bei der Ortspolizeibehörde anzumelden, welche ihrerseits die Fischereiberechtigten davon zu verständigen hat. Der Kommissionsbericht bemerkt zu diesem Punkte, daß der Uferbesitzer, welchem die Last der Unterhaltung obliege, auch Herr über das Ufer bleiben müsse und sich das Betreten seiner Grundstücke nicht gefallen zu lassen brauche. Gegenüber dem Einwand, daß dann die Ausübung der Fischerei erschwert, in vielen Fällen sogar unmöglich gemacht werde, sei geltend zu machen, daß die Fischerei, auch ohne das Ufer zu betreten, vom Kahne aus und sonstwie betrieben werden könne, und daß im übrigen den Pächtern in der Praxis in der Regel gelingen werde, mit den Eigentümern wegen etwaiger Benutzung der Ufer eine Verständigung zu erzielen. Vgl. v. Staudinger, Komm. z. B. G. B. III. S. 269 und Vorbem. zu Tit. 1 Abschn. V. Grunddienstbarkeiten unter VIII.

Für Elsaß-Lothringen ist durch die Annahme des Abs. 3 die Frage vorwiegend in Berücksichtigung des Eigentumsrechtes gelöst. Es ist indes zu bemerken, daß von fachmännischer Seite d. h. von ausübenden Fischern der Bestimmung eine die Fischerei wesentlich benachteiligende Tragweite nicht beigemessen wird.

5. Wegen des Betretens der Ufer von schiff- und flößbaren Wasserläufen vgl. § 12 des Gesetzes S. 50.

§ 17.

Der Maßstab für die Verteilung der Einkünfte aus der gemeinschaftlichen Fischereinutzung ist in dem Genossenschaftsstatut festzusetzen. Wenn das Genossenschaftsstatut eine Festsetzung nicht enthält, so erfolgt die Verteilung nach Uferlängen.

In genossenschaftlichen Fischereigebieten kann die Fischerei nur in derselben Art, wie es in § 13 für Wasserläufe der Gemeinden und öffentlichen Anstalten vorgeschrieben ist, ausgeübt werden.

1. Der zweite Satz des ersten Absatzes ist auf Grund Beschlusses der Kommission aufgenommen worden. In der Regel wird die Verteilung nach Uferlängen auch im Genossenschaftsstatut festgesetzt werden. Immerhin werden im Einzelfalle Abweichungen vorkommen. Gehören beipielsweise zum Genossenschaftsgebiete Wasserläufe, die in ihrer Breite erheblich abweichen (Bach- und Zuflußgräben), so wird es der Billigkeit entsprechen, den Ufereigentümern am Hauptgewässer gegenüber denjenigen an den Zuflußgräben einen dem Verhältnis entsprechenden größeren Anteil zukommen zu lassen. Die Genossenschaft kann auch beschließen, daß der Ertrag der Fischerei in die Gemeindekasse fließt. Vgl. Musterstatut Art. 2, S. 187.

2. Die Bestimmung im zweiten Absatz ist in der Natur der Sache begründet. Die Ausübung der genossenschaftlichen Fischerei kann selbstverständlich, soll anders der erstrebte wirtschaftliche Zweck erreicht werden, nur in derselben Weise gestattet werden, wie dies für die Fischerei, welche Gemeinden oder öffentlichen Anstalten zusteht, vorgeschrieben ist. Die Nutzung der Fischerei kann demgemäß nur in Regie, durch Verpachtung oder durch Erteilung von Erlaubnisscheinen gegen Entgelt (Lizenzen) genutzt werden (§ 13).

§ 18.

Vom Tage des Inkrafttretens dieses Gesetzes ab können Fischereipachtverträge nur unter dem Vorbehalte abgeschlossen werden, daß dieselben erlöschen, falls das verpachtete Fischwasser einem genossenschaftlichen Fischereigebiet angeschlossen wird.

Alle vor dem Tage des Inkrafttretens dieses Gesetzes abgeschlossenen Fischereipachtverträge sind innerhalb dreier Monate auf der Kreisdirekton in gehörig registrierter Form gegen Empfangsbescheinigung zu hinterlegen.

Die nicht in dieser Form und Frist hinterlegten Verträge, sowie diejenigen, welche der Vorschrift in Absatz 1 zuwider abgeschlossen werden, sind ohne rechtliche Wirksamkeit.

Ausgenommen von der Vorschrift der Hinterlegung sind die behördlich genehmigten Fischereipachtverträge des Staates, der Gemeinden und öffentlichen Anstalten.

Die hinterlegten und die von der Vorschrift der Hinterlegung befreiten Verträge erlöschen im Falle des Anschlusses der verpachteten Fischwasser an eine nach Maßgabe der §§ 14, 15 gebildete Genossenschaft, insofern sie nicht schon in einem früheren Zeitpunkte außer Kraft treten, nach einem Jahr vom Ablauf des Tages an gerechnet, an welchem die Genossenschaft gebildet worden ist.

1. In der Regierungsvorlage waren nur die drei ersten Absätze des Paragraphen enthalten. An Stelle des 4. und 5. Absatzes fand sich folgende Bestimmung:

„Die hinterlegten Verträge erlöschen, sofern sie nicht früher ablaufen, mit dem 31. Dezember 1894."

Die Begründung des Entwurfs lautete wie folgt:

„In einem zusammenhängenden Fischereigebiet können sich Strecken befinden, welche entweder verpachtet sind oder doch nach ihrer Ausdehnung zur Verpachtung sich eignen. Diese Umstände können der Bildung von Genossenschaften hinderlich im Wege stehen. Es sind daher, ähnlich wie dies im Jagdgesetze geschehen ist, Bestimmungen aufzunehmen, welche diese Unzuträglichkeiten so viel als möglich beseitigen. Zu dem Zwecke sollen Pachtverträge nach Inkrafttreten des Gesetzes nur mit dem Vorbehalte abgeschlossen werden können, daß dieselben als erloschen gelten, sobald das verpachtete Fischwasser einer Genossenschaft einverleibt wird. Bestehende Fischereipachtverträge sollen, jedoch mit gesetzlich beschränkter Geltungsdauer, unter der Voraussetzung in Kraft bleiben, daß dieselben in registrierter Form bei der Behörde in bestimmter Frist hinterlegt werden. Eine Beschränkung der Dauer dieser Verpachtungen erscheint notwendig, da sonst die Anwendung des Gesetzes in vielen Fällen auf längere Zeit illusorisch gemacht würde."

Vgl. Vorlage Nr. 8 S. 23.

Bei Beratung des Paragraphen in der Kommission wurde vorgeschlagen, den vierten Absatz der Regierungsvorlage zu streichen und an dessen Stelle zwei neue Absätze anzufügen. Dieser Vorschlag fand in zweiter Lesung Annahme.

2. Auf eine Anfrage in der Kommissionsberatung, wie es zu halten sei, wenn nach Bildung einer Genossenschaft eine zur Zeit der Bildung verpachtete Teilstrecke frei werde, wurde bemerkt, daß diese Strecke, wenn sonst die Voraussetzungen des Gesetzes zuträfen, zu dem Genossenschaftsgebiet hinzutrete. Das Verhältnis zu dem genossenschaftlichen Fischereipächter würde im einzelnen Falle durch entsprechende Vorbehalte in den Pachtbedingungen zu regeln sein.

§ 19.

Gemeinden, öffentliche Anstalten, Fischereigenossenschaften und sonstige Fischereiberechtigte können besondere Fischereiaufseher bestellen.

Die Fischereiaufseher der Gemeinden und öffentlichen Anstalten werden vom Bürgermeister ernannt.

Die Bestellung der Fischereiaufseher der Genossenschaften und sonstigen Fischereiberechtigten bedarf der Genehmigung des Bürgermeisters.

Die Genehmigung wird erteilt, wenn gegen die Zuverlässigkeit des zu Bestellenden kein Anstand obwaltet. Vor Ausübung ihres Amtes sind die Fischereiaufseher durch das Amtsgericht des Wohnorts eidlich zu verpflichten.

1. Den verschiedenen Kategorien von Fischereiberechtigten soll es unbenommen sein, zur Erzielung eines wirksamen Fischereischutzes Fischereiaufseher zu bestellen.

2. Den eidlich verpflichteten Fischereiaufsehern wird nach den Urteilen des Reichsgerichts vom 23. Juni und 6. November

1882 (Entscheidungen in Strafsachen, Band 6 S. 400 und Band 7 S. 210) die Eigenschaft von Beamten im Sinne des Strafgesetzbuches (§ 359) beizulegen sein; auch zählen dieselben zu den Beamten des Polizei- und Sicherheitsdienstes im Sinne des § 161 der St.-P.-O. Vgl. auch Art. 5 der Ausführungs-Verordnung S. 132.

§ 20.

Jedermann muß bei Ausübung der Fischerei, einschließlich der freien Angelfischerei (§ 1, Abs. 2), im Besitze einer auf seine Person lautenden, nach Maßgabe der folgenden Paragraphen auszustellenden Karte sein, welche er mit sich zu führen und auf Verlangen den Aufsichtsbeamten vorzuweisen hat.

„1. Die Fischerkarten haben den Charakter rein polizeilicher Legitimationsscheine nach Analogie der Jagdscheine an sich.

Sie sind dazu bestimmt, Fischereiübertretungen zuvorzukommen und deren Entdeckung und Feststellung zu erleichtern." (Vgl. Vorlage 8 S. 17.) Sie tragen nicht wie z. B. im Großherzogtum Baden gleichzeitig den Zweck in sich, als Nachweis der Fischereiberechtigung zu dienen. Die Berechtigung zur Ausübung der Fischerei bestimmt sich lediglich nach den Vorschriften der §§ 1, 2 und 3 dieses Gesetzes und nach dem privatrechtlichen Verhältnis, in dem der die Fischerei Ausübende zu den nach den angeführten Paragraphen Berechtigten steht.

Die Frage, welchen Personen das Fischereirecht zusteht, ist eine solche des bürgerlichen Rechts und im Streitfalle von den ordentlichen Gerichten zu entscheiden. Eine ausdrückliche Vorschrift dahinlautend, daß derjenige, welcher die Fischerei ausübt, ohne selbst der Berechtigte, z. B. der Pächter zu sein, einen von dem Berechtigten ausgestellten, behördlich beglaubigten Ausweis bei sich zu führen und auf Verlangen vorzuzeigen habe, besteht zwar nicht, jedoch versteht sich diese Verpflichtung aus allgemeinen Gründen von selbst; außerdem ist sie in § 22 der „Allgemeinen Verpachtungsbedingungen" noch besonders aufgeführt. Eine Strafbestimmung, wonach der Fischer, der den Erlaubnisschein nicht bei sich führt, bestraft werden könnte, besteht allerdings nicht.

Ein Fischereipächter, der in mehreren Flüssen oder Losen z. B. in der Ill und im Rhein fischt, hat nur e i n e Karte nötig, wie ja auch auf der Fischerkarte nichts über den örtlichen Bereich des Fischereirechts steht. Dahingegen muß jeder Unterpächter und Inhaber eines Erlaubnisscheins eine Fischerkarte haben.

Einer Fischerkarte bedürfen weiterhin diejenigen Personen, welche in den auf ihrem Privateigentum angelegten und von ihnen unterhaltenen Kanälen oder Gräben fischen wollen, endlich die Ufereigentümer, die von dem ihnen eingeräumten Fichereirecht Gebrauch zu machen beabsichtigen.

Für die in den Festungsgräben von Straßburg die Fischerei ausübenden Personen sind Fischerkarten vom Wasserbauinspektor auszustellen. Es handelt sich im vorliegenden Falle um einen auf Privateigentum liegenden Kanal, der aber schiff- und flößbar ist und mit schiff- und flößbaren Wasserläufen in einer für den Wechsel der Fische geeigneten Verbindung steht. Zu diesem Ergebnis kommt man bei analoger Anwendung des Art. 7 Abs. 2 der Ver. v. 29. April 1892.

2. Nach § 21 des Gesetzes werden drei Arten von Karten ausgegeben, Angelkarten, Fischerkarten für schiff- und flößbare Wasserläufe und Fischerkarten für nicht schiff- und flößbare Wasserläufe.

Der Besitzer einer Angelkarte leitet seine Berechtigung zur Ausübung der sogenannten freien Angelfischerei aus § 1 Abs. 2 dieses Gesetzes ab.

Der Besitzer einer Fischerkarte zur Ausübung der Fischerei in schiff- und flößbaren Wasserläufen ist zur Ausübung der Fischerei berechtigt, wenn er die Fischerei auf der Strecke, wo er sie ausübt, vom Staate gepachtet hat, oder wenn er von dem Pächter die Berechtigung zum Fischen erworben hat. Wieweit der Pächter zur Übertragung seines Rechts befugt ist, bestimmt sich nach dem Inhalt seines Pachtvertrages. (Vgl. staatliche Pachtbedingungen § 19.)

Der Besitzer einer Fischerkarte zur Ausübung der Fischerei in nicht schiff- und flößbaren Wasserläufen ist zur Ausübung der Fischerei auf der Strecke, wo er sie ausübt, berechtigt, wenn er zu den in § 2 und 3 des Gesetzes genannten Personen gehört oder von denselben die Berechtigung zur Ausübung der Fischerei erhalten hat.

Die Berechtigung zur Ausübung der sogenannten freien Angelfischerei beruht auf dem Gesetz. Der Inhaber einer Angelkarte braucht also keinen besonderen Nachweis wegen seiner Berechtigung zu führen. Wohl aber liegt dies dem Inhaber einer

Fischerkarte ob. Dieser muß, wie dies schon hervorgehoben und auch auf der Karte selbst bemerkt ist (vgl. die Formulare im Anhang S. 138), den Nachweis seiner Berechtigung führen können. Meistens, z. B. bei den Pächtern der Fischerei in staatlichen Gewässern, wird die Berechtigung offenkundig sein. Sonst wird ein schriftlicher Ausweis in irgend einer Form genügen. Auch ist nicht ausgeschlossen, daß sich auf der Fischerkarte selbst ein Vermerk befindet, z. B. hinter dem Namen des Inhabers die Bezeichnung als Pächter eines bestimmten Fischereiloses. In diesem Falle muß aber daran festgehalten werden, daß darin keine Beschränkung des Inhalts der Karte liegt, und daß der Karteninhaber auch in jedem anderen Wasserlauf von der Art, für die seine Karte ausgestellt ist, fischen darf, vorausgesetzt, daß er sich mit dem betreffenden Fischereiberechtigten ins Einvernehmen gesetzt hat.

3. Wegen der Strafbestimmungen vgl. §§ 42 und 43 des Gesetzes.

§ 21.

Für die Ausübung der freien Angelfischerei (§ 1 Abs. 2) werden Angelkarten, für die Ausübung der sonstigen Fischerei Fischerkarten erteilt.

Die Angelkarten, sowie die Fischerkarten für die nicht schiff- oder flößbaren Wasserläufe werden durch die Bürgermeister des Wohnortes, in den Städten Straßburg, Metz und Mülhausen durch die Polizeidirektoren ausgestellt.

Die Fischerkarten für die im § 1 Abs. 1 bezeichneten Wasserläufe werden durch die Wasserbauinspektoren ausgestellt.

Die Karten sind für das Kalenderjahr gültig. Für die Angelkarten ist eine Gebühr von 20 Pfennig, für die Fischerkarten eine solche von 1 Mark zu entrichten. Die Gebühr fließt in die Kasse derjenigen Gemeinde, in welcher der Antragsteller wohnt oder sich aufhält.

1. Außer dem Namen ist auch der Stand des Karteninhabers einzutragen; bei gleichem Vornamen ist ein unterscheidender Zusatz zu machen § 25 F. G. Art. 7 der Ver. v. $\frac{\text{21. April 1892}}{\text{5. Sept 1899}}$.

2. Der Begriff des Wohnortes ist möglichst weitgehend zu fassen. Auch ein vorübergehender Aufenthalt in einem Orte genügt, um denselben zum Wohnorte zu machen, z. B. der Aufenthalt in Bädern, zum Besuche usw. Vgl. auch Abs. 4: die „Gemeinde, in welcher der Antragsteller wohnt oder sich aufhält".

Für Personen, die außerhalb Elsaß-Lothringens ihren ständigen Wohnort haben und sich nur zum Zwecke des Fischens vorübergehend nach Elsaß-Lothringen begeben, wird als Wohnort die Gemeinde anzusehen sein, in der sie durch Fischereipachtvertrag Wohnsitz erwählt haben, oder wo sie die Fischerei tatsächlich ausüben wollen.

3. Zuständig ist nach der Entstehungsgeschichte und dem Wortlaut des Paragraphen jeder Wasserbauinspektor in Elsaß-Lothringen; die Zuständigkeit des Wasserbauinspektors ist also einer örtlichen Beschränkung nicht unterworfen. In erster Reihe wird aber natürlich derjenige in Frage kommen, in dessen Bezirk der Nachsuchende eine Berechtigung zum Fischen in einem öffentlichen Wasserlauf besitzt oder zu fischen beabsichtigt. Die einmal ausgestellte Fischerkarte gilt während des betreffenden Kalenderjahres für alle öffentlichen Wasserläufe Elsaß-Lothringens. Einen Ausweis über die Fischereiberechtigung oder die Bestätigung eines von dem Fischereipächter ausgestellten Ausweises über die Fischereiberechtigung in einem Wasserlaufe, in dem nach § 1 Abs. 1 des Gesetzes dem Staate die Fischerei zusteht, kann selbstverständlich nur derjenige Wasserbauinspektor ausstellen, in dessen Bezirk die betreffende Fischereistrecke liegt.

4. Die Gültigkeitsdauer der Angel- und Fischerkarten ist auf das Kalenderjahr bemessen, die hiervon abweichend festgesetzte Gültigkeitsdauer der Jagdscheine beruht auf den Jagdschonvorschriften.

5. Sollte der Antragsteller außerhalb Elsaß-Lothringens wohnen und sich auch nur ganz vorübergehend, z. B. lediglich zum Zwecke der Ausübung der Fischerei in Elsaß-Lothringen aufhalten (z. B. ein schweizerischer Staatsangehöriger), so wird die Gebühr für Fischerkarten zur Ausübung der Fischerei in schiff- und flößbaren Wasserläufen an die Gemeindekasse derjenigen Gemeinde abzuliefern sein, in welcher der Inhaber der Fischerkarte als Ansteigerer eines Fischereiloses Wohnsitz erwählt hat. Die Gebühren der Karten für Unterpächter und Inhaber von Erlaubnisscheinen werden wie die der Hauptpächter zu be-

handeln sein. In dem voraussichtlich nicht leicht vorkommenden Falle, daß der Inhaber der Karte noch keine Fischereiberechtigung besitzt, wird es sich empfehlen, die Gebühr der Gemeinde zu überweisen, wo der Wasserbauinspektor, der die Karte ausstellt, seinen Wohnsitz hat. Hat ein solcher Fischer mehrere Fischereilose gepachtet, für die er bei der Ansteigerung in verschiedenen Gemeinden Wohnsitz gewählt hat, so wird die Überweisung der Gebühr der einen, für ihn auszustellenden Fischerkarte an die Gemeinde zweckdienlich sein, wo die den höchsten Pachtpreis einbringende Ansteigerung vorgenommen worden ist. Die Gebühren für die an in Baden wohnende Fischer erteilten Fischerkarten zum Fischen in elsaß-lothringischen Gewässern sind an die Gemeindekassen derjenigen Orte zu überweisen, an welchen die Ansteigerer der betreffenden Lose gemäß der ihnen nach (§ 2 Abs. 3) der allgemeinen Fischereipachtbedingungen auferlegten Verpflichtung Wohnsitz erwählen.

Die Gebühr für die Fischerkarten zur Ausübung der Fischerei in nicht schiff- und flößbaren Wasserläufen und für die Angelkarten wird in dem vorhin angeführten Falle derjenigen Gemeinde zu überweisen sein, deren Bürgermeister dem Fischer, der außerhalb Elsaß-Lothringens wohnt, die Karte ausgestellt hat.

6. Die Fischerkarte für schiff- und flößbare Wasserläufe gibt dem Inhaber die Befugnis zur Ausübung der sogenannten freien Angelfischerei *nur auf der Strecke, die er gepachtet, oder wo er sonstwie zur Ausübung der Fischerei berechtigt ist.* Will er auf einer anderen Strecke diese Art der Fischerei ausüben, so muß er noch eine Angelkarte lösen.

§ 22.

Das Hilfspersonal, welches bei dem Fischen in Anwesenheit des Inhabers einer Fischerkarte beschäftigt wird, bedarf einer solchen nicht.

1. Der Paragraph enthält eine Vergünstigung vorwiegend für die Berufsfischer sowie für sonstige Fischereiberechtigte, welche den Fischfang im großen betreiben und daher genötigt sind, sich bei Ausübung des Fischfanges eines mehr oder minder zahlreichen Hilfspersonals zu bedienen, mag dies in ständig engagierten Fischerknechten oder vorübergehend angenommenen Tagearbeitern

bestehen. Es bedarf sonach nur der Leiter des Fischfangs, mag derselbe Pächter oder Gehilfe sein, der Fischerkarte.

2. Zum Hilfspersonal zählen alle diejenigen Personen, die unter unmittelbarer Leitung oder Aufsicht des Inhabers einer Fischerkarte gemeinschaftlich bei Ausübung des Fischfanges Hilfe leisten.

3. Bei Benutzung von Fischernachen wird sich in der Regel in jedem Nachen ein Inhaber einer Fischerkarte befinden müssen. Vereinigen sich aber z. B. bei Anwendung von größeren Treib- oder Schleppnetzen die Besatzungen mehrerer Nachen zu einem gemeinschaftlichen Fischzuge, so genügt es, daß der gemeinschaftliche Leiter des ganzen Fischfanges im Besitz einer Karte ist.

§ 23.

Die Fischer- oder Angelkarte darf nicht erteilt werden:

1. Kindern unter 12 Jahren;
2. Personen, welche sich nicht im Besitze der Ehrenrechte befinden, oder welche unter Polizeiaufsicht stehen.

Kinder unter 12 Jahren können ohne Karte unter der Aufsicht ihrer Eltern, Vormünder oder Erzieher, sofern diese sich im Besitz einer Karte befinden, an der Ausübung der Fischerei teilnehmen.

Für Minderjährige vom vollendeten 12. bis zum vollendeten 16. Jahre ist zur Erteilung einer Karte der Antrag ihres gesetzlichen Vertreters oder Kurators erforderlich.

Die erteilte Karte ist für ungültig zu erklären und einzuziehen, wenn einer der Umstände, welche die Erteilung ausschließen, erst nach der Erteilung eintritt oder zur Kenntnis der Behörde kommt.

1. Nach der Regierungsvorlage und den Beschlüssen in zweiter Lesung waren Kinder unter 12 Jahren von der Beteiligung an der Fischerei vollständig ausgeschlossen. Der zweite Absatz des Paragraphen wurde in dritter Lesung eingefügt.

2. Der dritte Absatz entspricht in seiner endgültigen Fassung der Regierungsvorlage; in zweiter Lesung waren die Worte „vom vollendeten 12. bis zum vollendeten 16. Jahre“ durch „über

12 Jahre“ ersetzt, so daß der Antrag des gesetzlichen Vertreters oder Kurators (Vormunds) bis zur erlangten Großjährigkeit erforderlich war. Die Kommission hatte, wie ein Mitglied bemerkte, Bedenken, die väterliche Gewalt zu beschränken und implicite anzuerkennen, daß ein Minderjähriger über 16 Jahre eine Karte gegen den Willen seines Vaters erhalten könne. In dritter Lesung wurde jedoch die Fassung der Regierungsvorlage wiederhergestellt.

Vgl. Sitzungsberichte S. 552. 553. 674.

3. Die Bestimmungen unter Abs. 1 Ziff. 1 und letzter Absatz sind dem Jagdpolizeigesetz vom 7. Mai 1883 (§ 10) nachgebildet.

§ 24.

Die Fischer- oder Angelkarte kann verweigert werden:

1. Personen, welche wegen Bettels oder Landstreichens, Konterbande oder Zolldefraudation, Verletzung der Fischereigesetze oder der dazu erlassenen Verordnungen, unberechtigten Fischens oder Diebstahls von Fischen, Forstdiebstahls, unberechtigten Jagens, Beschädigung von Wasserbauten, Fischerei-Anstalten oder -Vorrichtungen innerhalb der letzten drei Jahre rechtskräftig verurteilt sind;
2. Personen, welche zu Zuchthaus rechtskräftig verurteilt sind, innerhalb 5 Jahren nach Verbüßung der Strafe.

Bei Bestrafungen wegen Konterbande oder Zolldefraudation kann jedoch die Verweigerung nur dann stattfinden, wenn auf Freiheitsstrafe erkannt ist.

In Gemeinden von weniger als 10 000 Einwohnern darf in den vorbezeichneten Fällen die Karte nur mit Genehmigung des Kreisdirektors erteilt werden.

Die erteilte Karte kann für ungültig erklärt und eingezogen werden, wenn einer der Umstände, wegen deren die Verweigerung erfolgen kann, erst nach der Erteilung eintritt oder zur Kenntnis der Behörde kommt.

1. Ob die Erteilung einer Fischerkarte beim Vorhandensein der in § 24 bezeichneten Voraussetzungen stattfindet, ist in das freie Ermessen der zur Ausstellung der Karte zuständigen Behörde gestellt, es ist also von Fall zu Fall zu entscheiden; eine Einschränkung dieser Befugnis enthält der Absatz 3 hinsichtlich der von den Bürgermeistern auszustellenden Angelkarten und Fischerkarten in nicht schiff- oder flößbaren Wasserläufen in Gemeinden von weniger als 10 000 Einwohnern. In solchen Gemeinden kann die Karte, falls die Voraussetzungen des Absatz 1 vorliegen, nur mit Genehmigung des Kreisdirektors erteilt werden. Die Bestimmung ist auf Vorschlag der Kommission in zweiter Lesung eingefügt worden und liegt im Sinne der Regierungsvorlage, welche, wie zu § 21 bemerkt ist, die Ausstellung der Karten allgemein den Kreisdirektoren übertragen wissen wollte. — Selbstverständlich bezieht sich, wie der Wortlaut und der Kommissionsbericht ergibt, die Bestimmung nicht auf die von den Wasserbauinspektoren auszustellenden Fischerkarten.

Vgl. Sitzungsberichte S. 562.

2. Die Voraussetzungen, unter welchen die Verweigerung der Fischer- oder Angelkarte stattfinden kann, sind im wesentlichen aus dem Gesetz betreffend die Jagdpolizei vom 7. Mai 1883 (§ 11) übernommen; daß neben den daselbst aufgeführten Zuwiderhandlungen solchen, welche mit der Fischerei in näherem Zusammenhange stehen, ein Platz eingeräumt wird, ist in der Natur der Sache begründet.

§ 25.

Die Bestimmungen über Form und Inhalt der Fischer- und der Angelkarte, sowie über das Verfahren bezüglich der Erteilung derselben werden vom Ministerium erlassen. Die auf Erteilung der Karten bezüglichen Schriftstücke der Behörden und Privaten sind von Staatsgebühren befreit.

1. Über das Verfahren bei Erteilung der Karten, sowie über Form und Inhalt derselben vgl. Art. 7 ff. der Ausführungs-Verordnungen. S. 133.

2. Bei Erteilung der Karten soll, wie oben bemerkt (§ 21), jede tunliche Erleichterung gewährt werden; aus dieser Erwä-

gung sollen auch keinerlei Staatsgebühren zur Erhebung kommen; es sind sohin Gesuche, Bescheinigungen, Atteste und dergleichen der Stempel- oder Registrierungspflicht nicht unterworfen. Es ließe sich auch kaum rechtfertigen, wenn die Ausstellung der Karten mit Kosten verbunden wäre, welche die Kartengebühr übersteigen oder derselben nahezu gleichkommen.

§ 26.

In den Wasserläufen jeder Art darf von dem Fischereiberechtigten kein Fischwehr, keine ständige Vorrichtung oder Fanganlage angebracht werden, welche den Zweck hat, den Durchgang der Fische gänzlich zu verhindern.

1. Der Entwurf sagt zur Begründung des Paragraphen, was folgt:

„Der § 26 gibt den Art. 24 des Gesetzes vom 15. April 1829 wieder. Derselbe ist nur auf solche (ständige oder vorübergehende) Vorrichtungen anwendbar, welche den Zweck haben, das Auf- oder Absteigen der Fische unmöglich zu machen; er findet deshalb auf Vorrichtungen, welche zur Bewässerung oder für Mühlen und Triebwerke bestimmt sind, keine Anwendung. Dagegen fallen unter die Bestimmung des Paragraphen alle Wasserläufe, mit Ausnahme selbstverständlich der im § 6 bezeichneten, in ausschließlichem Privateigentum stehenden Gewässer."

Vgl. Vorlage Nr. 8 S. 24.

Das Verbot findet sonach sowohl auf schiff- oder flößbare, als auf nicht schiff- oder flößbare Wasserläufe Anwendung; demselben sind auch diejenigen Strecken der Wasserläufe unterworfen, welche durch ein geschlossenes Besitztum fließen. Ein bei Beratung des Gesetzes vom 15. April 1829 in der Pairskammer gestellter Antrag, diese Strecken von dem Verbote auszunehmen, wurde zurückgewiesen (vgl. Dalloz, J. G. Pêche fluviale 85).

2. Unter Fischereiberechtigten sind nicht nur die Eigentümer, sondern auch die Pächter oder Inhaber von Erlaubnisscheinen zu verstehen.

3. Die Anlage muß den Zweck verfolgen, den Durchgang der Fische zu verhindern, sie muß eine Fischfanganlage (barrage de pêcherie) sein; auf Stauvorrichtungen, welche für Bewässerungszwecke oder an Mühlen und Triebwerken angelegt sind,

findet die Bestimmung keine Anwendung. Es ist in einem Urteil ausgesprochen, daß dies selbst dann nicht der Fall sei, wenn die Anlage die Möglichkeit bieten würde, durch eine bestimmte Handhabung der Stauvorrichtungen den Durchgang der Fische gänzlich zu verhindern. Eine Stauanlage ist so lange keine Fangvorrichtung, als nicht in ihr oder an ihr eine Einrichtung für den Fischfang angebracht ist (pr. O. V. G. v. 2. April 1908 im „Recht" 1909 S. 182.) Die Rechtsprechung ist übrigens schwankend; es wird auch in manchen Fällen schwer festzustellen sein, ob eine industrielle Anlage nicht gleichzeitig den Zweck verfolgt, den Durchgang der Fische zu verhindern. Die Entscheidung hierüber steht im Einzelfalle dem Richter zu. Eine Reihe von Entscheidungen finden sich: Dalloz, J. G. Pêche fluviale 97—111.

Über Anlegung von künstlichen Fischwegen (Fischleitern) handelt der folgende Paragraph.

4. Wegen der Straffolgen bei Zuwiderhandlungen vgl. § 45 Abs. 1 und § 48, wegen der zivilrechtlichen Folgen § 46.

§ 27.

Wer in einem Wasserlauf Wehre, Schleusen oder andere bauliche Anlagen errichten will, welche den freien Zug der Fische verhindern oder beeinträchtigen, kann durch die zuständige Behörde angehalten werden, auf seine Kosten sogenannte Fischwege (Fischleitern) anzulegen und zu unterhalten.

Die Besitzer von bereits bestehenden Wehren, Schleusen oder anderen baulichen Anlagen, durch welche der freie Zug der Fische verhindert oder beeinträchtigt wird, sind verpflichtet, die Herstellung von Fischwegen zu dulden, wenn dieselbe im öffentlichen Interesse angeordnet wird. Dieselben haben Anspruch auf Ersatz des hierdurch erwachsenden Schadens durch die Landeskasse. Auf die Feststellung der Entschädigung findet § 5 Anwendung.

1. Die im Interesse der Industrie und Landwirtschaft notwendigen baulichen Anlagen an Wasserläufen bilden vielfach Hindernisse, welche den Zug der Wanderfische versperren, die-

selben im Laichgeschäfte behindern und dadurch die Fischerei auf weiten Strecken beeinträchtigen können. Das Mittel, die durch solche Anlagen (Wehre, Schleusen, Dämme usw.) hervorgerufenen Nachteile zu beseitigen, liegt in der Anlage sogenannter Fischwege (Fischpässe, Fischleitern), welche es den Fischen gestatten, die Hindernisse zu überwinden. Die fast in allen neueren Fischereigesetzgebungen bekannten Fischpässe (Fischleitern) sind treppenartige Einbauten in den Wasserwerken, die hauptsächlich dazu bestimmt sind, den freien Durchzug der Wanderfische sowie die Sicherung des Durchzugs laichender Standfische zu gewährleisten. (v. Stengel 797.) Die Anlage solcher Fischwege liegt vornehmlich im Interesse der Lachsfischerei. Der Lachs tritt bekanntlich vom Meer in die Flüsse ein und steigt in die oberen Teile derselben und in die dort einmündenden Gebirgsgewässer ein, um dem Fortpflanzungsgeschäft obzuliegen. Wird ihm der Aufstieg verwehrt, so findet nicht nur oberhalb der Hindernisse kein Lachsfang statt, es wird auch die Fortpflanzung zum Nachteil der Fischerei behindert oder sie vollzieht sich wenigstens unter ungünstigen Bedingungen. Auch bezüglich der Aale, die, soviel festzustehen scheint, im Meere laichen und deren Brut (montée) in die Binnengewässer aufsteigt, spielen die sogenannten Aalleitern eine wichtige Rolle. Im übrigen werden die Fischwege nicht nur von den Wanderfischen, sondern auch von den Standfischen, welche zur Laichzeit ebenfalls aufzusteigen pflegen, benutzt.

2. Die Fassung des Gesetzes weicht im zweiten Absatz von derjenigen des Entwurfs in zweifacher Richtung ab. Nach dem Entwurfe konnte die Herstellung nicht nur im öffentlichen Interesse, sondern auch auf Antrag der im oberen oder unteren Teile des Wasserlaufs Fischereiberechtigten angeordnet werden. Ferner sollte die Entschädigungspflicht für den durch die Herstellung von Fischwegen in bereits bestehenden baulichen Anlagen erwachsenden Schaden dem Unternehmer obliegen. Beide dem preußischen und badischen Fischereigesetze entnommenen Bestimmungen fanden nicht den Beifall der Kommission. Erstere wurde gestrichen, letztere in der Weise abgeändert, daß die Landeskasse für den Schaden ersatzpflichtig sein soll, vorbehaltlich der Heranziehung der interessierten Fischereiberechtigten.

3. Wegen der Genehmigung von Wehren, Schleusen usw. vgl. § 1 ff. des Gesetzes betr. Wasserbenutzung und Wasserschutz vom 2. Juli 1891 (Gesetzblatt S. 82).

§ 28.

Der Fischfang unter Anwendung explodierender oder schädlicher Stoffe ist verboten.

1. Der Art. 25 des Gesetzes vom 15. April 1829 hatte das Einwerfen von Arznei- oder Lockmitteln, welche geeignet sind, Fische zu töten oder zu betäuben, unter Strafe gestellt, ohne Rücksicht, ob dies zum Zwecke des Fischfangs oder aus sonstigen Gründen geschah. Der vorstehende Paragraph handelt nur von der Anwendung derartiger Stoffe bei Ausübung des Fischfanges. Das Einwerfen solcher Stoffe, ohne daß dabei der Zweck des Fischfanges verfolgt wird, ist in § 47 behandelt.

2. Die Bestimmung des Paragraphen entspricht dem Art. 4 Ziff. 1 der Luzerner Übereinkunft. (S. 176.)

Zu den schädlichen Stoffen, welche angewendet zu werden pflegen, sind außer den in der Luzerner Übereinkunft aufgeführten zu rechnen: ungelöschter Kalk, Fenchelkörner, Kokelskörner, Krähenaugen, letztere, weil strychninhaltig. Auch das R. Str. G. B. stellt die Anwendung derartiger Stoffe jedoch nur hinsichtlich der unberechtigt Fischenden oder Krebsenden unter Strafe. (Vgl. Anm. 2 zu § 41. S. 96.)

Ob ein Stoff unter den Begriff des explodierenden oder schädlichen fällt, ist im einzelnen Fall zu unterscheiden und wird, wenn Zweifel obwalten, durch Sachverständige festzustellen sein: in der Regel wird die Notorietät ausreichen.

Vgl. deswegen auch die verschiedenen Kommentare zum R. St. G. B.

3. Verhältnis des § 296 R. St. G. B. zu § 5 des Gesetzes gegen den verbrecherischen und gemeingefährlichen Gebrauch von Sprengstoffen vom 9. Juni 1884: Der § 296 St. G. B. ist durch das Sprengstoffgesetz gar nicht berührt. Der Paragraph bezweckt mit den §§ 292 f. St. G. B. den Schutz des Berechtigten gegen Eingriffe in sein Okkupationsrecht durch unbefugte Aneignung, nicht (wenigstens an sich nicht) durch Beschädigung oder Zerstörung der denselben unterworfenen Objekte. Das Vergehen richtet sich gegen fremde Vermögensrechte aus Eigennutz. § 296 droht schärfere Strafen an, wenn unter Anwendung von explodierenden Stoffen gefischt wird. Der Zweck und der Inhalt des Sprengstoffgesetzes ist ein ganz anderer, da das Gesetz sich gegen den verbrecherischen und gemeingefährlichen Gebrauch der Sprengstoffe

richtet. Verbrecherisch ist der Gebrauch, wenn er sich gegen Eigentum, Gesundheit, Leben richtet, d. h. auf Beschädigung oder Zerstörung dieser Güter geht. Es muß eine gemeingefährliche Tat vorliegen; das unbefugte Fischen mit Sprengstoffen sollte vom Gesetzgeber aber nicht auf die gleiche Stufe gestellt werden. (R. G. E. [Straff.] 13. S. 305.) Über das unberechtigte Fischen mit Dynamit und die Frage der Ideal- oder Realkonkurrenz vgl. ferner R. G. v. 18. September 1908 im „Recht" 12 Nr. 3191 u. in Goltd. A. 55 S. 332.

4. Wegen der Strafbestimmungen vgl. §§ 45 Abs. 2, 47 u. 48.

§ 29.

Es ist verboten, in die Wasserläufe aller Art Stoffe von solcher Beschaffenheit und Menge einzuwerfen, einzuleiten oder einfließen zu lassen, daß dadurch dem Fischbestande Schaden erwächst oder die Fische vertrieben werden.

Das Ministerium bestimmt allgemein, welche Maßregeln bei Ableitung der den Fischen schädlichen Stoffe und Abfälle aus Fabriken und sonstigen gewerblichen und landwirtschaftlichen Betrieben zu beobachten sind. Die erforderlichen Anordnungen im einzelnen Falle erlassen die Bezirkspräsidenten.

Die Bezirkspräsidenten haben ferner zu beschließen über die Dauer des Röstens des Leins und Hanfs und die Bezeichnung derjenigen Wasserläufe und Orte, an welchen diese Arbeit mit dem geringsten Nachteil für die Fische stattfinden kann.

1. Der Absatz 1 des Paragraphen schließt sich an den § 10 der Verordnung vom 24. Dezember 1876, betreffend die Fischerei im Rhein (Gesetzblatt 1877 S. 2) und den Art. 10 der Luzerner Übereinkunft an. (S. 179.) Ob die Voraussetzungen einer schädigenden Einwirkung gegeben sind, ist Tatfrage im einzelnen Fall. Grundsätze über Art und Maß der Schädlichkeit können bei der außerordentlichen Mannigfaltigkeit der Fälle im Gesetze nicht aufgestellt werden, sind vielmehr den Ausführungsbestimmungen vorzubehalten. Die vertragschließenden Staaten der

oberrheinischen Fischereikonvention (Luzerner Übereinkunft) haben sich über solche Grundsätze geeinigt, welche in Baden und der Schweiz eingeführt sind und auch für Elsaß-Lothringen schon bisher durch eine Ministerialbekanntmachung vom 9. August 1886 (Zentral- und Bezirksamtsblatt S. 167) als maßgebend erklärt waren. Vgl. auch v. Stengel, Wörterbuch S. 800, und unten S. 154 f.

1. Die auf Grund des § 29 F. G. zu treffenden Maßnahmen haben lediglich für den Schutz des Fischbestandes zu sorgen; Maßnahmen im Interesse der Gesundheit sind nicht unter Berufung auf den § 29 F.G. zu erlassen. Im Hinblick auf § 16 Gew.O. (Konzessionserteilung, vgl. Nelken, Gew. O. zu dem gen. Paragraphen) stellen die Ansprüche des § 29 F. G. das Mindestmaß dessen dar, was mit Rücksicht auf die Gesundheit usw. verlangt werden kann. Im Einzelfalle ist im Strafverfahren immer zu prüfen, ob § 29 Satz 1 F. G. oder § 35 Ziff. 2 Feldpolizeigesetz (Verunreinigung von Gewässern, abgesehen von dem Falle des § 366 Nr. 10 St. G. B.) oder § 147 Z. 2 Gew. O. verletzt ist. Hat z. B. der Bezirkspräsident die Errichtung einer Erdöldestillation an die Bedingung geknüpft, daß Einrichtungen hergestellt werden, welche den Ablauf der Flüssigkeiten aus dem Bereich des betreffenden Grundstücks überhaupt unmöglich machen, und ist dieser Vorschrift nicht genügt worden, vielmehr der vorgeschriebene Schutzdamm so undicht und durchlässig gewesen, daß die schmutzige Flüssigkeit gleichwohl in einen Wasserlauf gelangen konnte, so ist nicht dem § 29 S. 1 F. G., sondern solchen Anordnungen zuwidergehandelt, welche das Abfließenlassen von Flüssigkeiten aus einer Fabrik überhaupt verbieten. (O. L. G. Colmar v. 11. Juli 1899 S. 20/99 u. v. 18. April 05 Jur. Zeitschr. 1906 S. 658.) Aus der behördlichen Genehmigung einer Anlage, die geeignet ist, Wasserläufe zu verunreinigen, z. B. einer Gerberei, folgt noch nicht die Befugnis, die Abwässer dieser Anlage in Fischwasser oder überhaupt in Wasserläufe zu leiten. Dies gilt gleichmäßig für nicht schiff- und flößbare, wie für schiff- und flößbare Wasserläufe. O. L. G. Colmar Str. v. 20. Nov. 06, Jur. Zeitschr. 1908 S. 306.)

Wird durch das gemeinschaftliche Ableiten von Abwässern durch mehrere Uferangrenzer das zulässige Maß der Verunreinigung des Wasserlaufes überschritten und hierdurch erhebliche Übelstände hervorgerufen, so haben sämtliche Angrenzer ihre Ableitung so einzuschränken, daß die Beeinträchtigung auf das Maß des Regelmäßigen und Erträglichen herabgemindert wird. (O. L. G. Colmar Ziv. v. 24. Dezember 1906, Jur. Z. 1909 S. 561.)

2. Unschädliche Abwässer können dem Fischbestand nicht schaden; das F. G. enthält deshalb auch Vorschriften über unschädliche Einleitungen nicht. Für die Einleitung ist die Schädlichkeit Begriffsmerkmal, und deshalb kann erst von dem Zeitpunkt ab, wo dieses Merkmal der Schädlichkeit gegeben ist, von der Einleitung schädlicher Stoffe gesprochen werden. Die Berechtigung der Verwaltungsbehörden, die Einleitung von Stoffen auf Grund allgemeiner Verordnung (Ministerium) und im Einzelfall (Bezirkspräsident) zu gestatten, ist in der Erwägung begründet, daß gegenüber den vielfach höherwertigen Interessen der Landwirtschaft und der Industrie die Rücksichten auf die Fischerei unter Umständen zurücktreten müssen (vgl. R. G. v. 1. April 1911, Jur. Woch. 1911 S. 556[48]). Als Korrektiv gilt in solchen Fällen die Gestattung der Einleitung der Fabrikabwässer unter Bedingungen. Erachtet der Fabrikbesitzer die Bedingungen für unangebracht oder unerfüllbar, so hat er die Beschwerde an das Ministerium und nicht im Instanzenwege des Verwaltungsstreitverfahrens vorzubringen (Kaiserl. Rat v. 29. Oktober 06 E. O. 6 Nr. 446).

Handelt es sich um eine Neuanlage zu einer bereits bestehenden Anlage, so ist es zulässig, daß die Genehmigung der neuen Anlage durch den Bezirkspräsidenten von Bedingungen zum Schutz des Fischbestands abhängig gemacht wird, die sich auf die ältere seinerzeit bedingungslos zugelassene Anlage beziehen. (Vgl. § 2 II Ges. v. 2. Juli 1891, Kais. Rat v. 5. Nov. 1897 E. Nr. 158.)

3. Die rechtliche Grundlage für das Verbot der Ableitung solcher Abwässer und für die Anordnung der Beseitigung dieser Beeinträchtigung bildet der § 906 B. G. B. in Verbindung mit § 1004 B. G. B. Es kann also in der Entscheidung des Gerichts die Verurteilung des Beklagten zur Ausführung der zur Klärung und Reinigung der Abwässer erforderlichen Einrichtungen ausgesprochen werden, es ist dies aber nicht unbedingt nötig, denn das im Urteil ausgesprochene Verbot der Verunreinigung des Wassers enthält schon seiner Natur nach in sich den Zwang zur Herstellung dieser Einrichtungen. Die Gerichte sind also neben dem Bezirkspräsidenten befugt, solche

Einrichtungen anzuordnen. (Vgl. auch § 26 Gew. O. R. G. E. 13 S. 52 u. O. L. G. Colmar in Jur. Zeitschr. 1909 S. 564, ferner Borgmann, Die Fischerei im Walde 1892 S. 114 f.)

4. Weder durch die Genehmigung, die die Aufsichtsbehörde zur Einleitung von Abwässern erteilt, noch auch dadurch, daß der Fabrikbesitzer die Abwässer in einer den Vorschriften der Aufsichtsbehörde entsprechenden Weise behandelt, wird seine etwaige Schadensersatzpflicht gegenüber dem durch diese Abwässer geschädigten Dritten ausgeschlossen (O. L. G. Colmar v. 21. Februar 1906 in Puchelts Zeitschr. für deutsches und französisches Zivilrecht 1907 S. 265 u. Jur. Zeitschr. 1909 S. 126); denn auch behördliche Genehmigungen dieser Art werden nur unter dem Vorbehalt der Rechte Dritter erteilt (Huber, Wassergesetze 2. Aufl. S. 208 unter 5; für das preuß. Recht vgl. die in mancher Beziehung abweichenden Entsch. in R. G. E. 46 S. 248 u. in Jur. Woch. 1898 S. 273, 1897 S. 30). Hat andrerseits die Behörde eine polizeiliche Verordnung erlassen oder eine Anordnung getroffen, durch die der Fischbestand geschützt werden soll, so ist dadurch nicht ein Privatrecht dessen begründet, der an der Beobachtung der Anordnung ein Interesse hat. Der Interessent kann also die Beobachtung der Anordnung nicht im Wege der Zivilklage durchsetzen, es verbleibt ihm nur die Beschwerde im Verwaltungswege. R. G. E. (Ziv.) 51 S. 246.

5. Bezüglich der Frage der Verjährung des zivilrechtlichen Schadensersatzanspruchs vgl. O. L. G. Colmar I U. 243/04 u. O. L. G. Cöln im Rhein. Arch. 76 S. 68. Art. 3 der fr. St. P. O. hat seine Geltung behalten, woraus sich von selbst ergibt, daß auch die Bestimmungen des § 68 St. G. B. für die Zivilklage aus strafbaren Handlungen in Kraft geblieben sind, so daß jede Unterbrechung der Verjährung der Strafverfolgung nach wie vor auch diejenige der Zivilklage zur Folge hat.

6. Durch das Verbot des § 29 F. G. werden auch die Fische in geschlossenen und in künstlichen Gewässern geschützt; dies ergibt sich schon aus dem Wortlaut des Gesetzes „in die Wasserläufe aller Art“. Die Fische in künstlichen Wasserläufen, Teichen usw. können zwar nicht mehr als „herrenlos“ gelten, aber sie sollen doch auch durch das Gesetz geschützt werden. Das Fischereirecht gibt nicht nur die Befugnis, Fische zu fangen, sondern auch die Fische in künstlichen Teichen, Behältern usw. aufzubewahren oder zu hegen; das Gesetz hat auch die verständige Bewirtschaf-

tung dieser Gewässer im Auge. (Vgl. R. G. E. 52 S. 298 u. Jur. Woch. 1897 S. 30 unter 2.)

II. Wegen der jetzt geltenden Bestimmungen: vgl. Bekanntmachung vom 12. Dezember 1897 betr. die Verunreinigung von Wasserläufen mit Fischbestand (Zentral- und Bezirksamtsblatt A S. 72) im Anhang. S. 154 f.

III. Neben dem § 29 und unabhängig von demselben bieten eine Handhabe zum Einschreiten gegen schädliche Verunreinigungen von Wasserläufen:

1. der § 1 des Gesetzes vom 2. Juli 1891, betreffend Wasserbenutzung und Wasserschutz, Gesetzblatt S. 82;
2. die Bestimmungen der Gewerbeordnung über die Errichtung schädlicher, belästigender und gefährlicher Gewerbeanlagen und das hierfür vorgeschriebene Genehmigungsverfahren. (Gewerbeordnung § 16 ff., § 147 Ziff. 2 und dazu Nelken, Gewerbe-O., § 8 des Reichsgesetzes betr. Einführung der Gewerbeordnung in Elsaß-Lothringen vom 27. Februar 1888, Reichsgesetzblatt S. 57, und Verordnung, betr. die Einführung der Gewerbeordnung vom 24. Dezember 1888, Gesetzblatt S. 101.)
3. Art. 9 und 12 der in den drei Bezirken im Jahre 1880 gleichlautend erlassenen Polizeiverordnungen für die weder schiff- noch flößbaren Wasserläufe. (Unter-Elsaß 8. Juli, Ober-Elsaß 12. Juli, Lothringen 18. Juli.) Veröffentlicht sind diese Verordnungen in den betreffenden Amtsblättern S. 150, 101, 147. Vgl. S. 106.
4. § 35 Feldpolizeigesetz, Stieve S. 64. In § 35 F. P. G. sind unter „Gewässern" alle Arten von Gewässern zu verstehen. Insbesondere besteht kein Unterschied zwischen privaten und öffentlichen Gewässern. § 366 Ziff. 10 St. G. B., der in § 35 Ziff. 2 angezogen ist, hat dagegen nur die zum Schutze des Verkehrs auf den öffentlichen Wasserstraßen erlassenen Polizeiverordnungen zum Gegenstand.

IV. Wegen der Strafbestimmungen vgl. §§ 45, 48 und Anm. 4 zu § 48.

§ 30.

Es ist verboten, Fischlaich und Fischbrut wegzunehmen, zu zerstören oder zu beschädigen.

1. Die Bestimmung bezweckt die Erhaltung und Schonung des Laiches und der Brut allgemein und in sämtlichen Wasserläufen unabhängig von den Vorschriften über die im besonderen zur Fortpflanzung der Fische dienenden Laich- oder Hegeplätze (vgl. §§ 37—39). Gleichartige Bestimmungen enthalten die badische und hessische Fischereigesetzgebung. Geschützt ist also auch der Fischlaich und die Fischbrut, die in den Bewässerungsgräben von Wiesen zurückbleiben.

2. Unter Fischlaich sind die mittels einer klebrigen Masse zu Haufen, Schnüren usw. vereinigten Eier der Fische zu verstehen, während als Fischbrut das dem Ei entschlüpfte junge Fischchen zu betrachten ist, solange es sich noch in der sogenannten Dottersackperiode befindet, bis es, abgesehen von der Größe, die äußere Vollgestalt eines Fisches seiner Art gewonnen hat. Vgl. auch Dr. Staudinger, Die Landesfischereiordnung für das Königreich Bayern. 1885. S. 98.

3. Wegen der Strafbestimmungen vgl. § 45 Abs. 1 und § 48

§ 31.

Durch Verordnung des Ministeriums werden bestimmt:

1. die Jahres- und Tageszeiten, während welcher der Fang der verschiedenen Fischgattungen oder die Ausübung gewisser Fangarten, insbesondere die freie Angelfischerei (§ 1 Abs. 2) verboten ist;
2. die Art und Weise der Fischerei, welche als schädlich zu verbieten ist;
3. die Netze, Fischereigeräte und Werkzeuge, welche als schädlich zu verbieten sind;
4. die Beschaffenheit der gestatteten Fanggeräte, insbesondere die Größenverhältnisse der Maschen der Netze, sowie der Zwischenräume der Ruten, Reusen, Körbe und sonstiger zum Fang der Fische verwendeten Geräte;
5. die Art der Ausübung der freien Angelfischerei (§ 1 Abs. 2), insbesondere der Beschaffenheit der schwimmenden, in der Hand gehaltenen Angel;

6. das Maß, unterhalb dessen bestimmte Fische nicht gefangen werden dürfen.

Die vorstehend bezeichneten Gegenstände können für einzelne Landesteile oder Wasserläufe verschieden geregelt werden.

1. Im allgemeinen Teil der Begründung ist ausgeführt, daß die fischereipolizeilichen Bestimmungen nur zum Teil in das Gesetz selbst aufzunehmen, zum Teil auf den Verordnungsweg zu verweisen seien. Zu ersteren gehörten im allgemeinen alle Vorschriften, welche bestimmt seien, der wilden Fischerei entgegenzutreten, ferner Verbote absolut verderblicher Fangmittel und Fangarten, endlich alle Beschränkungen, welche der Fischerei und dem Vertrieb der Fische während der verordneten Schonzeiten und zur Erhaltung der Fischbrut auferlegt werden müßten. Zu letzteren seien diejenigen Vorschriften zu rechnen, welche durch örtliche und klimatische Verhältnisse, oft auch durch zuvorige internationale Vereinbarungen bedingt seien, oder solche Bestimmungen, welche infolge fortschreitender Technik oder in Rücksicht wissenschaftlicher oder praktischer Erfahrungen voraussichtlich in kürzerer Zeit der Notwendigkeit einer Abänderung unterworfen sein könnten und daher zweckmäßig nicht im Gesetze festgelegt würden.

Nach Ziffer 1 soll es zulässig sein, nicht nur den Fang gewisser Fischgattungen, sondern auch die Ausübung gewisser an und für sich zulässiger Fangarten in gewissen Zeiträumen zu verbieten. So enthält z. B. der Berliner Vertrag zwischen Deutschland, den Niederlanden und der Schweiz vom 30. Juni 1885, betreffend die Regelung der Lachsfischerei im Stromgebiete des Rheins, in Artikel III die Bestimmung, daß im Rhein und allen Nebenflüssen jede Lachsfischerei mit Zegensbetrieb alljährlich auf die Dauer von zwei Monaten verboten sein soll. (Begr. des Entwurfs zu dem Paragraphen und Badische Vollzugsverordnung vom 3. Februar 1888 § 34.)

Vgl. hierzu die Min.-Ver. betr. die Lachsfischerei v. 18. Januar 1906 (Zentralbl. 1896 A 25). Nach dieser Verordnung ist die Anwendung der Garnfalle beim Lachsfang im Rhein und dessen Zuflüssen auf der Strecke von Basel abwärts nur in der Zeit vom 15. November bis 31. Januar einschließlich gestattet.

a) Zu Ziff. 1: Durch die Ver. v. $\frac{\text{28. April 1892}}{\text{5. Sept. 1899}}$ Art. 3 (S. 116) ist eine allgemeine Frühjahrsschonzeit und sind Individualschonzeiten eingeführt worden. Es gilt also jetzt in Elsaß-Lothringen ein gemischtes System (v. Stengel, S. 798 § 10, 2 c). Vgl. auch Ver. betr. Gestattung des Fanges von Nasen im Rhein v. 13. April 1900 (Zentr.-Bl. 1900 A 151 u. 1903 B 136). Wird der Fang der Nasen während der Schonzeit gestattet, so ist damit auch die Erlaubnis zum Verkauf gegeben, weil die eine Erlaubnis ohne die andere nur problematischen Wert hätte.

b) Zu Ziff. 2 bis 4 vgl. Art. 8—18 der Ver. (S. 118.)

c) Die Ziffer 5 erhielt auf Vorschlag der Kommission durch Einfügung der Worte „die Art der Ausübung der freien Angelfischerei, insbesondere" dem Entwurfe gegenüber eine Fassung, durch welche klar gestellt werden sollte, daß auch rücksichtlich der Beköderung der Angel polizeiliche Vorschriften zulässig sein sollen. Die Verwendung des Handnetzes ist durch Art. 18 Abs. 3 Ver. v. 5. Sept. 99 (S. 128) ausdrücklich verboten. (Vgl. hierzu die ältere Entsch. d. O.L.G. Colmar v. 5. Oktober 97, Jur. Z. 23 S. 58; dagegen D. P. 88. 5. 361.) Besondere Schwierigkeiten macht die Definition der schwimmenden, in der Hand gehaltenen Angel; man versteht darunter die in der Hand gehaltene Angel, die den Bewegungen der fließenden Wasserwelle unterworfen bleibt. (D. P. 84. 5. 379: une ligne flottante ... est la ligne tenue à la main et demeurant soumise au mouvement du flot et du courant de l'eau .... Vgl. ferner D. P. 90. 2. 320 und das oben zu § 1, letzter Absatz, Gesagte.)

d) Zu Ziff. 6 vgl. Art. 19 der Ver. (S. 128.)

2. Die einzelnen Punkte des Paragraphen sind im wesentlichen dem Art. 26 des Gesetzes vom 15. April 1829 nachgebildet. Eine Neuerung besteht in der Zulässigkeit der Einführung eines zeitweisen Verbotes der freien Angelfischerei und der Reglementierung der Art und Weise der Ausübung dieser Fischerei. Die Gründe, welche diese Neuerung veranlaßten, sind bei § 1 des Gesetzes eingehend erläutert.

3. Neu hinzugesetzt wurde, dem Kommissionsantrag entsprechend, der zweite Absatz des Paragraphen. Durch denselben soll zum Ausdruck gebracht werden, daß im Bedürfnisfalle die verschiedenen Punkte für einzelne Landesteile oder Wasserläufe

verschieden geregelt werden können, um besonderen örtlichen oder klimatischen Verhältnissen Rechnung zu tragen.

4. Vgl. das Nähere in der Verordnung betreffend die Fischerei vom 28. April 1892 bzw. 5. Sept. 1899 (S. 114 f.).

5. Wegen der Strafbestimmungen vgl. §§ 41 Ziff. 1, 45 Abs. 1 u. 48.

§ 32.

Gelangen Fische, welche nicht das vorgeschriebene Maß haben (§ 31 Ziff. 6), oder welche zu der betreffenden Zeit nicht gefangen werden dürfen (§ 31 Ziff. 1), in die Gewalt des Fischers, so sind dieselben sofort wieder in das Wasser zu setzen.

1. Die Bestimmung ist eine notwendige Konsequenz der Vorschriften über Schonzeiten und Mindestmaße einerseits, und des absoluten Verkehrs- und Marktverbotes hinsichtlich der der Schonung unterliegenden, sowie der untermaßigen Fische andrerseits. Die Bestimmung ist auch in den Artikeln 5 und 6 der Luzerner Übereinkunft enthalten (S. 176) und ebenso in das Badische Fischereigesetz aufgenommen. Die Ausführung der Bestimmung wird bei der gewerbsmäßigen Fischerei, insbesondere insoweit Netze in Anwendung kommen, besonderen Schwierigkeiten nicht begegnen. Bei der Angelfischerei können allerdings Verletzungen vorkommen, an welchen der dem Wasser wieder übergebene Fisch zugrunde geht. Immerhin wird der Fischer, welcher die Angelfischerei als Beruf oder Sport treibt, mit tunlichster Schonung zu Werke gehen und bei der sogenannten freien Angelfischerei, bei welcher eine Zuwiderhandlung gegen die Vorschrift oder eine schonungslose Behandlung der Fische allerdings näher liegen mag, kommen in der Hauptsache doch nur Fische in Frage, welche einer Individualschonzeit nicht unterliegen und für welche Mindestmaße nicht festgesetzt sind.

2. Wegen der Strafbestimmungen vgl. § 44 Ziff. 1 und § 48.

§ 33.

Fische, welche nicht das vorgeschriebene Maß haben, oder deren Fang zu einer bestimmten Zeit verboten ist, dürfen im ersten Falle überhaupt nicht, im anderen Falle nicht innerhalb dieser Zeit, mit Ausschluß der drei ersten

Tage, feilgeboten, verkauft, umhergetragen oder versendet werden.

Den Wirten und Händlern ist auch der Ankauf derartiger Fische verboten.

Unter gleicher Voraussetzung ist die Verabreichung solcher Fische in Wirtschaften, Gasthäusern und ähnlichen Gewerbelokalen verboten.

Das Verbot findet auf Laich und Brut aller Arten von Fischen zu allen Zeiten Anwendung.

Desgleichen findet das Verbot Anwendung auf Fische, Laich und Brut, welche aus Gewässern herrühren, die in Privateigentum stehen (§ 6).

Die Eigentümer von Fischteichen sind jedoch im Falle der Abfischung von dem Verbote befreit, wenn sie vor der Abfischung der Ortsbehörde Anzeige erstatten.

1. Ganz allgemein ist zu betonen, daß der Hausierhandel mit den Erzeugnissen der Jagd und Fischerei nicht in dem gleichen Maße freigegeben ist, wie der Hausierhandel mit den Erzeugnissen der Landwirtschaft. Befreit von dem Wandergewerbeschein ist nur der Hausierhandel mit den selbstgewonnenen Erzeugnissen der Jagd und Fischerei. Dem Fischer ist es daher untersagt, rohe, aber nicht selbstgewonnene Fische durch andere Personen, welche keinen Wandergewerbeschein haben, im Umherziehen verkaufen zu lassen, auch bezüglich des Feilbietens durch Familienangehörige oder Dienstboten besteht keine Ausnahme. (Landmann-Rohmer, Gewerbe-O. 5. Aufl. § 59 Anm. 4; Nelken, Gewerberecht I 42.)

Die allgemeine Begründung enthält zu der in dem Paragraphen behandelten Materie folgendes:

„Die Vorschriften über Mindestmaße und Schonzeiten entbehren ihrer vollen Wirksamkeit, wenn ihnen nicht das Verbot ergänzend zur Seite tritt, daß untermaßige Fische überhaupt nicht und Fische, welche einer Schonzeit unterworfen sind, während dieser Zeit nicht in den Verkehr gebracht werden dürfen." Die Marktverbote dienen der Durchführung und Kontrolle der in den vorhergehenden Paragraphen behandelten Fangverbote, sind im übrigen aber selbständig geregelt. Sie lehnen sich entweder an das Verbot des Fanges untermaßiger Fische oder an das Schonzeit-Fangverbot oder an beide Bestimmungen an. Der Inhalt des Verbotes besteht darin, daß untermaßige und Schonfische nicht zu Markt gebracht, feilgeboten, veräußert, verschickt werden dürfen, gleichgültig wann, wo und von wem sie gefangen worden sind. Also auch Fische aus geschlossenen Gewässern und solche, die von auswärts stammen, fallen grundsätzlich unter das Verbot. (Vgl. v. Stengel S. 799 § 13.) Soll die Durchführung der Schonzeitvorschriften wirksam erfolgen, so gibt es keinen anderen Weg, als daß mit diesen Vorschriften das absolute Marktverbot Hand in Hand geht.

Vgl. Vorlage N. 8 S. 18.

III. Im einzelnen ist zu bemerken: Ähnlich wie bezüglich des Wildes das Jagdpolizeigesetz eine gewisse freie Zeit nach Beginn der Schonzeit zuläßt, ist dies auch bezüglich der Fische der Fall. Im Anschlusse an Art. 9 der Luzerner Übereinkunft ist ein Zeitraum von drei Tagen angenommen worden.

IV. 1. Der Begriff des Verkaufens im Sinne des § 33 F. G. ist nicht im zivilrechtlichen, sondern lediglich im tatsächlichen Sinne zu verstehen. Verkäufer ist jeder, der das Verkaufsgeschäft, sei es selbst, sei es durch einen Boten ausführt. Es ist gleichgültig, ob ihm die verkauften Fische gehören oder nicht. Eine Bestrafung wegen einer Zuwiderhandlung gegen § 33 F.G. setzt ein Verschulden, also ein mindestens fahrlässiges Handeln voraus. Hatte der Täter von den Bestimmungen über Mindermaß, Schonzeit usw. keine Kenntnis, so ist zu untersuchen, ob diese Unkenntnis auf Fahrlässigkeit beruht (R. G. v. 1. Juli 1909 „Recht“ 1909 S. 848), wofür eine Vermutung spricht.

2. Die Auffassung, wonach das „Versenden“ und „Umhertragen“ nur zum Zwecke des Verkaufs verboten sei, läßt sich weder aus dem Wortlaut noch aus den Motiven des Gesetzes rechtfertigen. Daß das Wort „Umhertragen“ weder mit „Feilbieten“ noch mit „Verkaufen“ gleichbedeutend ist, ergibt sich bereits aus der Gegenüberstellung der genannten Begriffe im Gesetz. Bei „Umhertragen“ ist aber auch nicht etwa an „Hausieren“ mit Fischen zu denken, da dieser Begriff in den Worten „Feilbieten“ und „Verkaufen“ enthalten ist. Das Verbot des § 3 F.G. ist ein absolutes; es ist also jeder Transport von Fischen, zu welchem Zweck er immer erfolgen mag, untersagt. Nach

preußischem Recht ist das Fortschaffen innerhalb desselben Orts unbedingt gestattet, ob auch das Fortschaffen nach einem benachbarten Ort, ist zweifelhaft (vgl. R. G. v. 9. März 1908 u. 11. Februar 1909, im „Recht“ 1909 S. 647 u. in Stier-Somlos Jahrb. 5, 2. [1909] S. 237). Auch der Begriff des „*Versendens*“ ist also (wie nach preuß. R., vgl. die vorzit. Entsch. des R. G.) nicht in dem engen Sinn der Aufgabe des Gewahrsams und Aushändigung an eine Person oder Anstalt zum Zwecke der Beförderung an einen anderen Ort zu verstehen. Auch verschenkt oder unentgeltlich verteilt dürfen die Fische nach § 33 F. G. nicht werden.

V. 1. Fischer oder Angler dürfen daher Fische, die aus geschlossenen Gewässern herrühren (§ 6 F. G.) nicht nach Hause transportieren; die Ausnahmevorschrift des § 33 Abs. 6 bezieht sich keineswegs auf *solche* Privatgewässer.

Auch Fische, die erweislich außerhalb Elsaß-Lothringens gefangen worden sind, unterliegen dem Verbot des § 33. (O. L. G. Colmar v. 1. März 1904 Jur. Z. 30 S. 199; vgl. auch K. G. v. 6. Juli 1908, im „Recht“ 1909 S. 182.) Es kann daher elsässischen Fischern nicht die Erlaubnis erteilt werden, während der Verbotszeit des § 33 auf badischer Seite gefangene Fische zu verkaufen.

2. Der Verkauf eines Fisches durch eine Seehandlung ist noch kein Beweis für den Fangort eines Fisches. Ist aber der Fisch nur Seefisch (z. B. Seelachs im Gegensatz zum Flußlachs), so fällt er nicht unter Art. 3 Abs. 1 Ziff. 7 der Ver. v. $\frac{\text{28. April 1892}}{\text{5. Sept. 1899}}$ und mithin auch nicht unter das in § 33 F. G. aufgestellte Verbot. — Fischkonserven fallen auch nicht unter § 33 zit. Handelt es sich um in einem besonderen Verfahren gefrorene Fische, so werden dieselben schon wegen des ausländischen Ursprungs als Fischkonserven betrachtet werden können; wohl zu unterscheiden hiervon sind aber frische, zum Zwecke der Konservierung auf Eis versandte Fische.

3. Nach Art. 7 Ver. v. 5. Sept. 1899 betr. Abänderung der Ver. v. 28. April 1892 wird den Fischereipächtern auf ihr Ersuchen gestattet, die Fischerei auf *Salmen* am elsässischen Rheinufer während der Schonzeit, insbesondere unter der Bedingung auszuüben, daß von den gefangenen laichreifen oder nahezu laichreifen Salmen die befruchteten Eier, sofern sie zur künstlichen Befruchtung aufbewahrt werden können, an die Fisch-

zuchtanstalt in Hüningen abzuliefern sind. Dies gilt auch, nachdem die letztere Anstalt seit dem 1. Juli 1905 als staatliche Anstalt nicht mehr besteht.

4. Die im Rhein während der Schonzeit gefangenen Nasen dürfen feilgehalten und verkauft werden; denn ohne die gleichzeitige Berechtigung zum Verkauf der Nasen in Elsaß-Lothringen hätte die Erlaubnis des Fanges von Nasen im Rhein während der Schonzeit (Art. 3 Ver. v. $\frac{\text{28. April 1892}}{\text{5. Sept. 1899}}$; § 1 Ver. v. 22. April 1903 Zentralbl. 151) weder Sinn noch Zweck. (Vgl. oben S. 81.) Für badische Fischer besteht aber nicht das Recht der Einfuhr von Nasen, da während der Schonzeit auch den reichsländischen Fischern der Fang und der Verkauf der genannten Fischart grundsätzlich verboten ist.

III. Während das Feilbieten, Verkaufen usw. verbotswidrig gefangener Fische allgemein verboten ist, soll der Ankauf nur Wirten und Händlern untersagt sein, da der Ankauf zum Zwecke der Wiederveräußerung in rohem oder zubereitetem Zustande stattfindet, und bei Wirten und Händlern die Kenntnis der gesetzlichen Vorschriften über Schonzeiten und Mindestmaße als bekannt vorausgesetzt werden muß, während diese Kenntnis von Privatpersonen, Hausfrauen, Bediensteten usw. nicht in dem gleichen Maße verlangt werden kann. Da nach § 34 Abs. 3 die Verabreichung solcher Fische in Gastwirtschaften usw. verboten ist, wird das bloße Auflegen von Speisekarten mit Preisangaben für solche Fische noch nicht strafbar sein.

IV. Das Verbot ist — abgesehen von den Bestimmungen im Absatz 6 und den Ausnahmebestimmungen des folgenden Paragraphen — ein absolutes. Es erstreckt sich auf alle Fische der einer Schonzeit unterworfenen Gattung, mögen die Fische vor oder während der Schonzeit gefangen sein, mögen dieselben aus Privatteichen oder Behältern (§ 6), die an sich den gesetzlichen Vorschriften nicht unterstehen, oder aus sonstigen Wasserläufen herstammen.

Wegen der Krebse vgl. Anm. 4 zu Art. 3 der Fischereiverordnung und wegen der Frösche vgl. Anm. zu Art. 9 daselbst. (S. 118 u. 121.)

V. Der letzte Absatz des Paragraphen war in dem Entwurf nicht enthalten, wurde vielmehr in zweiter Lesung auf Vorschlag der Kommission aufgenommen. In der Kommissionsberatung war bemerkt worden, daß das absolute Verkehrsverbot in den

Gegenden, in welchen Teichwirtschaft getrieben werde, diesem Betriebe hinderlich sei und die Besitzer schädigen könne. Die Teiche müßten periodisch auch in der Schonzeit abgelassen und trocken gelegt werden; was solle nun mit den Fischen, die gerade einer Schonzeit unterliegen, geschehen, wenn deren Transport und deren Veräußerung untersagt sei. Es empfehle sich daher, für diese Fälle eine Ausnahmebestimmung in das Gesetz aufzunehmen, welche, wie es im Kommissionsbericht heißt, dem ausgesprochenen Wunsch „unter den erforderlichen Kontrollmaßregeln" Rechnung trägt. Der Wortlaut der Bestimmung selbst spricht nur von der vorgängigen Anzeige bei der Ortsbehörde; nach der Begründung im Kommissionsbericht und der Erklärung des Regierungsvertreters bei der zweiten Lesung kann jedoch ein Zweifel darüber, daß Kontrollmaßregeln zulässig sind, nicht bestehen. (Vgl. Sitzungsberichte S. 563, 584.)

Vgl. Ausführungsverordnung Art. 4.

1. Nach der Entstehungsgeschichte der in Betracht kommenden Vorschrift kann es keinem Zweifel unterliegen, daß dieselbe nur Platz greifen soll, wo es sich um Abfischung in engerem oder im technischen Sinne handelt, d. h. um eine umfassende Räumung des *ganzen* Weihers bezüglich des Fischbestandes, wie sie nach den Regeln rationeller Teichwirtschaft periodisch vorgenommen zu werden pflegt. Das Abfischen muß daher mit dem Ablassen des Wassers bzw. mit der Trockenlegung des Teiches verbunden sein. Unzulässig ist es daher, wenn ein Teichbesitzer die gesetzliche Bestimmung des § 33 Abs. 6 in der Weise ausbeutet, daß er einerseits gerade während der Schonzeit gewisser Fischarten den Teich abläßt und so gegenüber anderen Fischern einen Vorteil erringt, andererseits aber nicht einmal die Teiche vollständig abfischt, sondern willkürlich Fischzüge in ihnen läßt.

Festungsgräben sind keine Fischteiche im Sinne des § 33 Abs. 6 (O. L. G. Colmar Jur. Z. 30 S. 199), ebenso nicht die lothringischen großen Weiher, wie z. B. der Gondrexanger und Rixinger Weiher.

2. *Vor* der Erteilung von Ursprungszeugnissen ist daher immer zu prüfen, ob den gesetzlichen Bestimmungen in vollem Maße genügt ist, insbesondere ob die vorherige Anzeige von der Abfischung bei der Ortspolizeibehörde erstattet worden ist, und ob tatsächlich eine *vollständige* Abfischung, nicht bloß das Herausfangen einer einzigen, gerade durch die Schonzeit geschützten Fischart stattgefunden hat.. Besondere Vorschriften

über die Ursprungszeugnisse bestehen nicht; es dürfte sich aber im Interesse einer genauen Kontrolle empfehlen, solche nach der Richtung zu erlassen, daß dieselben nicht schon vor dem Abfischen ausgestellt werden dürfen, und daß sie ferner auf eine bestimmte kurze Zeit Geltungsdauer haben müssen.

3. Nach dem Wortlaut des Abs. 6 müßte, streng genommen, davon ausgegangen werden, daß zwar dem Teicheigentümer der Verkauf der Fische während der Schonzeit gestattet, daß aber die Veräußerung an Wirte und Händler wegen des für diese geltenden Ankaufsverbotes ausgeschlossen ist. Ein Verkauf wäre sonach nur möglich an Private (Konsumenten und andere Teichbesitzer) und außerdem nach auswärts, d. h. nach Gegenden, die außerhalb des Geltungsbereiches des els.-lothr. F. G. liegen. Doch dürfte diese enge Auslegung dem Willen des Gesetzgebers kaum entsprechen. (Komm.-Ber. Sess. XVIII, Drucks. S. 563.) Dem Teicheigentümer sollte vielmehr die durch den ordnungsmäßigen Betrieb der Teichwirtschaft erforderlich werdende Ausfischung und im Zusammenhang damit die Verwertung der hierbei erbeuteten untermaßigen oder gerade durch die Schonzeit geschützten Fische ermöglicht werden. Dieser Zweck wäre aber sozusagen vereitelt, wenn das Verkaufsverbot an Händler aufrecht erhalten würde. Ein solches Verbot wird auch insbesondere den Wirten gegenüber nicht anzunehmen sein. Doch ist diese Verkaufsgelegenheit ohne praktische Bedeutung, da für Wirte das weitere Verbot des Abs. 3 Platz greift, letztere mithin an einer ihrem Gewerbe entsprechenden Verwertung auf alle Fälle gehindert sind.

Der Händler, der vom Teicheigentümer unter den Voraussetzungen des § 33 gekauft hat, besitzt seinerseits nicht die Befugnis, die Fische während der Schonzeit feilzubieten, zu verkaufen, zu versenden. Eine solche Befugnis stünde mit § 33 Abs. 5 im Widerspruch und würde außerdem das Gesetz illusorisch machen. Dem Händler bleibt also nichts anderes übrig, als die Fische während der Schonzeit und allenfalls bis zur Erreichung des Mindestmaßes in Behältern oder geschlossenen Privatteichen aufzubewahren.

VI. Wegen der Strafbestimmungen vgl. § 44 Ziff. 1 und § 48.

§ 34.

Die Bestimmungen der §§ 32, 33 finden auf die Erzeugnisse der Landesfischzuchtanstalt keine Anwendung.

In einzelnen Fällen kann die Landesverwaltung, namentlich im Interesse wissenschaftlicher Bestrebungen oder der Fischzucht, Ausnahmen von diesen Bestimmungen gestatten.

Die Ausnahmebestimmungen dieses Paragraphen bedürfen keiner näheren Begründung. Zuständig ist im Falle des Abs. 2 das Ministerium. Vgl. auch Art. 20 Abs. 2 der Fischerei-Verordnung. (S. 129.)

Es muß jedenfalls ein allgemeines Interesse an der Gestattung der Ausnahme vorliegen. In dieser Beziehung genügt unter Umständen auch ein allgemeines Interesse der Fischhändler und des konsumierenden Publikums. Wird jedoch z. B. bestimmt (vgl. Zentralbl. 1905, Beibl. Nr. 13), daß in einem Jahre abweichend von der Vorschrift in § 33 Abs. 1—3 des F. G. Fische innerhalb der ersten zehn Tage nach Eintritt der allgemeinen Frühjahrsschonzeit feilgeboten und verkauft werden dürfen, so wird dadurch selbstverständlich nicht die Schonzeit gekürzt, sondern nur die Zeitdauer für den Verkauf der bis zum 15. April gefangenen Fische verlängert.

§ 35.

Der Bemannung von Schiffen und Fahrzeugen, welche auf den in § 1 bezeichneten Wasserläufen verkehren, ist es verboten, in ihren Schiffen und Fahrzeugen Fischfanggeräte mit sich zu führen. Diese Beschränkung erstreckt sich nicht auf Geräte in verpacktem Zustand, welche nachweislich zum Zwecke des Transportes aufgenommen sind.

1. Dieser Paragraph gibt die Bestimmung in Art. 33 des Gesetzes vom 15. April 1829 wieder. Der Grund des Verbots, sowie der im zweiten Satze enthaltenen Ausnahme von demselben, ist klar.

2. Wegen der Strafbestimmungen vgl. § 44 Ziff. 2 und § 48.

§ 36.

Die ohne Beisein des Fischers zum Fischfang ausliegenden Fischerfahrzeuge, Kähne, Nachen und Fischkästen müssen mit einem Kennzeichen versehen sein, durch welches die Person des Fischers ermittelt werden kann. Die Art der Kennzeichnung wird durch Verordnung des Bezirkspräsidenten bestimmt, soweit nicht für genossenschaftliche Fischereigebiete in dem Statut der Genossenschaft Bestimmung darüber getroffen ist.

1. Nach der Begründung bezweckt der Paragraph die Erleichterung der Feststellung von Fischereiübertretungen und der Identität des Täters. Gleichzeitig ist aber durch die Bestimmung auch ein größerer Schutz für das Eigentum des Fischers gewährt.

2. Es sind erlassen worden:

a) für Lothringen: Verordnung vom 29. Juni 1892 betr. die Anbringung von Kennzeichen an den dem Fischfange dienenden Fischerfahrzeugen, Kähnen, Nachen und Fischkästen (Zentr.- und Bez.-Amtsbl. A S. 333). S. 163.

b) für Unter-Elsaß: Verordnung vom 12. Juli 1892 betr. die Kennzeichnung der Fischerfahrzeuge (Zentr.- u. Bez.-Amtsblatt A S. 336); S. 165.

c) für Ober-Elsaß: Polizeiverordnung vom 23. Juli 1892 (Zentr.- u. Bez.-Amtsbl. S. 345). S. 166.

3. Vgl. Musterstatut Art. 14 Ziff. 8. S. 192.

4. Wegen der Strafbestimmung vgl. § 41 Ziff. 2.

§ 37.

Die Strecken der Wasserläufe, welche als Laich- und Hegeplätze für die Fortpflanzung der Fische zu dienen haben, werden durch das Ministerium bestimmt, und zwar hinsichtlich der nicht schiff- oder flößbaren Wasserläufe nach Anhörung der Ufereigentümer.

In Laich- und Hegeplätzen ist jede Art des Fischfangs untersagt, welche nicht für Zwecke der Schonung oder andere gemeinnützige oder wirtschaftliche Zwecke von der Aufsichtsbehörde angeordnet oder gestattet wird.

1. Der Paragraph enthält im wesentlichen die Bestimmungen des Art. 1 Ziff. 1 des Gesetzes vom 31. Mai 1865. Auf Vorschlag der Kommission wurde aus Billigkeitsrücksichten der Zusatz beigefügt, daß bei nicht schiff- und flößbaren Wasserläufen die Ufereigentümer anzuhören seien. Dieselben sind ferner gemäß § 39

F. G. zu befragen, ob sie auf Entschädigung wegen der Beschränkung ihrer Nutzungsrechte verzichten. Da die Beschränkung der Fischereiausübung in einem Laichschonrevier in fischereipolizeilichem Interesse geschieht, so kann der Fischereiberechtigte auch dann nicht widersprechen, wenn das betr. Fischwasser in seinem Privateigentum liegt (R. G. v. 18. Juni 1906, „Recht" 1907 S. 913).

Die jüngste Verordnung des Ministeriums über Laich- und Hegeplätze datiert vom 22. Juli 1911 (Zentralblatt S. 97). Vgl. S. 142.

2. Ein unbedingtes Verbot auszusprechen, wie dies Art. 1 des Gesetzes von 1865 tut, schien unzweckmäßig, da unter Umständen die Beseitigung einzelner Fischgattungen, namentlich von Raubfischen notwendig werden kann. Vgl. Vorlage Nr. 8 S. 27. Doch kann hierbei nur von Fall zu Fall entschieden werden. Eine generelle Erlaubnis des Fanges von Raubfischen würde dem Gesetz widersprechen. Das Ausfischen von Schonrevieren auf Raubfische wird man billigerweise tunlichst den benachbarten Fischereipächtern zugute kommen lassen.

3. Aufsichtsbehörde im Sinne des Absatzes 2 des Paragraphen ist der zuständige Wasser- oder Meliorationsbauinspektor. (Vgl. Art. 20, 21 der Fischerei-Verordnung.) S. 130.

4. Die Schonreviere sollen, soweit es die Örtlichkeit gestattet, durch Bestellung besonderer Zeichen erkennbar gemacht werden. (Vgl. R. G. v. 25. April 1907, D. J. Z. 1907 S. 970.)

5. Wegen der Strafbestimmungen vgl. § 45 Abs. 1 und § 48.

§ 38.

Es ist verboten, in die Laich- und Hegeplätze Enten, Gänse, Schwäne oder andere dem Fischlaich schädliche Wasservögel zu setzen oder auslaufen zu lassen oder in denselben ohne Genehmigung der Aufsichtsbehörde Arbeiten vorzunehmen, welche die Fortpflanzung der Fische gefährden; hierzu gehört namentlich die Wegnahme von Wasserpflanzen und das Ausführen von Steinen, Sand und Schlamm.

1. Die Laich- und Hegeplätze (Schonreviere) würden ihre Zweckbestimmung nur unvollständig erreichen, wenn zwar die Ausübung der Fischerei in ihnen verboten, dagegen die Vornahme

von Arbeiten, die Laich und Brut zu zerstören geeignet sind, gestattet wäre. Dadurch, daß die Aufsichtsbehörde (Wasser- oder Meliorations-Bauinspektor) berechtigt ist, Ausnahmen zu gestatten, wird etwaigen Interessen der Landeskultur und der Vorflut Rechnung getragen. Vgl. Vorlage Nr. 8 S. 18.

Aus dem vorerwähnten Grunde muß auch die Zulassung zahmer Wasservögel zu den Laich- und Hegeplätzen möglichst verhindert werden. Die Ausdehnung des Verbotes auf das ganze Jahr schien mit Rücksicht auf die ruhigere Entwicklung der Fischbrut geboten.

Soweit nicht die Bestimmung des § 38 F. G. Anwendung findet, ist das Auslaufenlassen von Enten und anderem Hausgeflügel nicht strafbar. § 24 des Feldpolizeistrafgesetzes bestraft nur das Herumlaufenlassen, nicht auch das Herumschwimmenlassen von Vieh und Hausgeflügel. (Stieve, Das Feldpolizeistrafgesetz S. 41.) Das F. P. Str. G. hat, wie auch schon der sprachliche Gegensatz (Wasserpolizeigesetz) erkennen läßt, den Schutz der Felder und der Erzeugnisse der Landwirtschaft zum Gegenstand; den Schutz der Gewässer hat das Gesetz nicht beabsichtigt. (Vgl. O. L. G. Colmar vom 21. November 1892 in Jur. Z. 18 S. 182, K. G. v. 13. Februar 1902 J. 24 S. 60 zu § 11 pr. F. u. F. P. G.) Das Herumschwimmen von Enten usw. wird nur insoweit als schädigend angesehen, als dadurch der Fischerei Nachteil zugefügt wird. Mit dieser Materie befaßt sich aber nur das F. G. und dieses enthält keine Bestimmung, wonach das Herumschwimmenlassen von Enten usw. außer auf Schonrevieren verboten oder unter Strafe gestellt wäre.

2. Welche Wasservögel außer den besonders genannten dem Fischlaich schädlich sind, muß der Entscheidung des Einzelfalles vorbehalten bleiben.

3. Wegen der Strafbestimmungen vgl. § 45 Abs. 1 und § 48.

§ 39.

Die Bestimmung von Strecken nicht schiff- oder flößbarer Wasserläufe als Laich- und Hegeplätze kann nur für einen fünf Jahre nicht übersteigenden Zeitraum ausgesprochen werden; die Bestimmung kann jedoch nach Anhörung der Ufereigentümer erneuert werden.

Die den Berechtigten wegen Beschränkung ihrer

Nutzungsrechte zustehenden Entschädigungen werden nach den Bestimmungen des § 5 festgesetzt.

1. Da in den schiff- und flößbaren Wasserläufen die Fischerei dem Staate zusteht (§ 1), so war die Aufnahme einer Bestimmung über die Zeitdauer, während welcher gewisse Strecken dieser Wasserläufe als Laich- und Hegeplätze verwendet werden sollen, überflüssig. Bei den nicht schiff- und flößbaren Wasserläufen, in denen die Fischerei den Ufereigentümern zusteht, scheint es jedoch angemessen, die Länge der Zeit bestimmt zu begrenzen, während welcher eine Strecke als Laich- oder Hegeplatz verwendet werden soll. Entsprechend dem Art. 2 des Gesetzes vom 31. Mai 1865 ist als längste Dauer der Zeitraum von 5 Jahren bestimmt worden.

Auf Anregung der Kommission wurde auch hier aus Billigkeitsrücksichten der Zusatz aufgenommen, daß die Verlängerung nur nach Anhörung der Ufereigentümer statthaft sei. Vgl. Anmerkung 1 zu § 37.

2. Während Art. 3 des Gesetzes vom 31. Mai 1865 nur den Ufereigentümern wegen Beschränkung des Fischereirechtes einen vor dem Präfekturrat verfolgbaren Anspruch auf Entschädigung gewährte, hat nunmehr jeder Nutzungsberechtigte, d. h. also nicht allein der Fischereiberechtigte, sondern auch derjenige, dem an der betreffenden Strecke des Wasserlaufes irgend ein anderes Nutzungsrecht zusteht, einen durch gerichtliche Klage geschützten Entschädigungsanspruch (vgl. § 5).

§ 40.

Die mit der Beaufsichtigung der Fischerei betrauten Beamten sind befugt, die beim Fischfang im Gebrauch befindlichen oder in Fischereifahrzeugen vorhandenen Fanggeräte, soweit die gefangenen Fische am Orte des Fanges und in den Fischbehältern einer Untersuchung zu unterziehen. Zu dem Zweck haben die Fischer auf die durch Anruf erfolgte Aufforderung der Aufsichtsbeamten ihre Fahrzeuge herbeizuführen und die ihnen gehörigen Behältnisse, Schuppen, Fischkästen und sonstigen zur Aufbewahrung der Fische dienenden Vorrichtungen zu öffnen.

1. Der Paragraph enthält eine rein polizeiliche Anordnung. Die Vorschriften der §§ 94—111 St. P. O., welche die Beschlagnahme und Durchsuchung regeln, werden durch denselben nicht berührt. Vgl. die Verordnung des Oberstaatsanwalts v. 8. Nov. 1894 (Zentralbl. S. 269) S. 207.

2. Die Aufforderung an den Fischer muß durch Anruf erfolgen. Nach dem Kommissionsbericht soll durch diese Bestimmung ausgeschlossen werden, daß die Fischer durch Anwendung von Instrumenten seitens der Aufsichtsbeamten oder in sonst unziemlicher Weise genötigt werden, ihre Fahrzeuge auf große Entfernung herbeizuführen.

3. Wegen der Strafbestimmungen vgl. § 44 Ziff. 1 und § 48.

Dritter Abschnitt.

Strafbestimmungen.

§ 41.

Mit Geldstrafe bis zu zwanzig Mark wird bestraft:

1. wer verbotene Fichereigeräte unbefugt besitzt oder mit sich führt;
2. wer der Vorschrift des § 36 zuwider die daselbst bezeichneten Fahrzeuge oder Fischkästen ohne die vorgeschriebene Kennzeichnung auslegt.

Neben der Geldstrafe kann auf Einziehung der Fischereigeräte und Fischkästen erkannt werden.

1. In der Begründung ist zu den Strafbestimmungen im allgemeinen bemerkt:

„Aus Artikel II des Einführungsgesetzes zum Deutschen Strafgesetzbuche ergibt sich für die Landesgesetzgebung die Befugnis, auf dem Gebiete des Fischereistrafrechts besondere Vorschriften zu erlassen. Soweit die Landesgesetzgebung von dieser Befugnis keinen Gebrauch macht, kommen die Bestimmungen des Strafgesetzbuches in Anwendung. Es ist dies selbverständlich, und es erscheint daher überflüssig, eine desfallsige Bestimmung in das Gesetz aufzunehmen.

Derartige vom Strafgesetzbuch abweichende Vorschriften

können sich beziehen auf Versuch, Teilnahme, Begünstigung, auf den Ausschluß der nach § 57 des Strafgesetzbuches zulässigen Strafermäßigungen, ferner auf die Aufstellung des Grundsatzes der Haftbarkeit für die von einem anderen verwirkte Geldstrafe.

Besondere Bestimmungen über den Versuch erscheinen bei der Fischerei im ganzen gegenstandslos, da nicht nur das Fangen der Fische selbst, sondern alle darauf gerichteten Handlungen dem Begriff der Fischerei in der Regel entsprechen. Der unbefugte Besitz oder das Mitsichführen verbotener Fischereigeräte, das den Charakter eines Versuchs an sich trägt, ist als selbständige Übertretung unter Strafe gestellt. Auch in Ansehung der Teilnahme und Begünstigung liegt ein Anlaß, abweichende Bestimmungen zu treffen, nicht vor. Mittäterschaft und Anstiftung sind auch in Ansehung der Übertretungen strafbar (St. G. B. §§ 47, 48). Die Beihilfe zu Fischereiübertretungen wird in der Regel eine selbständige Strafhandlung nach dem Fischereigesetz darstellen.

Dagegen scheint es zweckmäßig, dem Vorgange des Feldpolizeistrafgesetzes folgend, bei der Gleichartigkeit der Voraussetzungen die nach § 57 Ziffer 3 des Strafgesetzbuches zulässigen Strafermäßigungen auszuschließen und die Gewalthaber, Pfleger, Dienstherrschaften für die durch Kinder, Pflegebefohlene oder Dienstboten begangenen strafbaren Handlungen haftbar, beziehungsweise deren unmittelbare Verurteilung für zulässig zu erklären. Selbstverständlich tritt die Haftbarkeit nicht ein, wennn die betreffenden Personen nachweisen, daß sie die Tat nicht verhindern konnten, weil ihre Verantwortlichkeit darauf beruht, daß sie verpflichtet und in der Regel in der Lage sind, die Begehung der strafbaren Handlungen seitens der von ihnen abhängigen Personen zu verhüten. Es können ferner, sofern nicht eine selbständige Schuld nachgewiesen wird, die Folgen nur vermögensrechtlich sein, d. h. es tritt eine Umwandlung der Geldstrafe in Freiheitsstrafe nicht ein (§§ 49—51).

Abweichend von der Bestimmung des § 5 des Forststrafgesetzes, dagegen in Übereinstimmung mit dem Feldpolizeistrafgesetz, sollen bezüglich der Strafumwandlung allein die Regeln des Strafgesetzbuches (§ 29) gelten.

Mindestbeträge der Strafen sind in dem Entwurfe nicht

vorgesehen, es hat sohin bei den allgemeinen Bestimmungen des Strafgesetzbuches sein Bewenden.

Seit Einführung der Strafprozeßordnung ist dem durch eine strafbare Handlung Verletzten die Befugnis, die Verurteilung des Täters zum Schadenersatz herbeizuführen, nur insoweit zugestanden, als die materiellen Strafgesetze die Zuerkennung eines Werterſatzes gestatten. Das Forststrafgesetz und das Feldpolizeistrafgesetz für Elsaß-Lothringen lassen einen Wertersatz (Buße) mit der Begründung zu, daß nach § 3 des Einführungsgesetzes zur Strafprozeßordnung für Forst- und Feldrügesachen ein besonderes Verfahren auf dem Wege der Landesgesetzgebung eingeführt werden kann. Diese Erwägung ist für Fischereipolizeisachen nicht zutreffend. Zudem würde eine derartige Bestimmung bezüglich der Fischerei praktisch bedeutungslos sein, da Fälle, in denen ein Wertersatz in Frage kommt, wohl nur bei unberechtigtem Fischen vorkommen werden, das unberechtigte Fischen aber nicht nach dem vorliegenden Gesetze, sondern nach dem Strafgesetzbuch zu beurteilen ist.

Ansprüche auf Wertersatz oder sonst vermögensrechtlicher Natur sind daher auf dem Wege des Zivilprozesses geltend zu machen.

2. Außer den Strafbestimmungen der folgenden Paragraphen sind noch in Kraft die Bestimmungen des R. St. G. B. wegen unberechtigten Fischens, nämlich:

a) § 296. Wer zur Nachtzeit, bei Fackellicht oder unter Anwendung schädlicher oder explodierender Stoffe unberechtigt fischt oder krebst, wird mit Geldstrafe bis zu 600 Mark oder mit Gefängnis bis zu 6 Monaten bestraft.

b) § 370. Mit Geldstrafe bis zu 150 Mark oder mit Haft wird bestraft:

4. Wer unberechtigt fischt oder krebst.

Zu dieser letzteren gesetzlichen Bestimmung ist folgendes zu bemerken: Die Einziehung der zur Begehung der Straftat gebrauchten oder bestimmten Gegenstände ist (anscheinend infolge eines Redaktionsversehens) nicht vorgeschrieben und deshalb, da § 40 St. G. B. nur auf Verbrechen und Vergehen Anwendung findet, nicht statthaft. Bei Idealkonkurrenz mit Zuwiderhandlungen gegen Fischereigesetze polizeilicher Natur ist jedoch auf die in dieser (vgl. § 41 Abs. 2 els.-lothr. F. G.) etwa vorgeschriebene „Einziehung" zu erkennen, wenn sie nicht die Natur einer Strafe hat, sondern nur eine polizeiliche Maßnahme darstellt; denn auf solche findet das Prinzip des § 73 St. G. B. keine Anwendung. (Olshausen Komm. 8. Aufl. Frank Komm. N. IV.)

Der herrschenden Meinung nach kann die Fischwilderei nur vorsätzlich verübt werden. (Glaser, Vgl. Darst. S. 516.)

Vom Fischereifrevel ist wohl zu unterscheiden der Fischdiebstahl. Die Annahme des einen oder anderen hängt davon ab, ob die Fische zur Zeit des unberechtigten Fanges in jemandes Eigentum standen oder herrenlos waren. Der letztere Begriff und insbesondere auch die Frage, ob und unter welchen Voraussetzungen gefangen gehalten gewesene Fische wieder herrenlos werden, ist nach B. G. B. §§ 959, 960 zu beurteilen. Bay. Obst. L. G. v. 1. Februar 01 D. J. Z. 01 S. 288.

3. Im einzelnen ist zu § 41 zu bemerken, daß die in demselben angeführten Zuwiderhandlungen als Polizeiübertretungen leichterer Art nur mit einer geringen Geldstrafe geahndet werden.

4. Von der Aufnahme einer Bestimmung über die Einziehung der Fahrzeuge wurde abgesehen, weil es unbillig erschien, bei einer verhältnismäßig unbedeutenden Zuwiderhandlung die Einziehung eines Nachens oder Kahns, dessen Wert das Strafmaximum übersteige, für zulässig zu erklären. Vgl. Anm. 2 zu § 53.

§ 42.

Mit Geldstrafe bis zu dreißig Mark wird bestraft:

1. wer die Fischerei ausübt, ohne daß die vorgeschriebene Fischer- oder Angelkarte für ihn gelöst ist;
2. wer seine Fischer- oder Angelkarte einem andern zur Benützung überläßt.

Tritt Bestrafung ein, so ist im Falle der Ziffer 1 die Gebühr für die Ausstellung der Karte nachzuzahlen und im Falle der Ziffer 2 die erteilte Karte von der Behörde, welche sie ausgestellt hat, für ungültig zu erklären und einzuziehen.

1. Die in diesen Paragraphen behandelten Übertretungen können sowohl von Personen begangen werden, die in dem Einzelfalle zur Ausübung der Fischerei berechtigt sind, als auch von solchen, die diese Berechtigung nicht haben.

2. Wird die unter Ziff. 1 angeführte Übertretung von einem Nichtberechtigten begangen, so trifft dieselbe zusammen mit einem Vergehen nach § 296 R. St. G. B. oder einer Übertretung nach § 370 Z. 4 R. St. G. B. Nach § 73 R. St. G. B. kommen alsdann nur die Bestimmungen des R. St. G. B. zur Anwendung.

Verhältnis des § 42 Z. 1 zu § 370 Z. 4 St. G. B. Es mag richtig sein, daß das Gesetz von der tatsächlichen Voraussetzung ausgeht, daß nur zum Zweck des berechtigten Fischens solche Karten verlangt und gegeben werden. Dies hat aber keineswegs die Folge, daß ein unberechtigt Fischender von der Verpflichtung zur Lösung einer Karte befreit, also in dieser Beziehung günstiger gestellt werden soll, wie eine zum Fischen berechtigte Person. Es ist dieser Fall ganz analog dem unberechtigten Jagen ohne Jagdschein (vgl. R.G. v. 23. November 1891 R. G. E. 22 S. 234). Ein reales Zusammentreffen anzunehmen und eine Verurteilung wegen zweier selbständiger Handlungen ist aber unrichtig. Die Ausübung der Fischerei stellt nur eine Handlung dar, durch welche zwei Strafgesetze verletzt werden, daher ideal zusammentreffen. Das ideell konkurrierende Delikt soll aber nicht straflos bleiben, sondern innerhalb des Strafrahmens des schwereren Delikts ist auch der Bestrafung des geringeren Delikts Rechnung zu tragen. (Rspr. des R. G. in Straff. 10 S. 570, vgl. R. G. E. 160. 304 u. O. L. G. Colmar v. 28. Januar 1896, Jur. Z. 21 S. 358.)

3. Das bloße Überlassen einer Fischer- oder Angelkarte wird nicht als Beihilfe zu einem Vergehen nach § 296 R. St. G. B. anzusehen sein, da diese Handlung sich nicht als Hilfeleistung durch Rat oder Tat zur Begehung des Vergehens des unberechtigten Fischens zur Nachtzeit usw. darstellt.

4. Welche Strafe denjenigen trifft, der von der überlassenen Karte Gebrauch macht, wird im Einzelfalle zu entscheiden sein, je nachdem er von der Karte Dritten, namentlich den Fischereiaufsichtsbeamten gegenüber Gebrauch macht, je nachdem er zur Ausübung der Fischerei an der Stelle, wo er sie mit Benutzung der Karte ausübte, berechtigt war oder nicht, und je nachdem für ihn auch eine Karte ausgestellt war (§ 43) oder nicht.

5. Die Nachzahlung der Kartengebühr gewährt dem Verurteilten keinen Anspruch auf Ausstellung einer Karte; die Ausstellung einer solchen kann ihm vielmehr nach § 24 verweigert werden. Die nachgezahlte Gebühr fließt in die Gemeindekasse des Wohn- und Aufenthaltsorts des Verurteilten (vgl. § 21 Abs. 4). Ist Verurteilung eingetreten, so muß die Karte eingezogen werden. Die Einziehung ist nicht, wie in den Fällen des § 24, in das Belieben der Behörde gestellt.

6. Das Staatsanwaltschaft hat nach § 58 Abs. 1 Verf. v. 24. März 1890 (Zentralbl. Nr. 14) bei Zuwiderhandlungen gegen die Wasser- und Fischereigesetze von dem Ausgang des Verfahrens den Wasserbau- bzw. Meliorationsbauinspektor zu benachrichtigen. Diese letzteren haben gegebenenfalls die Ungültigkeitserklärung und die Einziehung der in Betracht kommenden Karten selbst vorzunehmen oder, soweit die Zuständigkeit einer anderen Behörde gegeben ist (§ 21 II F. G. Art. 9 III Ver.), dieser Behörde Nachricht über die Bestrafung zugehen zu lassen. Dabei hat die Benachrichtigung einer Polizeidirektion unmittelbar, die eines Bürgermeisteramts durch Vermittlung der Kreisdirektion zu geschehen. Das gleiche Verfahren ist einzuschlagen, wenn die Voraussetzungen des § 23 Abs. 4 F. G. gegeben sind. Treten nachträglich Umstände ein, oder kommen solche zur ihrer Kenntnis, welche die Erteilung der Fischer- oder Angelkarte nach § 23 Abs. 1 des Gesetzes ausgeschlossen haben würden, so ist dennoch ebenfalls entweder die Karte in eigener Zuständigkeit einzuziehen oder die zuständige Behörde in der vorher angegebenen Weise zu verständigen. Wie weit im Fall des § 24 Abs. 4 F. G. die Einziehung der Karte oder die Benachrichtigung der ausstellenden Behörde als notwendig erachtet wird, ist Sache des einzelnen Falles.

7. Die Einziehung der nachträglich zu erhebenden Kartengebühr erfolgt gleichzeitig mit Einziehung der Geldstrafe durch die Enregistrementskasse, in derselben Weise, wie dies für die Einziehung der Jagdscheingebühr im Falle der Verurteilung wegen Jagens ohne Jagdschein vorgeschrieben ist. (Vgl. Ministerialerlaß vom 6. Januar 1885 II A 13498/84, veröffentlicht in der Sammlung X S. 24, und die Ministerialerlasse an den Generaldirektor der Zölle usw. vom 26. Januar 1885 III 1885 258, an die Landgerichtspräsidenten und Ersten Staatsanwälte vom 4. Juli 1892 II A 2815 und an den Direktor der Zölle usw. vom 16. Juli 1892 III A 2743, letztere Erlasse bisher nicht veröffentlicht.)

Bei Abführung der Beträge an die Gemeindekassen behalten die Enregistrementskassen gemäß Art. 16 des Etatsgesetzes für 1856 vom 5. Mai 1855 5% als Verwaltungs- und Erhebungskosten zurück.

§ 43.

Mit Geldstrafe bis zu drei Mark wird bestraft, wer die Karte beim Fischen nicht bei sich führt.

Die Bestimmung entspricht § 15 des Jagdpolizeigesetzes; nur der Satz der Strafe ist niedriger.

Wird von dem Fischer der Ausweis über seine zivilrechtliche Fischereiberechtigung nicht bei sich geführt, so kann eine Bestrafung deshalb nicht eintreten.

§ 44.

Mit Geldstrafe bis zu sechzig Mark wird bestraft:

1. wer den Bestimmungen in den §§ 32, 33, 40 zuwiderhandelt;
2. wer dem Verbot in § 35 zuwiderhandelt;
3. Fischer, welche auf Aufforderung des Beamten sich weigern, verbotene Fanggeräte oder verbotswidrig gefangene Fische herauszugeben;
4. wer beschlagnahmte und versteigerte Fische nochmals zum Verkauf aussetzt.

§ 45.

Mit Geldstrafe bis zu einhundertfünfzig Mark wird bestraft, wer den Bestimmungen der §§ 26, 30, 38 oder den in Gemäßheit der §§ 31, 37 erlassenen Verordnungen oder den auf Grund des § 29 Abs. 2 und 3 erlassenen Anordnungen oder Beschlüssen zuwiderhandelt.

Mit der gleichen Strafe wird, sofern nicht die Bestimmungen des § 47 Platz greifen, bestraft, wer die in den §§ 28, 29 Abs. 1 bezeichneten Stoffe in Wasserläufe einwirft, einleitet oder einfließen läßt.

1. Die in diesem Paragraphen behandelten Übertretungen

sind gegenüber denjenigen des § 44 etwas schwererer Art und geeignet, das Fischereiwesen empfindlicher, unter Umständen dauernd zu schädigen.

2. Absatz 2 wurde in der 3. Lesung zugesetzt; derselbe belegt mit der angedrohten Strafe jedes, selbst das versehentliche und fahrlässige Einwerfen, Einleiten und Einfließenlassen von explodierenden und dem Fischbestande schädlichen Stoffen, auch wenn es nicht zum Zwecke der Ausübung des Fischfanges geschieht. (Vgl. dazu die Erklärung des Unterstaatssekretärs v. Schraut in der 2. Lesung, Sitzungsberichte S. 587 ff.) u. R. G. v. 9. Nov. 1890 in Goltd. A. 40 S. 210.

§ 46.

Im Falle rechtskräftiger Verurteilung wegen Zuwiderhandlung gegen die Bestimmungen des § 26 ist die Verwaltungsbehörde befugt, die Beseitigung der in dem Strafurteil als gesetzwidrig bezeichneten Anlagen zu verlangen. Zu diesem Zwecke ist der Verurteilte zunächst aufzufordern, innerhalb einer angemessenen, in keinem Falle unter der Dauer von 3 Monaten zu bemessenden Frist die Beseitigung zu bewirken. Nach fruchtlosem Ablauf dieser Frist ist die Verwaltungsbehörde befugt, die Beseitigung selbst zu veranlassen und die hierdurch entstehenden Kosten nach Maßgabe der für die Erhebung der direkten Steuern bestehenden Vorschriften von dem Verurteilten beizutreiben.

1. Dieser Paragraph regelt das Verfahren, das von der Verwaltungsbehörde einzuschlagen ist, um die Schädigung zu seitigen, die der Fischerei im allgemeinen zugefügt wird, wenn ein Fischereiberechtigter zu dem Zwecke, den Durchgang der Fische gänzlich zu verhindern, Fischwehren oder ständige Vorrichtungen oder Fanganlagen angebracht hat, und wegen Anbringung derselben rechtskräftig verurteilt ist.

2. Die Aufforderung zur Beseitigung der als gesetzwidrig bezeichneten Anlagen erfolgt durch den Bezirkspräsidenten (vgl. Art. 6 der Ausführungs-Verordnung). Die Aufforderung muß dem Verurteilten kundgegeben werden. Die Kundgabe wird in der Regel mittels Zustellung durch Polizei-

oder Gemeindebeamte erfolgen, kann aber auch durch die Post mittels eingeschriebenen Briefes u. dgl. erfolgen.

Gegen die Verfügung des Bezirkspräsidenten, welche die Aufforderung enthält, die Anlage zu beseitigen, ist nur Beschwerde an das Ministerium zulässig. Anders in § 47 des Wassergesetzes. Etwaige Schadensersatzansprüche gegen die Verwaltung aus der Vornahme der Beseitigung sind auf dem Rechtswege geltend zu machen.

§ 47.

Mit Geldstrafe bis zu dreihundert Mark oder mit Gefängnis bis zu drei Monaten wird bestraft:

1. wer dem Verbot in § 28 zuwiderhandelt;
2. wer in böswilliger Absicht die in § 28 bezeichneten Stoffe in Wasserläufe einwirft, auch wenn dies nicht zum Zwecke des Fischens geschieht.

1. Die beiden in diesem Paragraphen erwähnten Zuwiderhandlungen sind gemeingefährlicher Natur. Dieselben sind deshalb mit einer Vergehensstrafe belegt. Der Versuch ist nicht strafbar (§ 43 Abs. 2 R. St. G. B.) Zuständig ist das Schöffengericht (§ 27 Ziff. 2 G. V. G.).

2. Das Vergehen nach Ziffer 1 kann nur der Fischereiberechtigte begehen. Für den Nichtberechtigten bestimmt § 296 R. G. St. G. B. die Strafe. Vgl. Anm. 2 zu § 41.

3. Geschieht das Einwerfen der schädlichen und explodierenden Stoffe nicht zum Zwecke des Fischfangs, so wird im allgemeinen, auch wenn die Tat mit Vorsatz ausgeführt worden ist, die Strafbestimmung des § 45 Abs. 2 Platz greifen. Nur wenn „böswillige Absicht" vorliegt, wird die Handlung zum Vergehen nach Ziff. 2 dieses Paragraphen. Böswillige Absicht liegt aber vor, wenn die Handlung eine vorsätzliche und wenn außerdem das Motiv zu derselben ein schlechtes, unlauteres, böses und der Zweck, welcher verfolgt wurde, ein gleicher war. Vgl. Erklärung des Regierungskommissars bei der 2. Lesung, Sitzungsberichte S. 589. Im Entwurf war jedes Einwerfen von schädlichen oder explodierenden Stoffen mit der Strafe dieses Paragraphen bedroht.

4. Nach einer Entscheidung des Reichsgerichts vom 18. September 1888, Entscheidungen in Strafsachen XVIII S. 85, ist das Hineinwerfen explodierender Stoffe in schiffbare Wasserläufe nach

§§ 321, 325 und 326 R. St. G. B. zu bestrafen, wenn dadurch das Fahrwasser gestört und Gefahr für das Leben und die Gesundheit anderer herbeigeführt wird.

5. Vgl. auch Anm. 4 zu § 48, S. 104.

§ 48.

Ist in den Fällen der §§ 44, 45, 47 die strafbare Handlung zur Nachtzeit verübt worden, so kann die Strafe auf das Doppelte erhöht werden.

Das gleiche gilt, wenn in den Fällen der §§ 44, 45, 47 Rückfall vorliegt. In den Fällen der §§ 44, 45 kann im Rückfalle statt der Geldstrafe Haft bis zu vier Wochen ausgesprochen werden. Im Rückfalle befindet sich, wer, nachdem er wegen Zuwiderhandlung gegen die §§ 44, 45 oder 47 oder auf Grund des § des 296 oder des § 370 Ziffer 4 des Strafgesetzbuchs rechtskräftig verurteilt ist, innerhalb der nächsten zwei Jahre abermals eine Zuwiderhandlung gegen die §§ 44, 45 oder 47 begeht.

1. Die nach § 45 strafbaren Handlungen sind, wenn sie zur Nachtzeit begangen werden, Vergehen. In diesem Falle ist also auch die Beihilfe zu denselben strafbar, nicht dagegen der Versuch. Die Strafverfolgung verjährt in 3 Jahren. Die geringste Geldstrafe beträgt 3 M. Vgl. auch Anm. 3 zu Art. 8 der Fischerei-Verordnung. (S. 121.) Fischfang zur Nachtzeit liegt auch dann vor, wenn Fischereivorrichtungen, z. B. Netze bei Tage eingelegt werden, die Netze aber zum Zwecke des Fischfanges bei Nacht im Wasser belassen werden R. G. E. (Str.) 37 S. 117. Auch das Stehenlassen von Aalsäcken ist Fischerei in diesem Sinne (K. G. in Goltd. A. S. 152. Vgl. auch ebenda Bd. 40 S. 210).

2. Desgleichen sind die nach § 45 strafbaren Handlungen Vergehen, wenn Rückfall vorliegt. In diesem Falle ist die Beihilfe strafbar, nicht aber der Versuch. Ebenso beträgt die Verjährungsfrist für die Strafverfolgung 3 Jahre und die geringste Geldstrafe 3 M. Vgl. hierzu Anm. 1 zu § 44 und Anm. 2 zu § 45. Wie im Feldpolizeistrafgesetz § 10 (vgl. Stieve S. 21) beträgt auch hier die Rückfallsfrist 2 Jahre. Für den Beginn der Frist ist maßgebend der Zeitpunkt der Rechtskraft des Straferkenntnisses, also nicht wie nach §§ 245, 264 St. G. B. der Zeit-

punkt der völligen oder teilweisen Verbüßung oder des völligen oder teilweisen Erlasses der Strafe. Einerlei ist, ob das Straferkenntnis in Form des Urteils oder des Strafbefehls gekleidet ist; im letzteren Falle ersetzt das Verstreichen der Einspruchsfrist oder die Zurücknahme des erhobenen Einspruchs die Unanfechtbarkeit durch Rechtsmittel, also auch den Ablauf der Rechtsmittelfrist.

Einen zweiten oder ferneren Rückfall wie das Feldpolizeistrafgesetz (§ 10) kennt das Fischereigesetz nicht.

Es handelt sich in allen Fällen des § 48 um eine „Kann"-vorschrift. Es ist in das pflichtmäßige Ermessen des Gerichts gestellt, ob es die Strafe in der näher bezeichneten Weise verschärfen will.

3. Daß wegen einer nach § 45 und § 48 Abs. 2 strafbaren Handlung auch auf Haft erkannt werden kann, hat auf ihre Eigenschaft als Vergehen keinen Einfluß. Auch im R. St. G. B. ist z. B. für das Vergehen der Beleidigung Haft zugelassen.

Wichtig ist die Bestimmung für das Verfahren bei Umwandlung der nicht beizutreibenden Geldstrafe, da nach § 28 Abs. 2 R. St. G. B. die Geldstrafe in Haft umgewandelt werden kann, obwohl ein Vergehen vorliegt.

4. Eine Übersicht über die Bestimmungen wegen Bestrafung der Einleitung usw. schädlicher Stoffe in Wasserläufe ergibt sich aus folgender Zusammenstellung.

A. Nach dem Reichsstrafgesetzbuch wird bestraft:

1. Wer in schiffbaren Strömen, Flüssen und Kanälen das Fahrwasser (durch Hineinwerfen usw. schädlicher oder explodierender Stoffe) vorsätzlich stört und durch diese Handlung Gefahr für das Leben und die Gesundheit anderer herbeiführt: §§ 321, 325, 326 R. St. G. B.

Die Strafe beträgt 3 Monate bis 5 Jahre Gefängnis. Ist eine schwere Körperverletzung verursacht worden, so beträgt sie 1 bis 5 Jahre, ist der Tod eines Menschen verursacht worden, 5 bis 15 Jahre Zuchthaus, neben welchem Polizeiaufsicht zulässig ist. Bei fahrlässiger Begehung des Vergehens und Verursachung eines Schadens ist die Strafe 1 Tag bis 1 Jahr Gefängnis, bei fahrlässiger Begehung und Verursachung des Todes eines Menschen 1 Monat bis 3 Jahre Gefängnis. Ob die Tat zur Nachtzeit oder im Rückfall geschehen ist, kommt nur bei der Strafzumessung in Betracht. Für jugendliche Täter kommen die Strafausschließungs- und Strafmilderungsgründe der

§§ 55, 56 und 57 R. St. G. B. in Anwendung. Wegen Haftung für die Kosten und wegen etwaiger strafrechtlicher Verantwortlichkeit der Eltern oder der mit der Aufsicht über die jugendlichen Täter betrauten Person ist nichts Besonderes bestimmt.

2. Wer in Gewässer jeder Art schädliche oder explodierende Stoffe einwirft usw., um unter deren Anwendung unberechtigt zu fischen: § 296.

Die Strafe beträgt 3 bis 600 M. oder einen Tag bis 6 Monate Gefängnis. Wegen der Begehung der Tat zur Nachtzeit und im Rückfall, wegen der Behandung der jugendlichen Täter und der Haftbarkeit der Eltern usw. für die Kosten gilt das unter A. 1 Gesagte. Wegen der strafrechtlichen Haftbarkeit der Eltern vgl. § 361 Ziff. 9 R. St. G. B. und Anm. 1 zu § 50 des Fischereigesetzes.

B. Nach dem Fischereigesetz wird bestraft:

1. Wer unter Anwendung explodierender oder schädlicher Stoffe (berechtigt und in jedem Gewässer) den Fischfang ausübt: §§ 28 und 47 Ziff. 1.

Die Strafe beträgt 3 bis 300 M. oder 1 Tag bis 3 Monate Gefängnis. Wird die Tat zur Nachtzeit verübt, so beträgt die Strafe 3 bis 600 M. oder einen Tag bis 6 Monate Gefängnis, § 48 Abs. 1. Dasselbe gilt bei Rückfall im Sinne des § 48 Abs. 2. Eine Strafermäßigung für jugendliche Täter im Alter von 12 bis 18 Jahren tritt nach § 49 nicht ein. Wegen Haftbarkeit für die Kosten und wegen der strafrechtlichen Haftbarkeit der Eltern usw. gelten die Bestimmungen der §§ 50 und 51.

2. Wer in böswilliger Absicht (vgl. Anm. 3 zu § 47) explodierende oder schädliche Stoffe in Wasserläufe einwirft, auch wenn dies nicht zum Zwecke des Fischens geschieht: §§ 28 und 47 Ziff. 2. Die Folgen sind dieselben wie unter B. 1.

3. Wer explodierende oder schädliche Stoffe in Wasserläufe (auch ohne Fischbestand) einwirft, einleitet oder einfließen läßt: §§ 28 und 45 Abs. 2.

Die Strafe beträgt eine bis 150 Mark. Wird die Tat zur Nachtzeit verübt, so wird sie Vergehen. Die Strafe beträgt alsdann 3 bis 300 Mark.; § 48 Abs. 1. Dasselbe gilt, wenn Rückfall vorliegt; § 48 Abs. 2. Bei Rückfall kann statt der Geldstrafe auf Haft von einem Tage bis vier Wochen erkannt werden. Vgl. die Anmerkungen 1, 2, 3 zu § 48. Wegen Wegfall der Strafermäßigung für den jugendlichen Täter und wegen der Haftbarkeit für Kosten usw. gilt das unter B. 1 Gesagte.

4. Wer in Wasserläufe aller Art (auch ohne fischen zu wollen) Stoffe von solcher Beschaffenheit und Menge einwirft, einleitet oder einfließen läßt, daß dadurch dem Fischbestande Schaden erwächst oder die Fische vertrieben werden: §§ 29 Abs. 1 und 45 Abs. 2.

   Die Folgen sind dieselben, wie unter B. 3.

5. Wer den Anordnungen der Bezirkspräsidenten wegen der Maßregeln, die bei Ableitung der den Fischen schädlichen Stoffe und Abfälle aus Fabriken und sonstigen gewerblichen und landwirtschaftlichen Betrieben zu beobachten sind, zuwiderhandelt: §§ 29 Abs. 2 und 45 Abs. 1.

   Die Folgen sind dieselben, wie bei B. 3.

6. Wer den Beschlüssen des Bezirkspräsidenten über die Dauer des Röstens des Leins und Hanfs und die Bezeichnung derjenigen Wasserläufe und Orte, an welchen diese Arbeit mit dem geringsten Nachteil für die Fische stattfinden kann, zuwiderhandelt: §§ 29 Abs. 3 und 45 Abs. 1.

   Die Folgen sind dieselben, wie bei B. 3.

C. Wer ein Bachbett und ein Bachwasser verunreinigt; wer insbesondere Steine oder Schlamm oder sonstige den freien Wasserlauf hindernde Gegenstände in dem Bachbett ablagert oder hineinwirft oder schädliche oder verunreinigte Flüssigkeiten in dasselbe leitet (§ 9 der Bezirkspolizeiverordnungen, vgl. S. 78 unter III. 3), wird nach Art. 471 Ziff. 15 und Art. 474 des französischen Strafgesetzbuches bestraft.

   Der Tatbestand dieser Übertretungen deckt sich teilweise mit dem der unter Ziff. B 3 angeführten.

Zu bemerken ist, daß die unter B. aufgeführten Bestimmungen sich nach § 6 des Gesetzes nicht auf Gewässer beziehen, die im Privateigentum stehen und denen es an einer für den Wechsel der Fische geeigneten Verbindung mit anderen natürlichen Gewässern fehlt (Fischteichen, Fischbehältern usw.), vgl. S. 43. Beim Einwerfen usw. schädlicher Stoffe in solche Privatgewässer durch Dritte werden regelmäßig die Bestimmungen wegen Sachbeschädigung, § 303 R. St. G. B., zur Anwendung kommen.

Zuständig ist für die unter A angeführten Vergehen und Verbrechen das Landgericht oder das Schwurgericht, für die unter B. und C. aufgezählten Übertretungen und Vergehen das Schöffen- und das Amtsgericht.

§ 49.

Die in § 57 Ziffer 3 des Strafgesetzbuchs bei Verurteilung von Personen, welche zur Zeit der Begehung der Tat das zwölfte, aber nicht das achtzehnte Lebensjahr vollendet hatten, vorgesehene Strafermäßigung findet bei Zuwiderhandlungen gegen dieses Gesetz keine Anwendung.

1. Diese Bestimmung rechtfertigt sich damit, daß die Höchstbeträge der Strafen an sich schon gering sind und den Zuwiderhandelnden unter 18 Jahren, trotz ihrer Jugend, die Strafbarkeit der Handlung regelmäßig wohl bekannt ist. Vgl. § 2 des Gesetzes betr. das Forststrafrecht usw. und § 2 des Feldpolizeistrafgesetzes. (Stieve, S. 6.)

2. § 57 Nr. 4 St. G. B., wonach gegen Jugendliche in besonders leichten Fällen auf Verweis erkannt werden kann, findet dagegen Anwendung. Der Verweis kann nur in Form des Urteils, nicht im Wege eines Strafbefehls, erteilt werden. § 447 Abs. 2 St. P. O. Vollstreckt wird der Verweis durch den Amtsrichter, nicht durch den Staatsanwalt (Anordn. d. K. Statth. v. 8. Februar 1886 G. Bl. S. 5, Min. Verf. v. 20. Februar 1886, Smlg. 11 S. 43). Der Verweis kann mündlich oder schriftlich erteilt werden; es ist dies Sache des richterlichen Ermessens (Art. XII E. G. St. G. B. f. E. L.).

3. Von Bedeutung ist namentlich auch § 56 Abs. 1 St. G. B., wonach ein Jugendlicher, der bei Begehung einer strafbaren Handlung die zur Erkenntnis ihrer Strafbarkeit erforderliche Einsicht nicht besaß, freizusprechen ist. Die Prüfung der Frage der Einsicht hat auch schon der Amtsanwalt vorzunehmen. § 21 Abs. 5 der Geschäftsanw. f. Amtsanwälte v. 15. Juli 1880, Smlg. 5 S. 240 u. Verf. d. O. St. A. v. 8. Oktober 1885, Smlg. 10 S. 231. Im Falle der Freisprechung ist der Jugendliche durch das Urteil seiner Familie zu überweisen, oder es ist anzuordnen, daß er in eine Erziehungs- oder Besserungsanstalt gebracht werden soll. § 56 Abs. 2 St. G. B.

4. Handelt es sich um Personen, die zur Zeit der Begehung

der Handlung das 12. Lebensjahr noch nicht vollendet hatten, so tritt eine Bestrafung derselben überhaupt nicht ein. § 55 St. G. B.

Mitteilung an das Vormundschafts-(Jugend-)Gericht erscheint in diesem Falle angezeigt.

5. Die Fälle der §§ 55 u. 56 enthalten nur persönliche Strafausschließungsgründe. Erwachsene, die sich als Mittäter, Anstifter oder Gehilfen, als Hehler oder Begünstiger an der Handlung beteiligt haben, sind strafbar.

Wegen der Behandlung der Strafsachen gegen Jugendliche vgl. Smlg. 31 S. 217. 1. Verf. d. O. St. A. v. 15. Dezember 08; 2. Verf. d. O. L. G. Präs. v. 25. Dezember 08 S. 228; 3. Verf d. O. L. G. Präs. u. des O. St. A. v. 17. Dezember 09 S. 515.

§ 50.

Für die Kosten, zu welchen Personen verurteilt werden, welche unter der Gewalt, der Aufsicht, oder im Dienste eines andern stehen und zu dessen Hausgenossenschaft gehören, ist letzterer für den Fall des Unvermögens des Verurteilten für haftbar zu erklären und zwar unabhängig von der etwaigen Strafe, zu welcher er selbst auf Grund dieses Gesetzes oder des § 361 Ziffer 9 des Strafgesetzbuchs verurteilt wird.

Sind die gesetzlichen Vertreter (Ehemänner, Eltern, Vormünder) als haftbar zu erklären, so erstreckt sich die Haftbarkeit auch auf die Geldstrafe.

Wird festgestellt, daß der als haftbar in Anspruch Genommene die Tat nicht verhindern konnte, so tritt die Haftbarkeit nicht ein.

Gegen die in Gemäßheit der vorstehenden Bestimmungen als haftbar erklärten tritt an die Stelle der Geldstrafe eine Freiheitsstrafe nicht ein.

1. § 361 R. St. G. B. lautet:
Mit Haft wird bestraft:
9. wer Kinder oder andere unter seiner Gewalt stehende Personen, welche seiner Aufsicht untergeben sind und

zu seiner Hausgenossenschaft gehören ... von der Begehung strafbarer Verletzungen ... der Gesetze zum Schutze ... der Fischerei abzuhalten unterläßt. Die Vorschriften dieser Gesetze über die Haftbarkeit für die den Täter treffenden Geldstrafen oder anderen Geldleistungen werden hierdurch nicht berührt.

In den Fällen der Nr. 9 kann statt der Haft auf Geldstrafe bis zu 150 Mark erkannt werden.

2. Ob die die Haftbarkeit Dritter gemäß § 50 F. G. im Strafverfahren ausgesprochen werden kann, erscheint zweifelhaft. Eine Haftbarkeit dritter Personen kann nämlich nur insoweit angenommen werden, als dieselbe entweder auf reichsgesetzlichen Prozeßvorschriften (vgl. § 5 E. G. St. P. O.) oder auf reichsgesetzlich zugelassenen besonderen Prozeßvorschriften (vgl. § 3 E. G. St. P. O.) beruht. Letzteres trifft wohl für die Forst- und Feldrügesachen, nicht aber für die Fischereisachen zu, hinsichtlich deren nur die materiell-rechtlichen Vorschriften in Art. II E. G. St. G. B. aufrecht erhalten sind.

3. Die Haftung der „Dritten" ist nur eine subsidiäre, d. h. sie tritt nur ein, wenn die an erster Stelle Verurteilten zur Zahlung unvermögend sind.

4. Zu den Personen, deren Gewalt, Aufsicht oder Dienst die Täter unterstehen und zu deren Hausgenossenschaft sie gehören, sind nicht nur Eltern und Vormünder, sondern auch der Ehemann hinsichtlich seiner Ehefrau zu verstehen, wenn jener auch nicht der gesetzliche Vertreter dieser ist (§ 50 Abs. 2). Vgl. O. L. G. Colmar, Beschl. v. 29. August 1900, Jur. Zeitschr. 26 S. 51 u. Stieve S. 9. — Unter Aufsicht stehende Personen sind z. B. Schülerpensionäre, Zwangszöglinge, und zwar sowohl diejenigen, die in einer Familie, wie diejenigen. die in einer Anstalt untergebracht sind. Bei staatlichen, Bezirks- und Gemeindeanstalten wird die Verwirklichung der Kostenhaftung aus Zweckmäßigkeitsgründen vielfach nicht geboten erscheinen. Bei Zuwiderhandlungen volljähriger Kinder, auch wenn sie zur elterlichen Hausgenossenschaft gehören, besteht eine Haftung der Eltern nicht, es sei denn, daß die Kinder zugleich in einem Dienstverhältnis zu den Eltern stehen. (Vgl. § 1626 B. G. B.) Stieve, a. a. O.

5. Durch § 50 Abs. 2 sind als eine besondere Gruppe der haftenden Personen die gesetzlichen Vertreter (Ehemänner, Eltern, Vormünder) hervorgehoben. Diese haften nicht bloß für die

Kosten, sondern auch für die Geldstrafe selbst. An die Stelle der Geldstrafe darf aber gemäß Abs. 4 niemals eine Freiheitsstrafe treten. Die Haftung muß im Urteil bzw. Strafbefehl ausgesprochen werden. Der für haftbar Erklärte kann selbständig Rechtsmittel einlegen (§ 340 St. P. O.) und zwar für sich allein persönlich, z. B. mit der Begründung, daß die gesetzlichen Voraussetzungen seiner Haftbarmachung nicht vorliegen. (Vgl. in dieser Hinsicht auch Abs. 3.)

6. Konnte der als haftbar in Anspruch Genommene die Tat nicht verhindern (Abs. 3), z. B. wegen Krankheit, Abwesenheit, so tritt die Haftbarkeit nicht ein. Eine Beweislast für den elterlichen Gewalthaber, Vormund usw. besteht aber nicht, wenigstens nicht in dem strikten Sinne, wie man sie sonst (etwa n. B. G. B.) regelmäßig annimmt, vielmehr hat der Richter auf Grund freier Würdigung der Sachlage zu entscheiden (Stieve, a. a. O.). Es genügt jedenfalls nicht, um die Haftbarkeit des Gewalthabers auszuschließen, daß die Tat ohne sein Vorwissen verübt wurde.

7. Unabhängig von den Strafbestimmungen besteht der zivilrechtliche Schutz des Fischereiberechtigten gemäß den Bestimmungen des B. G. B. über unerlaubte Handlungen (§§ 823, 831, 832).

Eine Buße wie sie das Feldpolizeistrafgesetz in § 5 aufführt, kennt das F. G. nicht.

8. Vgl. § 3 des Gesetzes betr. das Forststrafrecht usw. und § 3 des Feldpolizeistrafgesetzes und die allgemeine Begründung der Strafbestimmungen Abs. 4 (S. 104).

§ 51.

Hatte der Täter noch nicht das zwölfte Lebensjahr vollendet, so wird derjenige, welcher in Gemäßheit des § 50 haftet, zur Zahlung der Geldstrafe und der Kosten als unmittelbar haftbar verurteilt.

Dasselbe gilt, wenn der Täter zwar das zwölfte, aber noch nicht das achtzehnte Lebensjahr vollendet hatte und wegen Mangels der zur Erkenntnis der Strafbarkeit der Tat erforderlichen Einsicht freizusprechen ist, oder wenn derselbe wegen eines seine freie Willensbestimmung ausschließenden Zustandes straffrei bleibt.

1. Vgl. § 4 des Gesetzes betr. das Forststrafrecht usw. und § 4 des Feldpolizeistrafgesetzes. Die Haftung ist hier im Gegensatz zu § 50 F. G. eine unmittelbare, da der eigentliche Täter nicht zur Bestrafung herangezogen werden kann. Die Einschränkungen der Haftung, wie sie in § 50 angegeben sind, gelten auch für diesen Paragraphen.

2. Bezüglich der mangelnden Einsicht vgl. das in § 50 Anm. 3—5 Gesagte, und wegen des Ausschlusses der freien Willensbestimmung § 51 St. G. B.

§ 52.

Die auf Grund dieses Gesetzes erkannten Geldstrafen fließen in die Staatskasse.

Diese Bestimmung soll jeden Zweifel über etwaige Verwendung der Strafen ausschließen. Vgl. § 17 des Jagdpolizeigesetzes.

§ 53.

Neben der Strafe ist in den Fällen der §§ 44, 45, 47, 48, auf die Einziehung der Fanggeräte, welche der Täter bei der Zuwiderhandlung gebraucht oder mit sich geführt hat, und ebenso auf Einziehung der Fische, welche verbotswidrig gefangen, feilgeboten, verkauft, gekauft, umhergetragen oder versendet sind, zu erkennen und zwar ohne Unterschied, ob die Fanggeräte und Fische dem Verurteilten gehören oder nicht.

Ist die Verfolgung oder Verurteilung einer bestimmten Person nicht ausführbar, so kann die Einziehung selbstständig erkannt werden.

1. Es handelt sich um eine Mußvorschrift („ist"), soweit Fanggeräte und Fische in Frage stehen; ob auch Nachen zu den Fanggeräten gehören, ist von Fall zu Fall festzustellen; bezüglich mitgebrachter Körbe, Fischbehälter dürfte die Eigenschaft als Fanggeräte zu verneinen sein. Wem die Geräte oder Fische gehören, ist für die Frage der Einziehung ohne Bedeutung. Der Täter braucht die Geräte nicht notwendig ge-

braucht zu haben, es genügt vielmehr, daß er sie mit sich geführt hat.

2. Die Einziehung muß im Urteil oder im Strafbefehl ausgesprochen werden. § 447 Abs. 2 St. P. O. Im Falle des Abs. 2 (Objektives Strafverfahren) kommen die §§ 447 ff. St. P. O. in Anwendung. § 42 St. G. B. Es handelt sich um eine „Kann"-vorschrift.

Die Ausführung der von dem Gericht angeordneten Einziehung und die Verwendung der eingezogenen Gegenstände liegt den Verkehrssteuerämtern ob. (§ 43 Dienstanweis. für die Verkehrssteuerbehörde v. 10. Dez. 1896, Zentralbl. 1897 S. 9 f.)

3. Nach § 94 Str. P. O. können die zum Schutz der Fischerei bestimmten Beamten, wie auch die Feldschutzbeamten Gegenstände, welche der Einziehung unterliegen oder als Beweismittel für die Untersuchung von Bedeutung sein können, in Verwahrung nehmen oder sonst sicher stellen. Die amtliche Beschlagnahme, zu der in der Regel nur der Richter befugt ist, kann nachträglich erfolgen, und wird sich dann als zweckmäßig erweisen, wenn die vorläufig mit Beschlag belegten Gegenstände von dem Täter herausverlangt werden. Von Bedeutung ist auch die Vorschrift des § 98 St. P. O., wonach, wenn der von der Beschlagnahme Betroffene oder im Falle seiner Abwesenheit ein erwachsener Angehöriger ausdrücklich Widerspruch gegen die Beschlagnahme erhebt, der die Beschlagnahme anordnende Beamte binnen 3 Tagen dem zuständigen Amtsrichter Anzeige von der Beschlagnahme zu erstatten und dessen Bestätigung nachzusuchen hat.

4. Wegen der Beschlagnahme der Fische findet die Verfügung des Oberstaatsanwalts betr. das Verfahren bei Beschlagnahme von Wild und Fischen vom $\frac{\text{16. April 1887}}{\text{8. November 1894}}$ (Zentral- und Bezirksamtsbl. S. 269) auch fernerhin sinngemäße Anwendung. Die Verordnung setzt voraus, daß tatsächlich eine Beschlagnahme stattgefunden hat. Vgl. Ziffer 6 der Verordnung. (S. 208.) Sie bezweckt keineswegs Bestimmung darüber zu treffen, in welchen Fällen eine Beschlagnahme von Fischen stattzufinden hat, oder nicht; sie regelt vielmehr lediglich das Verfahren, das nach erfolgter Beschlagnahme stattzufinden hat. Die Bezugnahme auf § 32 des Fischereigesetzes schließt nicht aus, daß auch in anderen Fällen die Fische wieder ins Wasser gesetzt werden, insofern deren Beschlagnahme nicht ausdrücklich gesetzlich angeordnet ist.

Vierter Abschnitt.

Schlußbestimmungen.

§ 54.

Die Gesetze über die Flußfischerei vom 15. April 1829 und über die Fischerei vom 31. Mai 1865, die Ordonnanz vom 28. Oktober 1840, betreffend die Verpachtung des dem Staat zustehenden Fischereirechts, das Gesetz vom 24. Dezember 1876, betreffend die Festsetzung der Fischereischonstrecken, die Ziffer 5 des § 35 des Feldpolizeistrafgesetzes vom 9. Juli 1888, sowie alle den Bestimmungen dieses Gesetzes entgegenstehenden Vorschriften sind aufgehoben.

Mit den Gesetzen sind gleichzeitig auch die zur Ausführung derselben erlassenen Verordnungen aufgehoben.

§ 55.

Das gegenwärtige Gesetz tritt am 15. Juni 1892 in Kraft. Die zur Ausführung desselben erforderlichen Anordnungen werden durch das Ministerium erlassen.

Urkundlich unter Unserer Höchsteigenhändigen Unterschrift und beigedrucktem Kaiserlichen Insiegel.

Gegeben Amsterdam, den 2. Juli 1891.

(L. S.) gez. **Wilhelm.**

gez. Fürst v. Hohenlohe.

1. Bei Erlaß der Ausführungsverordnungen wurde von dem Grundsatze ausgegangen, an dem bestehenden Rechte möglichst wenig zu ändern.

2. Ausführungsverordnungen sind bisher folgende erlassen worden:

1. Verordnung vom 28. April 1892 betr. die Fischerei (Zentral- und Bezirksamtsblatt A S. 221), ergänzt durch Ver. v. 5. September 1899 (Zentralbl. S. 106), siehe S. 114 f.

2. Verordnung vom 29. April 1892 zur Ausführung des Gesetzes, betr. die Fischerei, vom 2. Juli 1891 (Zentral- und Bezirksamtsblatt A S. 224), siehe S. 130 ff.
3. Verordnung vom 9. Mai 1892 über die Bestimmung von Laich- und Hegeplätzen (Zentral- und Bezirksamtsblatt A S. 25), siehe S. 142 ff.
4. Verordnung vom 13. Mai 1892 betr. das Verbot des Krebsfanges (Zentral- und Bezirksamtsblatt A S. 239), siehe S. 150 ff.
5. Bekanntmachung vom 8. Juni 1892 betr. die Strecken der Nebenflüsse des Rheines, welche den Durchzug der Lachse und Maifische zu den Laichstellen vermitteln (Zentral- und Bezirksamtsblatt A S. 287), siehe S. 153 ff.
6. Bekanntmachung vom 27. Juli 1892 betr. die Verunreinigung von Wasserläufen mit Fischbestand (Zentral- und Bezirksamtsblatt A S. 348), siehe S. 154 ff., abgeändert durch Ver. v. 12. Dezember 1897 (Zentral- und Bezirksamtsbl. 1898 S. 72).
7. Verordnung vom 31. Juli 1892 betr. die Bildung von Fischereigenossenschaften (Zentral- und Bezirksamtsbl. A S. 343), siehe S. 159.

Wegen der zur Bezeichnung der Fischerfahrzeuge usw. erlassenen Verordnungen vgl. § 36 Anm. 2 (S. 163).

Verordnung,

betreffend die Fischerei.

(Zentral- und Bezirksamtsblatt 1899 A S. 106.)

Auf Grund des Gesetzes vom 2. Juli 1891, betreffend die Fischerei (Gesetzblatt Seite 69), wird bestimmt, was folgt:

Art. 1.

Zu den nutzbaren Wassertieren, deren Fang im Sinne des Gesetzes zum Fischfange gehört, sind auch die Frösche zu rechnen (§ 7 des Gesetzes).

Zum Froschfang berechtigt sind fernerhin nur die Fischereiberechtigten, also in den in § 1 des Gesetzes genannten Wasserläufen der Staat durch die Fischereipächter, in den in § 2 des Gesetzes genannten Kanälen und Gräben die Eigentümer, in den übrigen Wasserläufen (§ 3 des Gesetzes) die Ufereigentümer und in den in § 6 des Gesetzes erwähnten Gewässern deren Eigentümer. Der Berechtigte kann das Recht auf den Froschfang auf einen andern übertragen. Der Froschfänger muß im Besitz einer Fischerkarte sein. Soweit der die freie Angelfischerei Ausübende zum Fischfang berechtigt ist, steht ihm auch das Recht zum Froschfang zu.

Vgl. noch Art. 9 dieser Verordnung.

Art. 2.

Als dem Fischbestande schädlich zu erachten (§ 8 des Gesetzes) sind: Fischottern, Wasserhühner (Rohr- und Bleßhühner), Reiher (eigentliche Reiher, Nachtreiher oder Rohrdommeln), Kormorane, Säger (Sägetaucher und Tauchergänse) und Taucher (Eistaucher und Haubentaucher).

1. Vgl. § 1 Ziff. 2 der Verordnung des Ministeriums vom 16. Juli 1890 betr. das schädliche Wild (G.-Bl. S. 49).

2. Die reichsgesetzliche, grundlegende Bestimmung über die den Fischen schädlichen Vögel findet sich in § 5 des Vogelschutzgesetzes vom 30. Mai 1908 (R. G. Bl. 317); dort heißt es im Abs. 1: „Vögel, welche dem jagdbaren Feder- und Haarwild und dessen Brut und Jungen, sowie Fischen und deren Brut nachstellen, dürfen nach Maßgabe der landesgesetzlichen Bestimmungen über Jagd und Fischerei von den Jagd- oder Fischereiberechtigten und deren Beauftragten getötet werden." (Vgl. hierzu Bruck, Die Jagd- und Vogelschutzgesetzbung in E.-L. S. 190.) Landesgesetzliche Bestimmungen sind § 8 F. G. u. Art. 2 der Ver. v. 5. Sept. 1899.

Zum Reichsgesetze betr. den Schutz von Vögeln v. 22. März 1888 (Reichsgesetzbl. S. 111) ist ein Ausführungsgesetz v. 2. Juli 1890 (Els. L. Gesetzbl. S. 47) ergangen. In § 1 dieses Gesetzes sind als Vogelarten, auf welche die Bestimmungen des Gesetzes betr. den Schutz von Vögeln, vom 22. März 1888 zufolge des § 8 Abs. 1 Buchstabe b dieses Gesetzes keine Anwendung finden, u. a. folgende zu bezeichnen: Kraniche, wilde Schwäne, wilde

Gänse und wilde Enten, sowie alles andere Sumpf- und Wassergeflügel mit Ausnahme der Störche und Eisvögel. In der Begründung des Gesetzes heißt es: „Der Storch ist dem Schutze des Reichsgesetzes unterstellt worden, weil die Bevölkerung mit Liebe an diesem Vogel hängt und ungern auf den Häusern und Scheunen seine Nester vermißt". Der Eisvogel hatte, abwohl er der Forellenbrut schädlich ist, im Reichstage wegen seines Gefieders, durch welches der Vogel einen Schmuck der Gegend bildet, Gnade gefunden. (Huber, Die Jagdgesetze Elsaß-Lothringens, Bruck a. a. O. S. 199.) Der Eisvogel, der in der Verordnung vom 20. Juni 1883 als schädlich bezeichnet war, ist also aus dem Verzeichnis gestrichen. In das Verzeichnis der nützlichen Vögel in § 4 der Verordnung des Ministernums betr. den Schutz von Vögeln vom 16. Juli 1890 (G. Bl. S. 51) ist nun der Eisvogel nicht aufgenommen worden. Folglich kann innerhalb der Grenzen des Reichsgesetzes vom 22. März 1888 (Reichsgesetzblatt S. 111) der Vogelfang an ihm ausgeübt werden.

Art. 3.

I. Für die nachbenannten Fischgattungen werden folgende Schonzeiten (Individualschonzeiten) festgesetzt, während welcher der Fang derselben mit Fanggeräten jeglicher Art verboten ist:

1. für Aeschen und Regenbogenforellen: vom 1. März bis 30. April;
2. für Seeforellen: vom 1. Oktober bis 31. Dezember;
3. für Fluß- und Bachforellen: vom 10. Oktober bis 31. Januar;
4. für Saiblinge (Rötheli): vom 1. November bis 31. Dezember;
5. für Lachse (Salmen): vom 11. November bis 24. Dezember;
6. für Felchen und Maränen: vom 15. November bis 15. Dezember;
7. für Rufolks (Rutten, Quappen, Truschen, Aalraupen): vom 15. Dezember bis 15. Januar;
8. für Krebse: vom 1. November bis 15. April, soweit

nicht für bestimmte Wasserläufe eine längere Schonzeit durch besondere Verordnung festgesetzt ist.

II. Der Fang aller übrigen Fischgattungen, für welche unter Ziff. I eine Individualschonzeit nicht festgesetzt ist, ist vom 15. April bis 15. Juni verboten. (Allgemeine Frühjahrsschonzeit.)

Die Anfangs- und Endtage der vorgenannten Fristen sind in die Schonzeit einbegriffen.

1. Auf vielfaches Drängen der Berufsfischer und der Fischereivereine hat die Verordnung außer den Individualschonzeiten für bestimmte im Art. 3 aufgezählte Fischarten (Edelfische) noch eine allgemeine Frühjahrsschonzeit für alle übrigen Fischgattungen d. h. alle Fische, die nicht im Art. 3 zit. aufgezählt sind, eingeführt. Besondere Bestimmungen bezüglich der freien Angelfischerei sind in Art. 10 der Ver. v. $\frac{\text{28. April 1892}}{\text{5. Sept. 1899}}$ getroffen. Es ist also zutreffend, wenn auf Angelkarten angegeben ist, die Ausübung der freien Angelfischerei ist in der Zeit vom 15. April bis 15. Juni einschließlich für alle Fischarten verboten. Das Verbot erstreckt sich aber während dieses Zeitraumes nicht auf die in Art. 3 der Ver. ausdrücklich durch Individualschonzeiten begünstigten Edelfische, soweit die gewöhnliche und nicht die freie Angelfischerei in Frage kommt. Es dürfen also Forellen, die nur während der Zeit vom 10. Oktober bis 31. Januar geschont werden, während der allgemeinen Frühjahrsschonzeit von Fischereiberechtigten gefangen werden; die freie Angelfischerei auf Forellen in der Frühjahrsschonzeit ist übrigens schon aus dem tatsächlichen Grunde regelmäßig ausgeschlossen, weil es sich bei dieser Fischgattung meist nicht um schiff- oder flößbare Gewässer handelt. Für Regenbogenforellen geht jedoch die Individualschonzeit bis zum 30. April.

Zu den übrigen Fischarten für die nach Ziff. II eine allgemeine Frühjahrsschonzeit besteht, gehören nicht bloß die auf der Angelkarte genannten Zander, Barsch, Karpfen, Barbe, Schleie, Hecht und Aal, sondern alle übrigen Fische. Die Schonzeiten unter Ziff. 1, 2 (abgesehen vom Barsch), 4, 6, 7 und 8 sind durch die Luzerner Übereinkunft Art. 6 mit der obigen Dauer festgesetzt worden (vgl. S. 124). Baden hat dieselben Schonzeiten auch angenommen. Der Barsch braucht nach der Luzerner Übereinkunft nicht geschont zu werden. Baden hat von einer Schonzeit abgesehen. Dasselbe gilt vom Rufolk (Ziff. 9). Mit Rücksicht darauf, daß diese beiden Fische in Elsaß-Lothringen Nutzfische sind, ist eine Schonzeit für sie wieder eingeführt worden; vgl. Ver. v. 5. Sept. 1899 am Ende.

2. Karpfen, Barben und Schleien unterliegen ebenfalls der allgemeinen Frühjahrsschonzeit.

3. Die Fluß- und Bachforelle (Ziff. 3) wird in Baden, entsprechend der Luzerner Übereinkunft, nur bis zum 10. Januar geschont. Für Elsaß-Lothringen schien mit Rücksicht auf die in den Vogesenbächen und in Lothringen später stattfindende Laichzeit die Beibehaltung des Schlusses der bisherigen Winterschonzeit in den kleineren Wasserläufen angemessen.

4. Bezüglich des Krebsfanges ist unterm 26. April 1910 eine besondere Verordnung ergangen (S. 150). Durch diese Verordnung ist der Krebsfang lediglich in denjenigen Wasserläufen oder Strömen verboten, welche in dem der Ver. beigegebenen Verzeichnis ausdrücklich angeführt sind. Für alle anderen Wasserläufe oder Strecken von Wasserläufen gilt nur die gemäß Ver. v. 5. Sept. 1899 eingeführte Schonzeit. Der freie Marktverkehr mit Krebsen (§ 33 des Gesetzes) während der Zeit vom 16. April bis 3. November einschließlich wird durch diese Verordnung nicht gehindert.

5. Vgl. II des Schlußprotokolls der Luzerner Übereinkunft S. 127. Durch die Bestimmung wird den Schwankungen, die in der Auslegung der Vorschriften über das Ende der Schonzeiten bisher bestanden, ein Ende gemacht. Werden z. B. Warzloffen (Reusen) am 15. Juni, dem letzten Tag der Frühjahrsschonzeit, gestellt, so gehört diese Tätigkeit zur Ausübung der Fischerei und ist daher verboten. Strafverfolgung tritt aber nur ein, wenn die Warzloffen vor beendigter Schonzeit (Mitternacht zwischen 15. u. 16. Juni) gezogen werden; andernfalls liegt nur eine vorbereitende Handlung vor.

6. Bezüglich der Lachse ist eine Verfüg. des Min. v. 18. Jan. 1896 betr. den Verkauf von Lachsen (Salmen) in der Schonzeit ergangen: Danach ist während der Zeit v. 11. Nov. bis 24. Dez. das Feilbieten, Verkaufen usw. von Salmen nach § 33 F. G. verboten. Gestattet ist nur der Verkauf von Salmen, deren Fang

gemäß Art. 7 der Verordnung durch die Aufsichtsbehörde besonders erlaubt war, und die durch Plomben gekennzeichnet sind. Auf Grund des räumlichen Geltungsgebietes des F. G. in E.-L. ist nur das Feilbieten usw. innerhalb der Landesgrenzen strafbar. Bloße Anpreisungen auswärtiger Fischhändler in Zeitungen bieten keine Handhabe zur Strafverfolgung. Werden auf Grund solcher Offerten Bestellungen gemacht und Salmen eingeführt, so können die Sendungen beschlagnahmt werden. Ursprungszeugnisse kommen hier nicht in Frage, da Art. 4 solche nur für Fische vorsieht, die aus Fischteichen stammen.

Art. 4.

Im Rheine und in denjenigen Strecken seiner Nebenflüsse, welche den Durchzug der Lachse und Maifische zu den Laichstellen vermitteln, ist die Fischerei auf Lachse und Maifische mit Fanggeräten jeglicher Art auf die Dauer von 24 Stunden in jeder Woche und zwar von Samstag Abend 6 Uhr bis Sonntag Abend 6 Uhr verboten.

Die in Betracht kommenden Strecken der Nebenflüsse des Rheins werden von dem Ministerium bekannt gegeben.

Diese Wochenschonzeit entspricht dem Art. 8 der Luzerner Übereinkunft. Sie bezweckt, einerseits den freien Zug der Fische von unten nach oben herzustellen und den verschiedenen am Fluß Fischereiberechtigten einen gleichmäßigen Anteil an der Fischausbeute zu sichern, sodann aber auch den Fischen periodisch gänzliche Ruhe gegenüber der Fischerei zu verschaffen (v. Stengel § 10, 1).

Der Luzerner Übereinkunft ist durch Staatsvertrag zwischen Preußen und Luxemburg vom $\frac{\text{5. November 1892}}{\text{15. November 1892}}$ auch Luxemburg beigetreten (vgl. Gesetzsmlg. 1895 S. 157).

Sie ist auch in Baden eingeführt. Der Fang der Lachse und Maifische ist auch mittels der schwimmenden, in der Hand gehaltenen Angel untersagt.

Die Bekanntmachung des Ministeriums wegen der in Betracht kommenden Strecken ist am 8. Juni 1892 ergangen (vgl. S. 153).

Art. 5.

Die Anwendung von Reusen zum Lachsfang ist während der Zeit vom 20. Oktober bis 24. Dezember einschließlich verboten.

Die Ausübung der Lachsfischerei mit Zegensbetrieb ist vom 27. August bis 26. Oktober einschließlich verboten.

1. Die Bestimmung des 1. Absatzes entspricht den bisher geltenden Bestimmungen der Verordnung betr. die Fischerei im Rhein § 4 (letzter Satz) und den Festsetzungen der Luzerner Übereinkunft Art. 4 Ziff. 4 (S. 176).

2. Die Lachsfischerei mit Zegensbetrieb (Betrieb mittels einer besonderen Art von großen Schleppnetzen) ist zurzeit nur am Niederrhein üblich. Die Bestimmung wurde entsprechend den Festsetzungen der Luzerner Übereinkunft (Art. 3 Abs. 4) und des zwischen Deutschland, der Schweiz und den Niederlanden geschlossenen Vertrags (Art. 3) aufgenommen. Vgl. S. 175.

Art. 6.

Feststehende Fischnetze müssen jede Woche 36 Stunden lang und zwar von Samstag 6 Uhr abends bis Montag 6 Uhr morgens in der Mitte auf eine dem Zehntel ihrer Ausdehnung gleichkommende Länge derart gehoben werden, daß zwischen dem Boden des Wasserlaufs und der unteren Saumleine ein freier Raum von wenigstens 50 cm Höhe bleibt.

Art. 7.

Die Aufsichtsbehörde kann die Fischerei auf Lachse auch während der Schonzeiten (Art. 3 Ziffer 7 und Art. 4 dieser Verordnung) gestatten, wenn Sicherheit dafür vorhanden ist, daß die Fortpflanzungsstoffe (Rogen und Milch) der gefangenen, laichreifen Fische zu Zwecken der künstlichen Fischzucht Verwendung finden.

Die Überwachung der Lachsfischerei während der Schonzeit wird durch die Dammeister ausgeübt.

Art. 8.

Der Fischfang zur Nachtzeit unter Anwendung menschlicher Tätigkeit ist verboten.

Als Nachtzeit gilt der Zeitraum, welcher eine Stunde nach Sonnenuntergang beginnt und eine Stunde vor Sonnenaufgang endet.

Ausnahmen von diesem Verbot können hinsichtlich der Fischerei auf Lachse, Maifische, Aale, Krebse und Frösche durch die Aufsichtsbehörde zugelassen werden.

Für weitere Ausnahmen ist die Genehmigung des Ministeriums erforderlich.

1. Der Fischfang zur Nachtzeit mittels ständiger oder zeitweiliger Fangvorrichtungen fällt nicht unter das Verbot des Absatz 1; wohl aber z. B. die Entnahme von Fischen, die sich in solchen Vorrichtungen gefangen haben, wenn sie zur Nachtzeit vorgenommen wird.

2. Die Zuwiderhandlung ist ein Vergehen, da nur § 48 des Gesetzes Anwendung finden kann. (Vgl. §§ 45 und 48 des Gesetzes.)

3. Vgl. § 7 des Gesetzes betr. die Jagdpolizei. In Baden gilt dieselbe Bestimmung.

4. Für die Bewilligung der Ausnahme nach Abs. 3 ist der Wasserbauinspektor zuständig. Art. 21.

Art. 9.

Der Fang der Frösche mit dem Rechen ist für die Zeit vom 1. März bis 30. Juni einschließlich verboten.

Durch diesen Paragraphen soll keine Schonzeit für die Frösche eingeführt werden. Dem Marktverbot (§ 33 des Gesetzes) unterliegen sie also überhaupt nicht. Die Bestimmung ist im Interesse der Schonung des Fischlaiches (insbesondere desjenigen der Hechte, die gerne in kleineren Gräben laichen) getroffen, der durch den Froschfang mit dem Rechen sehr in Mitleidenschaft gezogen wird. Da der Rechen nicht zu den allgemein verbotenen Fischereigeräten gehört und derselbe in erster Reihe beim Froschfang Anwendung findet, so konnte nur in dieser Weise ein Schutz des Fischlaiches während der Frühjahrslaichzeit herbeigeführt werden.

Eine Schonzeit der Frösche wäre nur im März zweckmäßig gewesen. Die Einführung einer solchen war aber mit Rücksicht darauf untunlich, daß das Marktverbot alsdann gerade in die Fastenzeit fallen würde, wenn der Verbrauch von Froschschenkeln am größten ist. Dadurch, daß die Berechtigung zum Froschfang wesentlich eingeschränkt ist (vgl. Art. 1), dürfte ein genügender Schutz für die Frösche selbst geschaffen sein.

Art. 10.

Die Ausübung der freien Angelfischerei (§ 1 Abs. 2 des Gesetzes) ist in der Zeit vom 15. April bis 30. Juni einschließlich und zur Nachtzeit (Art. 8 Abs. 2 dieser Verordnung) verboten.

Durch Art. 10 ist die Zeit der Ausübung der freien Angelfischerei für alle Wasserläufe Elsaß-Lothringens einheitlich geregelt. Das Verbot gilt für alle Fischarten.

Art. 11.

Bei Ausübung der Fischerei ist verboten:

1. die Anlage neuer sogenannter Selbstfänge. Die bereits bestehenden sollen mit Öffnungen versehen sein, deren Weite der für die Maschenweite der Netze vorgeschriebenen entspricht (Art. 17 dieser Verordnung).
   Unter Selbstfängen sind zu verstehen alle Vorrichtungen, welche geeignet sind, die Fische in Löchern, Buchten, Gräben und Pfützen, aus welchen sie nicht entweichen können, anzusammeln oder sie zu zwingen, sich durch einen mit Fangvorrichtung versehenen Durchgang zu bewegen;
2. das Trockenlegen oder Ablassen von Wasserläufen zum Zwecke des Fischfanges;
3. das Fischen in den Teilen der Wasserläufe, deren Wasserstand zur Vornahme von Ausräumungen oder sonstigen Arbeiten oder infolge des Stillstandes von Triebwerken oder der Schiffahrt vorübergehend

wesentlich erniedrigt ist. Ausnahmen kann die Aufsichtsbehörde zulassen.

Dieses Verbot gilt auch für die Ausübung der freien Angelfischerei;

4. die auf die Dauer berechnete Anbringung von Fischfangvorrichtungen an den Schleusen, Wehren, natürlichen Wasserfällen, Durchlässen, Schützen, Mühlgerinnen und Fischleitern;
5. das Fischen einschließlich der freien Angelfischerei (§ 1 Abs. 2 des Gesetzes) im Innern der Schleusen, Schützenanlagen, Durchlässe, Mühlgerinne und Fischleiter, sowie an den Wehren oder in geringerer Entfernung als 30 m oberhalb und unterhalb dieser Werke;
6. das Fischen mit der Hand;
7. das gewaltsame Trüben oder Aufwühlen des Wassers zum Zwecke des Fischfanges in den von Fischen aufgesuchten Zufluchtsorten.

1. Das Verbot der Anlage neuer Selbstfänge entspricht dem bisher bestehenden Recht (§ 4 Abs. 4 der Verordnung betr. die Fischerei im Rhein und § 13 Ziffer 1 der Verordnung betr. die Fischereipolizei). Vgl. auch Luzerner Übereinkunft Art. 4 Ziff. 3.

2. Das Verbot des Trockenlegens von Wasserläufen zum Zwecke des Fischfanges. Es fallen unter das Verbot jegliche Arten von Wasserläufen, z. B. auch Mühlkanäle. Das Verbot entspricht für den Rhein ebenfalls dem bisher bestehenden Recht (§ 4 Abs. 2 der Verordnung betr. die Fischerei im Rhein). Vgl. auch Luzerner Übereinkunft Art. 4 Ziff. 5 (S. 175).

3. Das Verbot des Ausfischens trocken gelegter Wasserläufe entspricht für die kleineren Wasserläufe ebenfalls dem bisher geltenden Recht (§ 13 Ziffer 4 der Verordnung betr. die Fischereipolizei). Die Gestattung von Ausnahmen war im Interesse der Fischereiberechtigten notwendig. Zuständig ist der Wasser- oder Meliorationsbauinspektor.

4. Das Verbot der Anbringung von auf die Dauer berechneten Fischfangvorrichtungen: Nur die Anbringung ist

strafbar. Wird Ersitzung infolge unvordenklicher Verjährung behauptet, so kann Beseitigung bestenfalls nur gegen Schadloshaltung verlangt werden. Das Verbot entspricht für die kleineren Wasserläufe im wesentlichen ebenfalls dem bisher geltenden Recht (§ 13 Ziffer 2 der Verordnung betr. die Fischereipolizei); es enthält eine Ausdehnung des Verbotes in § 26 des Gesetzes.

5. Zu Ziff. 5. Im Hinblick auf diese Bestimmung kann dem Inhaber von Turbinen eine Auflage zur Herstellung von Vorrichtungen gemacht werden, wodurch der Fang von Aalen in den Turbinenkammern gehindert wird. Vgl. auch Ziff. 1 dieses Art.

6. Zu Ziff. 6 u. 7. Das Zutreiben der Fische nach dem Standort des Fischers hin mittels Stangen usw. ist, soweit nicht dadurch eine Trübung des Wassers eintritt, nicht verboten.

Art. 12.

Bei Ausübung der Fischerei im Rhein und in den in Art. 4 dieser Verordnung bezeichneten Strecken der Nebenflüsse desselben ist die Anwendung von ständigen Fischereivorrichtungen (Fischwehren, Fachen) und von Vorrichtungen verboten, welche am Ufer oder im Flußbette selbst befestigt oder verankert sind (Reusen, Sperrnetze), wenn diese Vorrichtungen den Wasserlauf auf mehr als die Hälfte seiner Breite für den Zug der Wanderfische versperren. Die Breite ist bei gewöhnlichem niedrigen Wasserstande in der kürzesten Linie von Ufer zu Ufer zu messen.

Mehrere solcher ständiger oder am Ufer oder im Bette des Wasserlaufs befestigter oder verankerter Vorrichtungen, sowie mehrere feststehende Netze dürfen gleichzeitig auf derselben Uferseite oder auf der entgegengesetzten Uferseite nur in einer Entfernung von einander angebracht werden, welche wenigstens das Doppelte der Länge der betreffenden Vorrichtungen beträgt.

Sind die Vorrichtungen von verschiedener Länge, so ist für die betreffende Entfernung die größere Länge maßgebend.

Ausnahmen kann die Aufsichtsbehörde gestatten.

Die Entfernung zwischen den einzelnen Pfählen, welche die zum Lachsfange bestimmten Fischwehre (Fache) bilden, sowie zwischen den Querverbindungen dieser Pfähle muß wenigstens 10 cm im Lichten betragen.

1. Die Vorschriften dieses Artikels entsprechen im wesentlichen dem bisher geltenden Recht (§ 1 der Verordnung betr. die Fischerei im Rheine). Vgl. auch Art. 1 der Luzerner Übereinkunft (S. 174).

2. Bei natürlichen und künstlichen Gewässerspaltungen ist die Bestimmung gleichmäßig auf jeden der Wasserläufe anzuwenden. Dieser Fall kommt gerade im Rhein bei der raschen Bildung von Kiesbänken leicht in Frage; die sich hierbei bildenden sekundären Rinnen dürfen nicht für mehr als die Hälfte ihrer Breite versperrt werden. Bei einer anderen als der vorstehenden Auffassung dürfte bei einer ganz breiten Kiesbank eine Fischereivorrichtung überhaupt nicht mehr angebracht werden.

3. Zu den ständigen Fischereivorrichtungen (im Sinne des § 20 pr. F. G.) gehören auch solche Vorrichtungen, welche nur für eine bestimmte Jahreszeit oder für die Dauer der Wanderung gewisser Fischarten mehr als die Hälfte der Wasserfläche für die Fische sperren (R. G. 22. Nov. 06 im „Recht" 08 S. 87).

4. Eine ähnliche Bestimmung enthält das preuß. F. G., vgl. R. G. E. (Zivils.) 71 S. 189.

Art. 13.

Bei Ausübung der Fischerei in anderen als den in Art. 12 genannten Wasserläufen dürfen feststehende oder schwimmende Netze in ihrer Länge zwei Drittel der nassen Breite des Wasserlaufes, in welchem sie benutzt werden, nicht überschreiten.

Mehrere Netze, welche gleichzeitig auf einem oder den beiden gegenüberliegenden Ufern angewendet werden, müssen unter einander eine Entfernung halten, welche wenigstens dem Dreifachen ihrer Ausdehnung gleichkommt.

1. Auch dieser Artikel entspricht dem bisher geltenden Recht (§ 10 der Verordnung betr. die Fischereipolizei).

2. Unter schwimmenden Netzen (n. preuß. R.) sind nicht nur ruhende Netze zu verstehen, welche durch mechanische Vor-

richtungen durch Leichtträger (Korke, Rinde, Tonnen) von oben im Wasser gehalten werden, sondern auch Knebelnetze, d. h. solche Netze, welche, an beiden Enden eines quer gestellten Kahns befestigt, langsam mit dem Kahn durch menschliche Tätigkeit durch den Fluß gezogen werden. (R. G. v. 9. März 1885 in Goltd. Arch. 33 S. 446.)

Art. 14.

Treibnetze dürfen nicht derart befestigt und ausgesetzt werden, daß sie festliegen oder hängen bleiben. Dieselben dürfen zwischen Ober- und Unterröhre (Leine) nicht über 2,5 m breit sein.

Mehrere Treibnetze dürfen nur in einer Entfernung von einander ausgeworfen werden, welche wenigstens das Doppelte der Länge des größten Netzes beträgt.

Diese Bestimmung galt früher nur für den Rhein, wo sie auch fernerhin noch hauptsächlich in Anwendung kommt. (§ 3 der Verordnung betr. die Fischerei im Rheine.) Vgl. Luzerner Übereinkunft Art. 3 (S. 175).

Art. 15.

Bei Ausübung der Fischerei ist, abgesehen von der Fischerei im Rhein, die Anwendung von Schleppnetzen verboten.

Der Gebrauch des kleinen, mit der Hand geworfenen und von einer Person allein gehandhabten Wurfgarnes und des von zwei Personen aus dem Boote geworfenen Spreitgarnes ist gestattet.

Als Schleppnetz ist jedes Netz anzusehen, welches durch Druck oder durch Gewichte auf den Boden versenkt und mittels irgend einer Kraft am Boden fortbewegt wird.

Art. 16.

Bei Ausübung der Fischerei ist ferner verboten:

1. die Anwendung von Schlingen und Schleifen;
2. die Anwendung von Fischgabeln, Geeren, Harpunen, Stecheisen und anderen derartigen

Fangmitteln, welche eine Verwundung der Fische herbeiführen können.

Der Gebrauch von Angeln ist gestattet.

Die Anwendung der Garnfalle beim Lachsfang im Rhein und dessen Zuflüssen auf der Strecke von Basel abwärts ist nur in der Zeit vom 15. November bis 31. Januar einschließlich gestattet.

1. Vgl. Art. 4 Ziff. 2 der Luzerner Übereinkunft (S. 176).
2. Fallen mit Schlagfedern sind nicht verboten.

Art. 17.

Fanggeräte jeder Art und Benennung dürfen bei Ausübung der Fischerei nicht angewendet werden, wenn die Öffnungen (bei Maschen in nassem Zustande gemessen) in Höhe und Breite nicht folgende Weiten haben:

1. beim Lachsfange: im Rhein: Geflechte (Körbe und Reusen) und Treibnetze: 60 mm; das Innere der Reusen (Reusenschlupf): 40 mm;
   in den übrigen Wasserläufen 40 mm;
2. beim Fangen anderer großer Fischarten, einschließlich des Aals, und beim Krebsfang: im Rhein: 30 mm; in den übrigen Wasserläufen 27 mm;
3. beim Fange kleiner Fischarten, wie Gründlinge, Schmerlen, Ellritzen, Blicken und andere: im Rhein: 20 mm;
   in den übrigen Wasserläufen: 10 mm.

Bei Kontrolle der Geflechte und Netze ist eine Abweichung von einem Zehntel nicht zu beanstanden.

Die Aufsichtsbehörde kann den Gebrauch von Netzen mit geringerer Maschenweite zum Zwecke des Fanges von Futterfischen für Fischzuchtanstalten und von Köderfischen gestatten.

Zu den großen Fischarten zählen auch u. a. die Bach- und Regenbogenforellen. Diese Annahme findet ihre Grundlage in Art. 19 der Ver. Vgl. Luzerner Übereinkunft Art. 2 (S. 174).

Art. 18.

Die freie Angelfischerei (§ 1 Absatz 2 des Gesetzes) wird mittels der schwimmenden, in der Hand gehaltenen Angel ausgeübt. Die Angelschnur darf nur eine Angel tragen.

Die schwimmende Angel darf mit keinem größeren Gewicht als 50 cgr belastet sein.

Bei der Ausübung der freien Angelfischerei ist der Gebrauch des Käschers (Filoche) sowie die Verwendung lebender Fische als Köder verboten.

Alle weiteren Beschränkungen bezüglich der Beschaffenheit der Angel usw. sind aufgehoben.

Die Verwendung künstlicher Fische als Köder ist nicht untersagt, dürfte aber mit Rücksicht auf die Höchstbelastung mit 50 cgr kaum erfolgverheißend sein.

Art. 19.

Die nachbenannten Fischarten dürfen nicht gefangen werden, wenn die Fische von der Kopfspitze bis zum Schwanzende (Schwanzspitzen) gemessen, nicht wenigstens folgende Längen haben:

Lachs (Salm)	50 cm
Aal . . . . Zander (Schill)	35 cm
Hecht . . . . Seeforelle	33 cm
Aesche . . . . Karpfen . . . . Saibling (Rötheli) . . . . Barbe	25 cm
Fluß- und Bachforelle . . . Regenbogenforelle . . . . . Schleie . . . . Barsch . . . . Rufolk . . . . Felchen und Maränen . . .	20 cm

Krebse (gemessen vom Auge bis zum Ende des ausgebreiteten Schwanzes) 8 cm.

1. Gegenüber der Luzerner Übereinkunft (Art. 5) ist der Schutz durch Festsetzung eines Mindestmaßes noch ausgedehnt worden auf Karpfen, Schleien, Barsch und Rufolk. Es entspricht dies im wesentlichen dem bisher geltenden Recht (§ 8 der Verordnung betr. die Fischereipolizei).

2. Die Maße entsprechen den durch die Luzerner Übereinkunft a. a. O. festgesetzten, nur für Hechte und Seeforellen sind sie um 3 cm erhöht worden.

3. Für Krebse ist das bisherige Mindestmaß beibehalten.

4. Durch Ver. v. 9. März 1909 (Zentr. Bl. A 27) IV 2320 I ist der Art. 19 mit Wirkung vom 1. April 1909 dahin abgeändert, daß das Mindestmaß (Schonmaß) für Karpfen (Cyprinus carpio L.) für den Rhein und seine Nebengewässer auf 30 cm festgesetzt worden ist. Für die sämtlichen übrigen Gewässer verbleibt es für die Karpfen bei dem bisherigen Mindestmaß von 25 cm.

Art. 20.

In außerordentlichen Fällen (unvorhergesehene Naturereignisse, plötzliche Störungen des ordentlichen Fischereibetriebes oder sonstige Notstände) kann die Aufsichtsbehörde von den Vorschriften über die Innehaltung der Schonzeit, die Art und Weise der Ausübung der Fischerei, die Beschaffenheit der Fanggeräte und die Längenmaße der Fische (Art. 3 bis 9, 11 bis 17 und 19 dieser Verordnung) im Einzelfalle entbinden.

Die Entscheidung über die Gestattung von Ausnahmen im Sinne des § 34 Abs. 2 des Gesetzes steht dem Ministerium zu.

Aufsichtsbehörde ist der zuständige Wasser- oder Meliorationsbauinspektor. So kann z. B. die Erlaubnis zum Ausfischen eines Fischereireviers mittels eines Schleppnetzes erteilt oder der Fang von Nasen im Rhein während der Schonzeit gestattet werden. Dagegen kann nicht-elsaß-lothringischen, z. B. badischen Fischern, nicht erlaubt werden, Nasen während der Schonzeit in E.-L. einzuführen.

Art. 21.

Als Aufsichtsbehörde im Sinne des Gesetzes und dieser Verordnung gilt der zuständige Wasser- oder Meliorationsbauinspektor.

Wegen der örtlichen Zuständigkeit vgl. die Übersicht über die Bezirke der Wasserbauinspektoren S. 181 und die Übersicht über die Bezirke der Meliorationsbauinspektoren S. 183.

Art. 22.

Die Bestimmungen des Art. 3 Ziff. 3 und des Art. 10 dieser Verordnung treten am 1. Juli 1892, die übrigen Bestimmungen derselben treten am 15. Juni 1892 in Kraft.

Die Verordnung vom 28. April 1896 betreffend die Aufhebung der Schonzeit für Barsche und Karpfen (Zentr.- u. Bezirksamtsbl. 1896 A S. 125) wird aufgehoben.

Gegenwärtige Verordnung tritt mit dem 1. Oktober 1899 in Kraft.

Straßburg, den 5. September 1899.

Ministerium für Elsaß-Lothringen.

Abteilung für Landwirtschaft u. öffentliche Arbeiten	Abteilung für Finanzen, Gewerbe u. Domänen
Der Unterstaatssekretär	Der Unterstaatssekretär
Zorn von Bulach.	**von Schraut.**

III 10764.
IV 7783.

Verordnung zur Ausführung des Gesetzes, betreffend die Fischerei, vom 2. Juli 1891.

(Zentral- und Bezirksamtsblatt 1892 A. S. 224.)

Zur Ausführung der §§ 9, 12, 27 33, 40 und 46, sowie der §§ 20 bis 25 des Gesetzes, betreffend die Fischerei, vom 2. Juli 1891 (Gesetzblatt S. 69) wird verordnet, was folgt:

I. Bestimmungen zur Ausführung der §§ 9, 12, 27, 33, 40 und 46 des Gesetzes:

Artikel 1.

Die Verpachtung der dem Staate nach § 1 des Gesetzes zustehenden Fischerei (§ 9 des Gesetzes) findet durch den zuständigen Wasser- oder Meliorations-Bauinspektor statt. Die Verpachtung unterliegt der Genehmigung des Ministeriums.

Soweit eine Verpachtung nicht zustande kommt, kann die Nutzung der Fischerei durch Ausstellung von Erlaubnisscheinen gegen Entgelt (Lizenzen) gestattet werden. Die desfallsigen Anordnungen bedürfen ebenfalls der Genehmigung des Ministeriums.

Die Nutzung der Fischerei durch Ausstellung von Erlaubnisscheinen kann nur ausnahmsweise gestattet werden, wenn sich kein Ansteigerer findet. Vgl. S. 48.

Artikel 2.

Für die Abmessung des Lein- und des Flößpfades (§ 12 des Gesetzes) sind die Bestimmungen des § 18 des Gesetzes, betreffend Wasserbenutzung und Wasserschutz, vom 2. Juli 1891 (Gesetzblatt S. 82) und die zur Ausführung des § 18 erlassenen Vorschriften maßgebend.

Wo die zuständige Verwaltungsbehörde die Freihaltung oder die Freilegung eines Leinpfades nicht verlangt hat, steht den Fischereipächtern und Fischern ein Anspruch auf Einräumung und Benutzung eines Leinpfades nicht zu.

Vgl. Vorschriften betr. die Leinpfade vom 1. März 1892 Zentral- und Bezirksamtsblatt A S. 112.

Artikel 3.

Die Anlage von Fischwegen (Fischleitern) in öffentlichem Interesse (§ 27 des Gesetzes) wird durch den Bezirkspräsidenten angeordnet.

Soweit es sich um schiff- oder flößbare Wasserläufe handelt, bleibt die Anordnung dem Ministerium vorbehalten.

Artikel 4.

Die Eigentümer von Fischteichen erhalten nach stattgehabter Abfischung (§ 33 Absatz 6 des Gesetzes) auf Verlangen für die in den Verkehr zu bringenden Fische Ursprungszeugnisse von dem zuständigen Kreis- oder Polizeidirektor ausgestellt.

Aus dem Ursprungszeugnis muß Name und Wohnort des Eigentümers des Fischteiches, Zahl oder Gewicht und Art der in Verkehr zu bringenden Fische und Zeit und Ort der Abfischung hervorgehen.

Die Zuständigkeit des Kreis- oder Polizeidirektors wird durch die Lage der Gemeinde bestimmt, in welcher sich der Fischteich befindet.

Artikel 5.

Mit der Beaufsichtigung der Fischerei (§ 40 des Gesetzes) sind betraut:

1. die Beamten des Polizei- und Sicherheitsdienstes;
2. die Bürgermeister und deren Beigeordnete;
3. die Forstschutz- und Feldschutzbeamten;
4. die in der Verordnung vom 26. Januar 1880 (Gesetzblatt S. 6) bezeichneten, mit der Wahrnehmung der Fischerei-, Wasser- und Wegepolizei beauftragten Beamten, insbesondere auch die den Bauinspektoren beigegebenen Kulturaufseher;
5. die Steuer-, Zoll- und Oktroibeamten;
6. die eidlich verpflichteten Fischereiaufseher der Gemeinden, öffentlichen Anstalten, Fischereigenossenschaften und sonstigen Fischereiberechtigten.

Zu Ziffer 3 vgl. § 41 des Nachtrags zur Dienstinstruktion für die Förster in E. L. v. $\frac{\text{6. November 1875}}{\text{10. Juni 1879}}$.

Zu Ziffer 6 vgl. § 19 des Gesetzes.

Artikel 6.

Verwaltungsbehörde im Sinne des § 46 des Gesetzes ist der Bezirkspräsident.

II. Bestimmungen zur Ausführung der §§ 20 bis 25 des Gesetzes:

Artikel 7.

Die Angelkarten, sowie die Fischerkarten für die nichtschiff- oder flößbaren Wasserläufe werden durch den Bürgermeister des Wohnorts, in den Städten Straßburg, Metz und Mülhausen durch die Polizeidirektoren ausgestellt.

Die Fischerkarten für die in § 1 Absatz 1 des Gesetzes bezeichneten Wasserläufe werden durch die Wasserbauinspektoren ausgestellt.

Vgl. § 21 Abs. 2 und 3 des Gesetzes.

Artikel 8.

Die Karten sind für das Kalenderjahr gültig.

Für die Angelkarten ist eine Gebühr von zwanzig Pfennig, für die Fischerkarten eine solche von einer Mark zu entrichten.

Zweite Ausfertigung für verlorene oder unbrauchbar gewordene Karten werden nur gegen nochmalige Entrichtung der Gebühr erteilt.

1. Zu Absatz 1 und 2 vgl. § 21 Abs. 4 des Gesetzes.

2. Die Unentgeltlichkeit der 2. Ausfertigung würde nur der Unachtsamkeit des Karteninhabers Vorschub leisten. Bei der Geringfügigkeit der Gebühr, namentlich bei den Angelkarten, kann die Bestimmung nicht als drückend empfunden werden.

Unbrauchbar ist die Karte, wenn sie ihren Zweck, als Legitimation des Inhabers zu dienen, nicht mehr erfüllt, namentlich also, wenn der Name des Inhabers, das Jahr der Ausstellung und die ausstellende Behörde nicht mehr mit Sicherheit zu erkennen sind.

Artikel 9.

Anträge auf Erteilung von Angel- oder Fischerkarten sind bei den in Artikel 7 genannten Behörden mündlich oder schriftlich (auf freiem Papier) zu stellen.

Die zur Durchführung der Bestimmungen der §§ 23 und 24 des Gesetzes erforderlichen Erhebungen haben von Amtswegen stattzufinden.

Die Ungültigkeitserklärung und die Einziehung einer erteilten Fischer- oder Angelkarte (§ 23 Absatz 3 und § 24 Absatz 4 des Gesetzes) erfolgt durch die Behörde, welche dieselbe ausgestellt hat.

1. Vgl. § 25 des Gesetzes 2. Satz.

2. Dem eine Karte Nachsuchenden kann z. B. nicht aufgegeben werden, nachzuweisen, daß er das erforderliche Alter schon erreicht hat oder daß er die in § 29 des Gesetzes angeführten Strafen nicht erlitten hat. In den meisten Fällen wird es aber in seinem eigenen Interesse liegen, selbst die erforderlichen Nachweise zu liefern, da sonst durch langwierige amtliche Erhebungen die Ausstellung der Karte verzögert wird.

Artikel 10.

Über die ausgestellten Karten ist bei der ausstellenden Behörde ein Verzeichnis zu führen, aus welchem die Nummer der Karte, das Datum der Ausstellung, der Name, der Stand und der Wohnort des Karteninhabers und die von demselben gezahlte Gebühr hervorgehen muß.

Artikel 11.

Die Ausstellung der Karten erfolgt nach den in der Anlage vorgeschriebenen Mustern.

Für die Jahre mit geraden Jahreszahlen und für die Jahre mit ungeraden Jahreszahlen werden verschiedenfarbige Karten ausgegeben.

Die Karten sind, und zwar Angel- und Fischerkarten

getrennt, für jedes Kalenderjahr mit fortlaufenden Nummern zu versehen.

Artikel 12.

Der Bedarf an Karten wird von den Polizeidirektoren und Wasserbauinspektoren unmittelbar, von den Bürgermeisterämtern durch Vermittlung der Kreisdirektoren beschafft.

Die Kartenformulare sind als geldwerte Papiere zu behandeln und sicher aufzubewahren. Über dieselben ist von der aufbewahrenden Behörde ein Bestandsverzeichnis zu führen, aus welchem jederzeit die Zahl der beschafften, der ausgestellten oder abgegebenen und der noch vorhandenen Karten hervorgehen muß.

Artikel 13.

Die für Ausstellung der Karten zu zahlende Gebühr wird bei Empfang der Karte an die ausstellende Behörde entrichtet. Eine besondere Quittung über die geschehene Zahlung wird nicht erteilt.

Bei den Polizeidirektionen bewahrt der Büreauvorsteher, bei den Wasserbauinspektionen ein von dem Wasserbauinspektor zu bezeichnender Beamter, bei den Bürgermeisterämtern der Bürgermeister oder ein von demselben zu bezeichnender Gemeindebeamter die eingehenden Gebührenbeträge gesondert auf.

Die Polizeidirektoren und Wasserbauinspektoren übersenden den Bürgermeisterämtern bis zum 10. Juli und 10. Januar eines jeden Jahres einen Auszug aus dem von ihnen zu führenden Verzeichnis (Artikel 10), aus welchem die Zahl der Karten, welche bis zum 30. Juni und 31. Dezember für die betreffende Gemeinde ausgestellt worden sind, und die Höhe der der Gemeinde zufallenden Gebühren ersichtlich sein müssen.

Die Bürgermeister erteilen hierauf den Gemeinderechnern durch Vermittlung des Kassenkontrolleurs Anweisung, die bei den Polizeidirektionen und den Wasserbauinspektoren beruhenden Gebühren zu erheben. Über die erhaltenen Beträge erteilen die Gemeinderechner stempelfreie Quittung.

Bis zu denselben Terminen (10. Juli und 10. Januar) erhält der Gemeinderechner auf Grund eines Auszuges aus den bei dem Bürgermeisteramte geführten Kartenverzeichnissen in der vorbezeichneten Weise Anweisung, die bei dem Bürgermeister oder dem mit Bewahrung der Gebühren beauftragten Gemeindebeamten beruhenden Gebührenbeträge gegen Erteilung einer stempelfreien Quittung einzuziehen.

Die Auszüge aus den Kartenverzeichnissen bleiben als Belege bei den Gemeinderechnungen.

Die Vereinnahmung der Gelder durch die die Karte ausstellende Behörde ist zur Bequemlichkeit des Publikums getroffen, welches sonst ungeachtet des geringfügigen Betrages der Gebühr mit zwei verschiedenen Beamten (mit dem Gemeinderechner und mit der ausstellenden Behörde) in Verbindung treten müßte.

Artikel 14.

Nach Schluß des Kalenderjahres, spätestens bis zum 1. Februar, haben die Bürgermeister die nicht verwendeten Karten dem Kreisdirektor zurückzusenden.

Der Kreisdirektor stellt fest, ob die nicht an ihn zurückgelangenden Karten bestimmungsgemäß Verwendung gefunden haben, und ob die vorgeschriebenen Gebühren richtig erhoben sind.

Die Kreis- und Polizeidirektoren und die Wasserbauinspektoren haben die nach Schluß des Kalenderjahres noch bei ihnen vorhandenen oder ihnen wieder zugehenden unausgefüllten Karten zur Verwendung im nächstfolgenden Kalenderjahre zu verwahren.

Artikel 15.

Die Gemeindeaufsichtsbehörden haben darüber zu wachen, daß in die Budgets der Gemeinden, und zwar das erstemal in das Ergänzungsbudget für 1892/93, ein Einnahmetitel für die Kartengebühren eingesetzt wird.

Die Gebühren sind als ordentliche Einnahmen zu verrechnen.

III. Schlußbestimmungen.

Artikel 16.

Diese Verordnung tritt am 15. Juni 1892 gleichzeitig mit dem Gesetz, betreffend die Fischerei, vom 2. Juli 1891 in Kraft; Fischer- und Angelkarten können jedoch schon vom 1. Juni 1892 ab ausgestellt werden.

Straßburg, den 29. April 1892.

Ministerium für Elsaß-Lothringen.

Abteilung für Finanzen,
Landwirtschaft u. Domänen.
Der Unterstaatssekretär

von Schraut.

Abteilung des Innern.
Der Unterstaatssekretär
von Köller.

III. A. 1676/92.
I. D. 2561/92.

Anlage:

A. Fischerkarte für schiff- und flößbare Wasserläufe.

I. Vorderseite.

Elsaß-Lothringen.

Fischer-Karte Nr. ....

zur Ausübung der Fischerei in schiff- und flößbaren Wasserläufen
gültig für das Jahr neunzehnhundert ....

für Herrn ....

aus ....

.............., den 19

(Siegel).

Der Kaiserliche $\frac{\text{Wasserbauinspektor}}{\text{Meliorationsbauinspektor}}$

Gebühr: **Eine Mark.**

....

Der Fischer hat die Fischer-Karte beim Fischen mit sich zu führen. Auf Erfordern der Fischerei-Aufsichtsbeamten und deren Vorgesetzten, sowie der Eigentümer und ihrer Vertreter, der Pächter und Unterpächter der Fischerei an den Örtlichkeiten, wo Inhaber dieser Karte die Fischerei ausübt, ist derselbe gehalten, sich alsbald über seine Berechtigung zum Fischen auszuweisen.

II. Rückseite.

Fischgattung.	Mindestmaß. cm
Aeschen	25
Regenbogenforellen	20
Seeforellen	33
Fluß- und Bachforellen	20
Saiblinge (Rötheli)	25
Lachse (Salmen)	50
Felchen und Maränen	20
Rufolk (Rutte, Quappe, Trusche, Aalraupe)	20
Krebse	8
Zander (Schill)	35
Barsch	20
Karpfen	25*
Barben	25
Schleien	20
Aal	35
Hecht	33

*Für den Rhein und seine Nebengewässer 30 cm.

Schonzeiten:

I. Invidualschonzeiten.

1. für Aeschen und Regenbogenforellen vom 1. März bis 30 April;
2. für Seeforellen vom 1. Oktober bis 31. Dezember;
3. für Fluß- und Bachforellen vom 10. Oktober bis 31. Januar;
4. für Saiblinge (Rötheli) vom 1. November bis 31. Dezember;
5. für Lachse (Salmen) vom 11. November bis 24. Dezember;
6. für Felchen und Maränen vom 15. November bis 15. Dezember;
7. für Rufolks (Rutten, Quappen, Truschen, Aalraupen) vom 15. Dezember bis 15. Januar;
8. für Krebse vom 1. November bis 15. April, soweit nicht für bestimmte Wasserläufe eine längere Schonzeit durch besondere Verordnung festgesetzt ist.

II. Allgemeine Frühjahrsschonzeit.

Der Fang aller übrigen Fischgattungen, für welche unter Ziff. I. eine Individualschonzeit nicht festgesetzt ist, ist vom 15. April bis 15. Juni verboten. (Allgemeine Frühjahrsschonzeit.)

Die Anfangs- und Endtage der vorgenannten Fristen sind in der Schonzeit einbegriffen.

III. Verbot der Angelfischerei.

Die Ausübung der freien Angelfischerei ist in der Zeit vom 15. April bis 15. Juni einschließlich und zur Nachtzeit für alle Fischarten verboten.*)

*) Diese Bestimmung kommt nur für die Inhaber einer Angel-, nicht dagegen für diejenigen einer Fischerkarte in Betracht.

B. Fischerkarten für nicht schiff- und flößbare Wasserläufe.

I. Vorderseite.

Elsaß-Lothringen.

Fischer-Karte Nr.

zur Ausübung der Fischerei in **nicht** schiff- und flößbaren Wasserläufen.

giltig für das Jahr neunzehnhundert ....

für Herrn

aus ....

.........., den .... 191 .

(Siegel.)

Der ....

Gebühr: **Eine Mark.**

Der Fischer hat die Fischer-Karte beim Fischen mit sich zu führen. Auf Erfordern der Fischerei-Aufsichtsbeamten und deren Vorgesetzten, sowie der Eigentümer und ihrer Vertreter, der Pächter und Unterpächter der Fischerei an den Örtlichkeiten, wo Inhaber dieser Karte die Fischerei ausübt, ist derselbe gehalten, sich alsbald über seine Berechtigung zum Fischen auszuweisen.

II. Rückseite.

Wie bei A.

C. Angelkarte.

I. Vorderseite.

Elsaß- Lothringen.

Angel-Karte Nr. ....

zur Ausübung der freien Angelfischerei in den im § 1 Absatz 1 des Gesetzes, betr. die Fischerei, vom 2. Juli 1891 bezeichneten Wasserläufen

giltig für das Jahr neunzehnhundert..........

für Herrn ....

aus ....

Straßburg i. E., den ....19 .

(Siegel.) Der Polizeipräsident / Kreisdirektor

Gebühr: 20 **Pfennig.**

Der Angelfischer hat die Karte beim Angeln mit sich zu führen. Die freie Angelfischerei wird mittels der schwimmenden, in der Hand gehaltenen Angel ausgeübt. Die Angelschnur darf nur e i n e Angel tragen. Die schwimmende Angel darf mit keinem größeren Gewichte als 50 cgr belastet sein. Die freie Angelfischerei mit lebenden Fischen als Köder, sowie der Gebrauch des Käschers (Filoche) ist untersagt. Die Ausübung der freien Angelfischerei ist im Innern der Schleusen, Schützenanlagen, Durchlässe, Mühlgerinne und Fischleitern, ferner an den Wehren oder in geringerer Entfernung als 30 m oberhalb und unterhalb dieser Werke verboten.

(Verordnung vom 28. April 1892 / 5. September 1899 Art. 10, 11, und 18).

II. Rückseite.

Wie bei A.

Verordnung
über die Bestimmung von Laich- und Hegeplätzen.

(Zentral- und Bezirks-Amtsblatt 1911 A S. 368.)

Auf Grund der §§ 37 bis 39 des Gesetzes, betreffend die Fischerei vom 2. Juli 1891 (Gesetzblatt für Elsaß-Lothringen S. 69) wird bestimmt, was folgt:

Die in dem nachstehenden Verzeichnis aufgeführten Strecken von Wasserläufen in Elsaß-Lothringen werden als Laich- und Hegeplätze für die Zeit vom 1. Januar 1912 bis zum 31. Dezember 1916 einschließlich bestimmt.

Straßburg, den 19. Dezember 1911.

Ministerium für Elsaß-Lothringen.
Abteilung für Landwirtschaft und öffentliche Arbeiten.
Der Ministerialdirektor

v. Trauk.

IV. 23 631 I.

Laufende Nr.	Bezeichnung des Wasserlaufs.	Grenzen der Laich- und Hegeplätze.	Gemeinde.	Ung[...] fähr[...] Län[...] der Laich- u. Heg[...] plä[...] Met[...]
		A. Bezirk Oberelsaß.		
1	Rhein.	Der Kanalspeisungsgraben oberhalb der Rheinschleuse bei Breisach von seiner Abzweigung am Rhein bei km 57,520 einschließlich des dortigen Hafens bis zum unteren Grabenabschlußwerk bei km 58,060.	Biesheim.	6[...]
2	Ill	Die zwischen der Ladhofbrücke und dem Wehr bei km 78 auf dem rechten Illufer gelegene Einbuchtung.	Colmar.	25[...]
3	„	Die Strecke der Ill von der Brücke beim Roten Haus 1200 m abwärts.	„	1 20[...]

Bezeichnung des Wasserlaufs.	Grenzen der Laich- und Hegeplätze.	Gemeinde.	Ungefähre Länge der Laich- u. Hegeplätze. Meter.
	B. Bezirk Unterelsaß.		
Rhein.	Das Schonrevier des „Geißengießens" wird begrenzt: gegen Westen durch das Plobsheimer Wehr und den sich anschließenden Hauptrheindamm Gruppe III bis zum Kilometerstein 7; gegen Norden durch eine gerade Linie von diesem Kilometerstein 7 nach dem Kilometerstein 114 am Rheinufer; gegen Osten durch die Rheinuferbaukante von km 114 bis 113; gegen Süden und Südosten durch eine über den Kilometerstein 113 nach dem Ende des Plobsheimer Leitdammes gezogene gerade Linie und durch diesen Damm selbst bis zum Plobsheimer Wehr. Nicht inbegriffen sind der Wildengießen bis zu seiner Mündung in den Geißengießen nebst dem sogenannten Sommerflüthel, sowie die Kleinauelquelle rheinseitig des Hauptrheindammes Gruppe III bei km 4,605 und ihr Ablaufgraben bis zur Zementröhrendohle im Servitutweg entlang den Parzellen Gemarkung Plobsheim Flur 48 Nr. 3 und 8.	Plobsheim und Eschau.	5 000
Rhein.	Das Schonrevier „Unterer Steingießen" wird begrenzt rheinaufwärts durch den Weg, welcher vom Hauptrheindamm Gruppe IV bei km 13,800 nach dem Rheine zu abzweigt bis zum Landesgrenzstein 87, von da ab durch die Landesgrenzlinie 87.88 über den Rheinkilometerstein 133 hinweg bis zur Rheinuferbaukante dort, von da ab rheinwärts durch die Uferbaukante bis zum km 134, rheinabwärts durch den bei Rheinkilometer 133,982 abzweigenden Verbindungsweg nach dem	Straßburg und Wanzenau.	3 500

Laufende Nr.	Bezeichnung des Wasserlaufs.	Grenzen der Laich- und Hegeplätze.	Gemeinde.	Ung- fähr Läng der Laich u.Heg plätz Mete
		obengenannten Hauptrheindamm bei km 16,605 und landwärts durch diesen selbst nach aufwärts bis km 13,800.		
3	Rhein	Das Schonrevier des „Sauerbachs" umfaßt die Strecke des Sauerbaches von der Selz-Münchhausener Banngrenze abwärts bis zur oberen Spitze der Insel „Felsengrund".	Münchhausen.	80
4	"	Der Hafen von Lauterburg in seiner ganzen Ausdehnung.	Lauterburg.	60
5	Ill	Hauptarm der Ill vom Schlettstadter Wehr bis zur Schlettstadter Illbrücke.	Schlettstadt.	1 1
6	"	Biberbächel vom St. Pilter Mühlkanal bis zur Ill.	"	1 60
7	"	Der Hauptarm der Ill vom neuen Wehr der Ehnweyerer Mühle an aufwärts 500 m.	Baldenheim und Müttersholz.	50
8	"	Die Alt-Ill von der Abzweigung aus der Ill bei Rathsamhausen bis zur Straße Ehnweyer—Ebersheim.	"	3 00
9	"	Die Einbuchtung auf dem linken Illufer oberhalb der Einmündung des Eschgießens, rund 120 m lang.	Ebersmünster.	12
10	"	Der Hauptarm der Ill vom Kogenheimer Wehr an 500 m aufwärts, einschließlich des alten, rund 300 m langen Armes beim Kogenheimer Wehr.	"	80
11	"	Der linksseitige Seitenarm des Zuleitungskanals der Sander-Mühle, genannt „Wörthelgraben".	Benfeld.	40
12	"	Der Sermersheimer Mühlkanal von der Mühle bis zur Einmündung in die Ill, rund 200 m lang.	Sermersheim.	20
13	"	Der Haupt-Illarm von der Gemarkungsgrenze Sermersheim—Hüttenheim an 100 m aufwärts.	"	10

Bezeichnung des Wasserlaufs.	Grenzen der Laich- und Hegeplätze.	Gemeinde.	Ungefähre Länge der Laich- u. Hegeplätze. Meter.
Ill	Die sämtlichen Mühlkanäle der Hüttenheimer Fabrik von der Abzweigung aus der Ill bis zur Wiedervereinigung mit der Ill und der Benfelder Mühlkanal auf Gemarkung Hüttenheim.	Hüttenheim.	4 100
"	Die Sonderau von ihrer Abzweigung aus der Ill mit allen Nebenarmen bis zur Gemarkungsgrenze Matzenheim—Osthausen.	Matzenheim.	2 200
"	Der ehemalige Hauptarm der Ill vom sogenannten Großdich bis zur Vereinigung mit dem Murgießen einschließlich der seitlichen Abzweigungen und des Grabens zwischen der Straße und dem Illarm bei Bruckmättel.	Erstein.	800
"	Der ehemalige Hauptarm der Ill oberhalb der Nordhauser Illbrücke von der Abzweigung aus dem jetzigen Hauptarm abwärts.	Nordhausen.	400
"	Der Plobsheimer Mühlgießen am Illhochwasserdamm bis zu der rund 200 m abwärts auf dem rechten Ufer gelegenen Waldgrenze.	Plobsheim.	200
"	Die Einbuchtung auf dem linksseitigen Illufer bei km 18 genannt „Murschaueck" in ihrer ganzen Ausdehnung.	Eschau.	200
"	Hauptarm der Ill von einem 200 m unterhalb der Banngrenze Hipsheim-Eschau gelegenen Punkte auf 100 m.	"	100
"	Die Klein-Ill (auch genannt „Im alten Schwoog") von der Einmündung in den Haupt-Illarm an 500 m aufwärts.	Hipsheim und Eschau.	500
"	Der Haupt-Illarm 250 m oberhalb der Zollbrücke in Grafenstaden bis zur Einmündung der Ehn einschließlich der Nebenarme und der Bucht genannt „Wolfssee".	Geispolsheim und Illkirch-Grafenstaden.	500

Laufende Nr.	Bezeichnung des Wasserlaufs.	Grenzen der Laich- und Hegeplätze.	Gemeinde.	Ungefähre Länge der Laich- u. Hegeplätze Meter
23	Ill	Der linksseitige Illarm längs der Fischerinsel und der Verbindungsgraben zwischen diesem und dem Hauptarm.	Ostwald.	4
24	"	Die alte Breusch von der Ill aufwärts in ihrer ganzen Ausdehnung.	Straßburg.	3
25	Krummer Rhein (Nebenarm der Ill).	Der Krumme Rhein von der Staatsstraße Straßburg-Basel abwärts bis zu einem 500 m oberhalb der ehemaligen Kehler Eisenbahnbrücke gelegenen Punkte einschließlich aller Nebenarme auf dieser Strecke.	"	9
26	Kanalisierte Ill, Mühlkanäle und Stadtgrabenkanal.	Von der Fortifikationsschleuse Nr. 113 (Rechen)	"	
		a) bis 30 m unterhalb Schleuse Nr. 86bis im Pflanzbad;	"	5
		b) bis desgleichen den Stauwerk-Anlagen der Triebwerke am Mühlengraben;	"	3
		c) bis zur Weißturmstraßenbrücke.	"	3
27	Kanalisiert. Ill und Stadtgrabenkanal.	Das Becken begrenzt durch die Brücke im Zuge der Pioniergasse, die Wilhelmerbrücke und die Königsbrücke.	"	3
28	Kanalisierte Ill, Rhein-Marne- u. Ill-Rheinkanal.	Der Flußlauf und das Becken begrenzt durch die eiserne Fußgängerbrücke am Illtor, die Drehbrücke am Wacken, die Drehbrücke am Ruprechtsauertor und das Ruprechtsauer Nadelwehr.	"	9
29	Abzweigung aus der kanalisierten Ill unterhalb Straßburg.	a) das alte Illbett von dem Wallgraben am Illtor bis zur Klappbrücke unterhalb der Schiffswerft;	"	7
		b) Blutgießen von der Aar bis zur alten Ill.	"	1
30	Ill-Rheinkanal.	a) Ill-Rhein-Bassin (alter Floßhafen) oberhalb Schleuse 88 des Ill-Rhein-Kanals;	Neudorf.	2
		b) Ill-Rhein-Kanal von der Drehbrücke am Ruprechtsauertore zu den Rheinschleusen.	Ruprechtsau.	1 57

Bezeichnung des Wasserlaufs.	Grenzen der Laich- und Hegeplätze.	Gemeinde.	Ungefähre Länge der Laich- u. Hegeplätze. Meter.
Breuschkanal.	Speisungsrigole vor Kolbsheim vom Kolbsheimer Wehr bis zum Breuschkanal.	Kolbsheim.	550
Rhein-Rhone-Kanal.	Von Schleuse Nr. 79 bis zur Schleuse 80 des Rhein-Rhone-Kanals.	Erstein.	625
Rhein-Marne-Kanal.	Kanalstrecke im Brumatherwald zwischen km 12,5 und 17,00.	Eckwersheim, Brumath, Donnenheim, Wingersheim.	4 500
Ill.	Das Schonrevier „Oberer Steingießen" umfaßt den Steingießen von seiner Abzweigung aus der Ill bei Fuchs am Buckel bis zum Hauptrheindamm Gruppe IV mit seinem Seitenarm genannt „Alter Steingießen oder Hellwasser" und dessen Abzweigung genannt „Fluth".	Straßburg.	4 500
"	Das Schonrevier „Alte Ill" wird begrenzt illaufwärts durch eine über den Landesgrenzrückmarkstein W. R. M. 88 (landseitig vom Hauptrheindamm Gruppe V bei km 4,968) nach dem linken Ufer der Ill unmittelbar oberhalb der ehemaligen Abzweigung der „Alten Ill" ziehende gerade Linie, von hier ab illwärts durch das linke Ufer der Ill bis zum Schnitt mit dem Heckenwörtdamm illabwärts durch den Heckenwörtdamm, landwärts durch den Hauptrheindamm Gruppe V aufwärts bis zu km 4,968 (nahe dem Landesgrenzrückmarkstein W. R. M. 88).	Wanzenau.	2 500
Lauter.	Die Strecke der alten Lauter bei Weißenburg von der ehemaligen Militärschleuse Nr. 18 bis an das Hagenauer Tor.	Weißenburg.	800
Saar.	Von 200 m oberhalb der Pisdorfer Mühle auf eine Länge von 800 m stromaufwärts.	Wolfskirchen u. Diedendorf.	800

Laufende Nr.	Bezeichnung des Wasserlaufs.	Grenzen der Laich- und Hegeplätze.	Gemeinde.	Ung fäh Län de Lai u.He plät Met
38	Saar.	Von 200 m oberhalb der Keskasteler Mühle auf eine Länge von 800 m stromaufwärts.	Schopperten u. Harskirchen.	8
		C. Bezirk Lothringen.		
1	Rhein-Marne-Kanal (Scheitelstrecke der Vogesen).	Vom westlichen Eingang des kleinen Tunnels bis zum östlichen Eingang des großen Tunnels.	Niederweiler.	3 8
2	Zum Rhein-Marne-Kanal gehöriger Weiher.	Weiher von Gondrexange. Südlicher Teil. Der westlich der Bucht von Rixingen liegende Graben mit den Buchten Jacob, Joujou und Wenger von km 87,150 bis km 87,430.	Gondrexange.	—
3	"	Nördlicher Teil. Die nördlich der Schleuse Murot gelegene Bucht Pferdematt.	"	—
4	"	Weiher von Rixingen. Der Wildschweinbach vom 2. Stauwerk mit doppeltem Fall bis zum Einfluß des Baches in den Weiher. Dieser Punkt wird jeweils durch das Zusammentreffen des Bachwassers mit dem Wasser des Weihers bestimmt, gleichviel, in welchem Niveau sich letzterer befindet.	Rixingen.	—
5	Saar.	Von der Brücke bei Cubulot bis 100 m unterhalb derselben (Rote Saar).	Wasperweiler und Nitting.	1
6	"	Von 200 m oberhalb der früheren Nittinger Mühle bis zu dieser Mühle (Rote Saar).	Nitting.	2
7	"	Von der Guinguette-Mühle bis 200 m unterhalb derselben (Weiße Saar).	Lörchingen.	2

Bezeichnung des Wasserlaufs.	Grenzen der Laich- und Hegeplätze.	Gemeinde.	Ungefähre Länge der Laich- u. Hegeplätze. Meter.
Saar.	Von dem Unterhaupt des Kanalaquädukts über die Saar bei Hessen bis zum Oberhaupt der Eisenbahnbrücke daselbst.	Hessen.	80
"	Vom Wehr der Hofer Mühle ab bis 200 m unterhalb derselben.	Hof.	200
"	Vom Wehr der Mühle von Finstingen ab bis 200 m unter der Mühle.	Finstingen.	200
"	Von der sogenannten Binsfurt gegenüber km $47_{,55}$ des Saarkohlenkanals bis km $47_{,80}$.	Herbitzheim.	250
"	Vom Wehr der Diedinger Mühle bis 600 m unterhalb dieser Mühle.	Settingen.	700
"	Vom Wehr der Saareinsminger Mühle bis zum Anfange des Zuleitungsgrabens der Remelfinger Mühle.	Saareinsmingen und Remelfingen.	500
"	Linksseitige Hälfte der Strecke von km $68_{,45}$ bis km $68_{,55}$ der kanalisierten Saar.	Großblittersdorf.	100
"	Die linksseitige Flußhälfte der Saar vom Wehrrücken am Wehre zu Blittersdorf abwärts bis zum Ende der Zunge am Schleusenunterhaupte daselbst.	"	1 200
Saarkohlenkanal.	Die Strecke von km $11_{,004}$ bis $11_{,570}$ III. Haltung des Saarkohlenkanals nebst dem linksseitigen Regulierbecken.	Bisping.	566
Mosel.	Fortifikationskanal von Diedenhofen in seiner ganzen Länge.	Diedenhofen.	2 000
"	Schiffbarer Moselarm vom Hektometerstein 7 in der Nähe der Esplanadentreppe bis 30 m unterhalb der Mittelbrücke.	Metz.	380

Verordnung
betreffend das Verbot des Krebsfanges.

(Zentral- und Bezirks-Amtsblatt 1910 A 127.)

Auf Grund des § 31 des Gesetzes, betreffend die Fischerei vom 2. Juli 1891 (Gesetzblatt für Elsaß-Lothringen Seite 69) und des Artikels 3 Absatz 10 der Verordnung vom 28. April 1892, betreffend die Fischerei (Zentral- und Bezirksamtsblatt A. Seite 221), wird bestimmt was folgt:

In den im nachstehenden Verzeichnisse aufgeführten Wasserläufen Elsaß-Lothringens ist das Fangen von Krebsen für den Zeitraum vom 1. Mai d. Js. ab bis zum 30. April 1913 einschließlich unbedingt verboten.

Straßburg, den 26. April 1910.

Ministerium für Elsaß-Lothringen.
Abteilung für Landwirtschaft und öffentliche Arbeiten.

Der Ministerialdirektor
IV. 7458 I. Fecht.

Verzeichnis
der Wasserläufe, in welchen der Krebsfang verboten ist.

A. Bezirk Ober-Elsaß.

I. Bassin des Rheins.

Augraben von der Brücke unterhalb St. Ludwig bis zur Mündung in den Rhein; Birseckbach bei Leimen von der Steinmühle bis zur Neumühle, Lörtzbach bei Niederhagenthal bis zur Schönbuch-Mühle; den Mühlbach von der Brücke im Wege von Obersteinbrunn nach Rantsweiler abwärts bis zur Brücke in der Straße von Dietweiler nach Eschenzweiler; Grüngießen bei Vogelgrün und Biesheim und dessen kleinere Zuflüsse; Tierlachgraben von Balgau bis Volgelsheim; Juchert; Rhein-Rhône-Kanal von Illfurt bis Napoleonsinsel.

II. Bassin der Ill.

Ill bis zum Modenheimer Wehr bei Mülhausen und von Horburg bis zur Grenze des Bezirks Ober-Elsaß; Lutterbach bei

Lutter entspringend; Bruchwasserbach bei Wolschweiler entspringend; Luppach; Riespach bei Pfirt entspringend; Feldbach von Feldbach, Heimersdorf bis zur Mündung in die Ill bei Hirsingen; Hirzbach bei Bisel entspringend; Krebsbach bei Carspach von der Quelle bis zur Mündung in die Ill; Thalbach von Knöringen bis zur Mündung in die Ill bei Walheim; Orch von Holzweier bis Illhäusern; Blind von Widensolen bis zur Grenze des Bezirks Ober-Elsaß.

III. Bassin der Larg.

Larg von Oberlarg bis zur Mündung in die Ill bei Illfurt; kleine Larg bei Mörnach entspringend; mittlere Larg aus zwei Quellbächen bei Bendorf und Liebsdorf entspringend, in ihrem oberen Lauf auch Grumbach genannt; Rosersbach bei Pfetterhausen entspringend; Speisungskanal der Larg; Lutter; Schwarzwasser oder Schwarzbach; Elbbächlein von Ellbach bis zur Mündung in die Larg; Traubach; Sulzbach; Krebsbach zwischen Ammerzweiler und Niederspechbach; Rhein-Rhone-Kanal von Altmünsterol bis Illfurt.

IV. Bassin der Doller.

Doller von Sewen bis Schweighausen; Burbach von Oberburbach bis zur Mündung in die Doller.

V. Bassin der Thur.

Thur von Felleringen bis Ensisheim; Nebengewässer der Thur, insbesondere der Weißbach und Rennerbach, wie überhaupt die Bäche, welche von Goldbach und Altenbach kommen und bei Weiler in die Thur münden; Zwölfmühlenkanal.

VI. Bassin der Lauch.

Lauch von Merxheim bis Hattstatt, Thurarm oberhalb Rufach in die Lauch mündend; Ohmbach.

VII. Bassin der Fecht.

Fecht von Münster bis zu ihrer Einmündung in die Ill bei Illhäusern; Krebsbach bei Weiher im Tal in die Fecht einmündend; Weiß von Kaysersberg bis zu ihrer Einmündung in die Fecht.

B. Bezirk Unter-Elsaß.

I. Bassin der Ill.

Ill mit allen Nebenarmen und dem Ersteiner Hochwasserkanal; Brunnwasser; Untermitteln; Blind; Kestenholzer Kanal; Altill;

Gerstheimer Illspeisekanal; Krummer Rhein mit allen Nebenarmen; Scheidbach und Bannscheidgraben (Ostwaldbach); Zembs; Aar; im Brunnwasser des Steingießens im Bann Struaßburg.

II. Bassin der Breusch.

Breusch und deren Zuflüsse im Kreise Molsheim; Altdorfarm; Mossig und deren Zuflüsse; Breuschkanal.

III. Bassin der Suffel.

Suffel; Avenheimerbach; Kolbsenbach; Landgraben; Mühlbach (auch Neubächel genannt) im Landkreis Straßburg.

IV. Bassin der Zorn.

Zorn; Zinsel; Mosselbach; Lehmbach; Rohrbach; Gutleutbach; Landgraben (Minwersheimerbach)); Rhein-Marne-Kanal.

V. Bassin der Moder.

Moder; Rotbach; Zinsel; Falkensteinbach; Schwarzbach; Rotgraben; Holderbächel; Massenbächel; Fischbächel; Nonnentalbächel; Niederbächel; Obermattgraben.

VI. Bassin der Sauer.

Sauer; Halbmühlbach; Eberbach; Brumbach; Fallgraben oder Hußbach; Steinbach; Heimbach; Wolfs- oder Schmelzbach und Sulzbächel.

VII. Bassin der Saar.

Saar; Eichel; Spiegelbach bnd Ischbach.

VIII. Bassin der Selz.

Selz; Werschbach; Hansauerbach; Wingenbach; Seebach und Fröschweilerbach.

IX. Bassin der Lauter.

Lauter; Harbach.

X. Bassin des Gießen.

Gießen mit sämtlichen Zuflüssen im Kanton Weiler; Leber; Leberkanal; Urbeiser Gießen; Luttenbach.

XI. Bassin der Andlau.

Andlau; Kirneck; Dachsbach; Scheer; Scheernetz.

XII. Bassin des Rheins.

Lachter; Alt-Ischert; Lutter; Krafft; Rhein-Rhône-Kanal.

XIII. Bassin der Ehn.

Ehn; Rosenmeer; Börscherbach.

C. Bezirk Lothringen.

I. Bassin der Mosel.

Mosel von der französischen Grenze bei La Robe bis zur preußischen Grenze unterhalb Sierck; Orne; Fentsch.

II. Bassin der Saar.

Rote Saar; weiße Saar; verinigte Saar bis zur preußischen Grenze; Albe.

III. Bassin der Nied.

Die Nied von der Vereinigung der französischen und der deutschen Nied bei Contchen.

IV. Bassin der Zorn.

Zorn; Zinsel.

V. Bassin der Moder.

Zinsel; Falkensteinerbach; Schwarzbach.

Bekanntmachung.

(Zentral- und Bezirksamtsblatt 1892 A S. 287.)

Unter Bezugnahme auf die Artikel 4 und 12 der Verordnung betreffend die Fischerei, vom 28. April 1892 (Zentral- und Bezirks-Amtsblatt A Seite 221) werden als Strecken der Nebenflüsse des Rheins, welche den Durchzug der Lachse und Maifische zu den Laichstellen vermitteln, bezeichnet:

1. die Mosel, vom Eintritt über die Landesgrenze, bis zum Wiederaustritt;
2. die Ill, abwärts des Wanzenauer Wehres;

3. die Moder, abwärts der Brücke bei Fort-Louis;
4. die Sauer, abwärts der Brücke bei Selz;
5. der Geisengießen bei Plobsheim.*)

Straßburg, den 8. Juni 1892.

Ministerium für Elsaß-Lothringen.

Abteilung für Finanzen, Landwirtschaft und Domänen.
Der Unterstaatssekrentär
von Schraut.

Abteilung des Innern.
Der Unterstaatssekretär
von Köller.

III. A. 2245.
I. D. 3416.

*) Die Gießen und Altrheine und die zu diesen Wasserläufen führenden Pässe sind nicht als Nebenflüsse, sondern als Strecken des Rheins selbst anzusehen.

Bekanntmachung,
betreffend die Verunreinigung von Wasserläufen mit Fischbestand.

(Zentral- und Bezirksamtsblatt 1898 A S. 72.)

Zur Ausführung des § 29 Abs. 2 des Gesetzes, betreffend die Fischerei, vom 2. Juli 1891 wird bestimmt, was folgt:

Artikel 1.

Bei Erteilung der Genehmigung zur Abteilung der den Fischen schädlichen Stoffe und Abfälle aus Fabriken und sonstigen gewerblichen und landwirtschaftlichen Betrieben in einen Wasserlauf ist die Beobachtung folgender Maßregeln anzuordnen:

I. Die Abgänge sind vor Einleitung in den Wasserlauf je nach Erfordernis einer chemischen oder mechanischen Reinigung oder einer Verdünnung mit reinerem Wasser oder einer Abkühlung zu unterwerfen.

Dies ist insbesondere dringend notwendig:

a) bei Flüssigkeiten, in denen mehr als 10% suspendierte und gelöste Substanzen enthalten sind;

b) bei Abwässern, die feste, fäulnisfähige Substanzen, namentlich Pflanzenfasern, Sägemehl, Kotballen enthalten;

c) bei Dämpfen und Flüssigkeiten, deren Temperatur 50 Zentigrade übersteigt.

Als Regel ist ferner die Reinigung oder Verdünnung notwendig bei Flüssigkeiten, in denen die nachverzeichneten Substanzen einzeln oder zusammen in einem stärkeren Verhältnis als 1 : 1000 enthalten sind, nämlich Säuren, Salze schwerer Metalle, Aluminiumverbindungen, alkalische Substanzen, Arsen, Schwefelwasserstoff, schweflige Säuren sowie Salze, die schweflige Säuren bei ihrer Zersetzung liefern.

In den Rhein dürfen diese Substanzen schon bei einem Mischungsverhältnis von 1 : 200 eingeleitet werden. Auch bei der Einführung in andere Wasserläufe kann ein höheres Mischungsverhältnis bis zur Grenze von 1 : 200 zugelassen werden, wenn nach dem Gutachten des zuständigen Wasserbau- oder Meliorationsbauinspektors mit Rücksicht auf die Wasserführung bei Niederwasser sowie auf das Gefälle des Wasserlaufs ein solcher höherer Substanzgehalt als unbedenklich zu erachten ist.

II. Ferner sind unter allen Umständen von der Einleitung in einen Wasserlauf auszuschließen:

a) chlor- und chlorkalkhaltige Wasser und Abgänge der Gasanstalten und Teerdestillationen,

b) Rohpetroleum und Produkte der Petroleumdestillation.

III. Die Einleitung der Abgänge in einen Wasserlauf hat allmählich, in einer auf längere Zeitdauer sich gleichmäßig verteilenden Menge zu erfolgen, sofern von dem plötzlichen Zufluß größerer Mengen eine Gefahr für den Fischbestand zu befürchten ist.

IV. Die Einleitung der Abgänge in einen Wasserlauf hat mittels Röhren oder Kanälen stattzufinden, sofern dies nach der Beschaffenheit des Wasserlaufes angängig ist. Die Röhren oder Kanäle müssen bis in den Talweg oder die Mitte des Wasserlaufs reichen und unter Niederwasser ausmünden. Dieselben sind so anzulegen, daß eine Verunreinigung des Ufers vermieden wird.

Artikel 2.

Die Bekanntmachung betreffend die Verunreinigung von Wasserläufen mit Fischbestand, vom 27. Juli 1892 (Zentral- und Bezirks-Amtsblatt S. 348) wird aufgehoben.

Straßburg, den 12. Dezember 1897.

Ministerium für Elsaß-Lothringen.
Abteilung für Landwirtschaft und öffentliche Arbeiten.

Der Unterstaatssekretär
Zorn von Bulach.

Abteilung des Innern.
Der Unterstaatssekretär
Im Auftrage
Harff.

Abteilung für Finanzen,
Landwirtschaft und Domänen.
Der Unterstaatssekretär
von Schraut.

I. A. 12733, III. 11348, IV. 10522.

I. Die Bekanntmachung bezweckt lediglich den Schutz des Fischbestandes. Maßnahmen, welche zur Reinhaltung der Wasserläufe im Interesse der Gesundheit, der Landwirtschaft und Industrie erforderlich werden, sind von ihr völlig unabhängig. Solche Maßnahmen sind gegebenenfalls auf Grund des § 1 Abs. 2

des Gesetzes v. 2. Juli 1891 betreffend Wassernutzung und Wasserschutz zu treffen, wobei die Anordnungen zum Schutze des Fischbestandes allerdings die tatsächliche, je nach Erfordernis zu ergänzende Grundlage bilden können.

Es läßt sich nur eine allgemein bindende obere Grenze für die Zulässigkeit der Verunreinigung feststellen, und in jedem einzelnen Falle muß der Bezirkspräsident prüfen, inwieweit die besonderen Verhältnisse des betreffenden Wasserlaufs ein Heruntergehen unter dieselbe erforderlich erscheinen lassen. Man muß jedenfalls die Hoch- und die Niederwasserzeit unterscheiden. Der Niederwasserstand ist nicht immer ein Wintervorkommnis, bei den Vogesenbächen vielmehr gerade Sommererscheinung, und hierbei ist besonders zu beachten, daß in dieser Jahreszeit das Wasser noch dazu warm und luftarm ist, was bei dem Niederwasserstand des Winters nicht zutrifft.

Ein bedeutsames Moment ist auch das, ob die betreffenden Mischungen in längeren oder kürzeren Zwischenräumen aufeinanderfolgen; der Bezirkspräsident hat es in der Hand, die zeitlichen Zwischenräume zwischen den verschiedenen Zuleitungen, aber auch das räumliche Ausmaß derselben zu bestimmen; dies gilt namentlich auch für erhitztes Wasser. Die Anlage von verschiedenen, der Höhenlage nach gestaffelten Klärbassins verspricht nur dann Erfolg, wenn das Wasser in den einzelnen Bassins längere Zeit aufgehalten wird.

Bei dem Erlaß der Min. Ver. v. 27. Juli 1892 (Zentrbl. S. 348) herrschten Zweifel darüber, ob der bei der Einleitung in den Wasserlauf oder der nach dem Zufluß der Abwässer hervorgerufene Zustand des Wasserlaufes als maßgeblich für das Mischungsverhältnis zugrunde gelegt werden sollte. Richtig ist an sich, daß das vorgeschriebene Mischungsverhältnis sich nicht auf die aus der Fabrik abgehenden Abwässer, sondern auf das Wasser des Flusses selbst beziehen soll, in welchen die Abwässer eingelassen werden, da es bei dem Zweck der fraglichen Bestimmung offenbar nur auf den Grad der Verunreinigung des öffentlichen Wasserlaufes selbst ankommt. Bei der schließlich vereinbarten Fassung ist aber der erstgenannte Zeitpunkt für maßgebend erachtet worden, da es unmöglich erschien, den Wasserstand allgemein so zu bezeichnen, wie er bei Festsetzung des Mischungsverhältnisses im Wasserlauf selbst hätte zugrunde gelegt werden müssen. Der Vorschlag, den mittleren Sommer- oder Winterwasserstand als maßgebend zu bezeichnen, wurde verworfen, weil er nicht überall zur Anwendung geeignet erschien.

Schließlich war auch die Erwägung maßgebend, daß die Festsetzung des Mischungsverhältnisses an der Abflußstelle leichter möglich ist als im Wasserlauf selbst nach erfolgtem Einlaufen. So ist die Entscheidung in die Hand des Bezirkspräsidenten gelegt und ihm nur eine Grenze gesetzt worden, die er bei der Genehmigung des Abflusses unter allen Umständen zu beachten hat.

Wasserläufe, die die Zuleitung von Abfallstoffen unter allen Umständen vertragen, dürften, abgesehen vom Rhein, in Elsaß-Lothringen überhaupt nicht vorkommen. Im übrigen wird es vielfach auf die Art des Gewerbebetriebs und darauf ankommen, ob er an wasserreichen liegt (z. B. Gerbereien).

II. 1. Der Art. 1 Ziff. I Satz 1 der Bekanntmachung enthält die Regel; es wird daher in jedem Einzelfall sorgfältig zu prüfen sein, ob Abweichungen hiervon zuzulassen sind, namentlich bei den in der früheren Bekanntmachung von 1892 erwähnten, in die neue Bekanntmachung nicht mehr aufgenommenen Magnesium-, Natrium- und Calciumverbindungen.

2. Auch bei der in Ziff. I letzter Satz vorgesehenen ausnahmsweisen Zulassung eines größeren als des regelmäßigen Mischungsverhältnisses bei der Einleitung von Abwässern in andere Flüsse als den Rhein müssen alle in Betracht kommenden besonderen Umstände des Einzelfalles genau geprüft werden, z. B. ob die Wasserführung des Flusses bei Niederwasser an sich genügt, um eine entsprechende Verdünnung der zugeleiteten Wasser bewirken zu können. Als maßgebende Momente für die Zulässigkeit einer bestimmten Mischung in solchen Fällen kommen alsdann in Betracht, einmal, wie lange das Niederwasser in normalen Jahrgängen anzuhalten pflegt und ferner, ob das Gefälle des Flusses hinreicht, um, sei es durch die natürliche Geschwindigkeit des Wassers oder auf Strecken mit Stauanlagen durch die Kraftmaschine der Triebwerke die Mischung herbeizuführen.

3. Die Stärke und die Dauer des Niederwassers sind, soweit möglich, durch die vorhandenen Wassermessungen und Pegelbeobachtungen oder durch Erhebungen an bestehenden Kraftwerken, beim Fehlen dieser Grundlagen durch Vergleichung mit benachbarten Wasserläufen von ähnlichen Verhältnissen oder durch Berechnungen aus dem Niederschlagsgebiet und den Regenmengen zu ermitteln.

Verordnung,
betreffend die Bildung von Fischereigenossenschaften.

(Zentral- und Bezirksamtsblatt 1892 A S. 343.)

Zur Ausführung der §§ 14 bis 17 des Gesetzes, betreffend die Fischerei, vom 2. Juli 1891 (Gesetzblatt S. 69), wird bestimmt, was folgt:

I. Bildung autorisierter Genossenschaften.
(§§ 14, 16 und 17 des Gesetzes.)

Artikel 1.

Das Verfahren zur Bildung autorisierter Genossenschaften nach Maßgbae des § 14 des Gesetzes wird von dem Kreisdirektor im Benehmen mit dem Meliorationsbauinspektor auf Antrag von Beteiligten oder von Amtswegen eingeleitet.

Artikel 2.

Der Kreisdirektor verordnet zunächst die öffentliche Prüfung des beabsichtigten Unternehmens (Enquete).

Zu diesem Zwecke sind auf dem Bürgermeisteramte der Gemeinde, auf deren Bezirk sich die Genossenschaft erstrecken soll, oder, wenn dieselbe sich auf die Bezirke mehrerer Gemeinden erstreckt, auf dem Bürgermeisteramte einer der beteiligten Gemeinden nach Wahl des Kreisdirektors während eines Zeitraumes von 10 Tagen offen zu legen:

1. ein Verzeichnis der beteiligten Fischereiberechtigten mit Angabe der Grundstücke nach Katasternummern und Uferlänge, mit welchen jeder einzelne beteiligt ist, soweit nötig unter Beilage eines Planes oder Handrisses;
2. der Entwurf der Genossenschaftssatzungen.

Auf den Bürgermeisterämtern aller übrigen Gemeinden, auf deren Bezirk sich die Genossenschaft erstrecken soll, ist während eines Zeitraumes von 10 Tagen Abschrift des Entwurfes der Genossenschaftssatzungen offen zu legen.

Artikel 3.

Der Entwurf der Genossenschaftssatzungen hat anzugeben:

1. Zweck, Namen und Sitz der Genossenschaft;
2. eine Bestimmung über die Verwendung der Einkünfte aus der gemeinschaftlichen Fischereinutzung, insbesondere darüber, ob und inwieweit dieselben in die Gemeindekasse fließen, oder nach welchem Maßstab sie verteilt werden sollen;
3. die Zahl der Vorstandsmitglieder und die erforderlichen Bestimmungen über die Wahl derselben;
4. die Bestimungen über die Wahl des Vorsitzenden und die Geschäftsordnung des Vorstandes;
5. die Befugnisse des Vorstandes;
6. die Grundsätze über die Berufung und Zusammensetzung der Generalversammlung und die über die Bemessung des Stimmrechts der Genossenschaftsmitglieder bei der Generalversammlung; ferner die Angabe des Mindestbetrages der Uferlänge oder des sonstigen Maßstabes für das Interesse, von welchem das Stimmrecht abhängig gemacht wird, und des Höchstbetrages der einem einzelnen Beteiligten zukommenden Stimmen;
7. die Bestimmungen über Zulässigkeit von Änderungen der Genossenschaftssatzungen;
8. die Bestimmungen über das Verfahren bei etwaiger Auflösung der Genossenschaft.

Artikel 4.

Die Offenlegung ist in jeder der beteiligten Gemeinden in ortsüblicher Weise bekannt zu geben.

Die zehntägige Frist (Art. 2) wird erst vom Tage der Bekanntmachung an gezählt.

Artikel 5.

Während der Dauer der Offenlegung können alle an dem Unternehmen unmittelbar oder mittelbar beteiligten Personen auf dem Bürgermeisteramt einer jeden Gemeinde schriftlich Erklärungen abgeben.

Artikel 6.

Nach Ablauf der zehntätigen Frist übersenden die Bürgermeister die offengelegten Schriftstücke nebst den abgegebenen Erklärungen unter Beurkundung der in Artikel 4 vorgesehenen Förmlichkeiten an den Kreisdirektor.

Artikel 7.

Auf Antrag des Kreisdirektors beraumt der Bezirkspräsident hierauf Termin zur Vornahme der Abstimmung der Beteiligten nach Anhörung des Meliorationsbauinspektors an.

Zeit und Ort der Abstimmung ist in den sämtlichen beteiligten Gemeinden in ortsüblicher Weise bekannt zu geben. Außerdem ist jeder beteiligte Ufereigentümer wenigstens eine Woche vor dem Abstimmungstermine persönlich zur Teilnahme an der Abstimmung mit dem Bemerken zu laden, daß er im Falle des Nichterscheinens oder Nichtabstimmens als der Errichtung der Genossenschaft zustimmend angesehen werde.

Die Zustellung der Ladung erfolgt an die Beteiligten mittels Abgabe des Benachrichtigungsschreibens in der Wohnung derselben oder an einen etwa vorhandenen Bevollmächtigten oder an den Pächter oder Verwalter des für die Fischereiberechtigung in Betracht kommenden Grundstücks. Die Zustellung genügt bei Miteigentümern, Mitnutznießern, Mitpächtern und Mitverwaltern an einen derselben.

Ist die Zustellung in dieser Weise nicht ausführbar, so erfolgt sie durch Niederlegung des Benachrichtigungsschreibens auf dem Bürgermeisteramte der Gemeinde, in welcher das für die Fischereiberechtigung in Betracht kommende Grundstück belegen ist.

Artikel 8.

Die Abstimmungsverhandlungen finden, falls mehrere Gemeinden in Betracht kommen, in derjenigen Gemeinde statt, in welcher das Verzeichnis der Fischereiberechtigten ausgelegen hat (Artikel 2 Ziffer 1).

Die Abstimmung wird durch den Bürgermeister der betreffenden Gemeinde oder einen auf Antrag des Kreisdirektors vom Bezirkspräsidenten zu bezeichnenden Vorsitzenden geleitet. Das Ergebnis der Abstimmung ist zu beurkunden. Die sämtlichen Verhandlungen sind alsdann dem Kreisdirektor zu übersenden, welcher sie, mit seinem Gutachten versehen, dem Bezirkspräsidenten vorlegt.

Artikel 9.

Ordnet der Bezirkspräsident die Vereinigung der Fischereiberechtigten zu einer autorisierten Genossenschaft an, so hat er für die Bekanntmachung des Beschlusses nach Maßgabe des Artikels 12 Absatz 2 des Gesetzes vom 21. Juni 1865, betreffend die Syndikatsgenossenschaften, Sorge zu tragen und nach Ablauf der Einspruchsfrist (§ 13 des Gesetzes vom 21. Juni 1865) und nach Erledigung der etwa erhobenen Einsprüche die Generalversammlung der Beteiligten zur Wahl der Vorstandsmitglieder (§ 22 des Gesetzes vom 21. Juni 1865) einzuberufen.

Artikel 10.

Die in dieser Verordnung dem Kreisdirektor übertragenen Befugnisse werden für die Städte Straßburg und Metz durch den Bezirkspräsidenten wahrgenommen.

II. Bildung von Genossenschaften durch Beschluß des Gemeinderats (§ 15 des Gesetzes).

Artikel 11.

Bei der Bildung von Fischereigenossenschaften durch Beschluß des Gemeinderats tritt an Stelle des unter Abschnitt I bezeichneten Verfahrens die Vernehmung eines unter der Leitung des Bürgermeisters von den Fischereiberechtigten der Gemeinde aus ihrer Mitte zu wählenden Ausschusses von fünf Mitgliedern.

Artikel 12.

Die Satzungen der Genossenschaft werden durch Gemeinderatsbeschluß festgesetzt.

Straßburg, den 31. Juli 1892.

Ministerium für Elsaß-Lothringen.
Abteilung für Finanzen, Landwirtschaft und Domänen.
Der Unterstaatsekretär
von Schraut.

III. A. 2500.

Verordnung,

betreffend

die Anbringung von Kennzeichen an den dem Fischfange dienenden Fischerfahrzeugen, Kähnen, Nachen u. Fischkästen.

(Zentral- und Bezirksamtsblatt A 1892 S. 333.)

Auf Grund des § 36 des Gesetzes, betreffend die Fischerei, vom 2. Juli 1891 (Gesetzblatt S. 69), verordne ich für den Bezirk Lothringen, was folgt:

§ 1

Die Fischerfahrzeuge, Kähne und Nachen müssen am Vorderende auf der rechten und am Hinterende auf der linken Seite Namen und Wohnort des Eigentümers in deutlicher, weithin lesbarer Schrift in schwarzer Farbe auf weißem Grunde tragen. Daneben ist, sofern ein Fischer im Besitze mehrerer Fischerfahrzeuge, Kähne oder Nachen sich befindet, die laufende Nummer derselben anzubringen.

Die einzelnen Buchstaben und Zahlen müssen mindestens 10 cm Höhe und die Hauptzüge derselben mindestens 1 cm Breite haben.

§ 2.

Die Fischkästen sind auf der oberen Fläche mit einer Metallplatte zu versehen, auf welcher Name und Wohnort des Eigentümers in Buchstaben von mindestens 15 mm Höhe und 2 mm Breite in den Hauptzügen, deutlich lesbar, hohl eingraviert oder eingepreßt sind.

§ 3.

Gegenwärtige Verordnung tritt sofort in Kraft.

§ 4.

Zuwiderhandlungen gegen diese Verordnung werden nach Maßgabe des §41 des Fischereigesetzes vom 2. Juli 1891 bestraft.

Metz, den 29. Juni 1892.

Der Bezirkspräsident.

VI. 2493. I. A.: Frhr. von Kramer.

Verordnung,
betreffend die Kennzeichnung der Fischerfahrzeuge.
(Zentral- und Bezirksamtsblatt 1892 A S. 336.)

Auf Grund der §§ 36 und 41 des Gesetzes vom 2. Juli 1891, betreffend die Fischerei, bestimme ich, was folgt:

Artikel 1.

An den ohne Beisein des Fischers zum Fischfang ausliegenden Fischerfahrzeugen, Kähnen, Nachen und Fischkästen ist zur Kennzeichnung an einer in die Augen fallenden Stelle ein Blechschild von wenigstens 12 cm Höhe und 20 cm Breite anzubringen, welches in Ölfarbe mit schwarzen Buchstaben auf weißem Grunde den Namen und Wohnort des Fischers, sowie die Bezeichnung des Fischereiloses enthält. Bei Fischkästen ist das Schild auf dem Deckel zu befestigen.

Artikel 2.

Bei Genossenschaften gilt vorstehende Bestimmung für das genossenschaftliche Fischereigebiet nur dann, wenn in den Genossenschaftssatzungen keine anderweiten Bestimmungen darüber getroffen sind.

Artikel 3.

Wer vorstehender Bestimmung zuwiderhandelt, wird in Gemäßheit des § 41 des Fischereigesetzes bestraft.

Straßburg, den 12. Juli 1892.

Der Bezirkspräsident

I. 4758. Frhr. von Freyberg.

Polizeiverordnung.

(Zentral- und Bezirksamtsblatt A 1892 S. 345.)

Auf Grund des § 36 des Gesetzes, betreffend die Fischerei, vom 2. Juli 1891 (Gesetzbl. S. 69) verordne ich für den Bezirk Ober-Elsaß, was folgt:

§ 1.

Die ohne Beisein des Fischers zum Fischfang ausliegenden Fischerfahrzeuge, Kähne und Nachen müssen am Vorderende auf der rechten und am Hinterende auf der linken Seite in Ölfarbe auf weißem Grunde in schwarzer Schrift den Namen und Wohnort des Eigentümers sowie gegebenen Falles die Bezeichnung des Fischereiloses tragen. Mehrere im Besitze desselben Fischers befindliche Fischerfahrzeuge, Kähne oder Nachen sind außerdem mit der laufenden Nummer derselben zu versehen.

Die einzelnen Buchstaben und Zahlen müssen mindestens 10 cm Höhe und die Hauptzüge derselben mindestens 1 cm Breite haben.

§ 2.

Die Fischkästen sind mit einem gleichen, aber auf dem oberen Teile (Deckel) befestigten Schilde zu versehen.

§ 3.

Für den Rheinschiffahrtsverkehr bleiben bezüglich der kleineren Fahrzeuge, soweit solche nicht zu den in § 1 dieser Verordnung genannten gehören, die Bestimmungen der Polizeiverordnung vom 27. Januar 1878 II 132 (Amtsblatt für den Bezirk Ober-Elsaß S. 25) in Geltung.

§ 4.

Gegenwärtige Verordnung tritt sofort in Kraft.

§ 5.

Zuwiderhandlungen gegen diese Verordnung werden nach Maßgabe des § 41 des Gesetzes, betreffend die Fischerei, vom 2. Juli 1891 bestraft.

Colmar, den 23. Juli 1892.

Der Bezirkspräsident

III. 5205. **von Jordan.**

Vertrag

zwischen Deutschland, den Niederlanden und der Schweiz, betreffend die Regelung der Lachsfischerei im Stromgebiete des Rheins. Vom 30. Juni 1885.

(Reichsgesetzblatt 1886 S. 192 ff.)

Seine Majestät der Deutsche Kaiser, König von Preußen, mit Zustimmung Seiner Majestät des Königs von Bayern, Seiner Majestät des Königs von Württemberg, Seiner Königlichen Hoheit des Großherzogs von Baden, Seiner Königlichen Hoheit des Großherzogs von Hessen und bei Rhein und Seiner Königlichen Hoheit des Großherzogs von Oldenburg, sowie Seine Majestät der König der Niederlande und der Bundesrat der Schweizerischen Eidgenossenschaft, von dem Wunsche geleitet, zur Hebung des Lachsbestandes die Lachsfischerei im Stromgebiet des Rheins einheitlich zu regeln, haben zur Vereinbarung eines hierüber abzuschließenden Vertrags zu Bevollmächtigten ernannt:

Seine Majestät der Deutsche Kaiser, König von Preußen:

den Herrn Eduard Marcard, Allerhöchstihren Unterstaatssekretär und Wirklichen Geheimen Rat,

Seine Majestät der König der Niederlande:

Jonkher Dr. Frederik Philippe van der Hoeven, Allerhöchstihren außerordentlichen Gesandten und bevollmächtigten Minister bei Seiner Majestät dem Deutschen Kaiser, König von Preußen,

den Herrn Dr. Eduard Nicolaas Rahusen, Allerhöchstihren Präsidenten des Staatskollegiums für die Seefischereien

und

den Herrn Dr. Philip Adriaan Holsboer, Allerhöchstihren Direktor der Domänen im Finanzministerium,

und

der Bundesrat der Schweizerischen Eidgenossenschaft:

den Herrn Dr. Arnold Roth, Seinen außerordentlichen Gesandten und bevollmächtigten Minister

und

den Herrn Dr. Alfred de Claparède, Legationsrat, welche, nach Mitteilung und gegenseitiger Anerkennung ihrer Vollmachten, über folgende Punkte übereingekommen sind:

Artikel I.

Im Rheinstrom vom Fall bei Schaffhausen an abwärts und allen Ausflüssen desselben, durch welche Wasser von dem bei Lobith ungeteilten Rhein in das Meer abfließen kann, soll beim Fischfange weder mittels ständiger Vorrichtungen (Fischwehr, Fach, Zalmsteek), noch mittels am Ufer oder im Flußbette befestigter oder verankerter Fischereivorrichtungen (Reusen, Sperrnetze) der Stromlauf auf mehr als die Hälfte seiner Breite bei gewöhnlichem niedrigen Wasserstande in der kürzesten geraden Linie von Ufer zu Ufer gemessen, für den Zug der Wanderfische versperrt werden dürfen.

Diese Vorschrift soll auch auf die Nebenflüsse des Rheins Anwendung finden; jedoch auf diejenigen Strecken der Nebenflüsse, welche Grenzgewässer mit einem an der Übereinkunft nicht beteiligten Staate bilden, nur soweit, als in dem Nachbarlande ein gleiches Vorgehen beobachtet wird.

Die an einzelnen Nebenflüssen bestehenden ständigen Fischereivorrichtungen sollen dieser Vorschrift nicht unterliegen, wenn mit denselben eine auf dies besondere Fangmittel gerichtete Fischereiberechtigung verbunden ist.

Artikel II.

In den im Artikel I (Abs. 1) bezeichneten Strecken des Rheinstroms und in den daselbst (Abs. 2) bezeichneten Nebenflüssen des Rheins, soweit sie den Durchzug der Lachse und Maifische zu den Laichplätzen vermitteln, dürfen Treibnetze beim Fischfange nur angewendet werden, wenn sie zwischen Ober- und Unter-Simm (Ober- und Unter-Leine) nicht über 2,5 m breit sind. Einwandige Netze, welche nur zum Fange von Stör bestimmt und geeignet sind, sollen dieser Beschränkung nicht unterworfen sein.

Mehrere Treibnetze dürfen nur in einer Entfernung von einander ausgeworfen werden, welche mindestens das Doppelte der Länge des größten Netzes beträgt.

Artikel III.

Im Rheinstrom vom Fall bei Schaffhausen an abwärts, in allen Ausflüssen desselben, durch welche Wasser von dem bei Lobith ungeteilten Rhein in das Meer abfließen kann, und in allen Nebenflüssen desselben soll jede Lachsfischerei mit Zegensbetrieb alljährlich auf die Dauer von zwei Monaten verboten sein.

Die Einstellung dieser Fischereibetriebe soll umfassen:

1. auf Königlich niederländischem Gebiete die Zeit vom 16. August bis zum 15. Oktober einschließlich;
2. auf der Strecke von der niederländisch-preußischen Grenze an aufwärts die Zeit vom 27. August bis zum 26. Oktober einschließlich.

Die Regierungen der beteiligten Uferstaaten werden für ihr Gebiet feststellen, welche Fischereibetriebe dieser Vorschrift zu unterwerfen sind, und dabei Vorsorge treffen, daß nicht unter dem Vorwande der Fischerei auf andere Fischarten tatsächlich Lachsfischerei betrieben wird.

Über die getroffenen Anordnungen werden sich die Regierungen gegenseitig Mitteilung machen.

Artikel IV.

Von Basel an abwärts soll im Rheinstrom und in denjenigen Strecken seiner Nebenflüsse, welche den Durchzug der Lachse und Maifische zu den Laichstellen vermitteln, sowie in seinen im Artikel I bezeichneten Ausflüssen die Fischerei auf Lachse und Maifische mit Geräten jeder Art auf die Dauer von

24 Stunden in jeder Woche von Samstag Abend 6 Uhr bis Sonntag Abend 6 Uhr eingestellt werden.

Der Königlich niederländischen Regierung bleibt vorbehalten, für die Lachsfischerei mit Reusen (Steeckfischerei) im Flutgebiete den Beginn dieser wöchentlichen Schonzeit auf die erste tiefste Ebbe (laag water) nach Samstag Abend 6 Uhr und die Dauer der Schonzeit auf zwei Tiden festzusetzen.

Artikel V.

In denjenigen Strecken der Nebenflüsse des Rheins, in welchen sich geeignete Laichstellen für den Lachs finden, und im oberen Stromlaufe des Rheins selbst von Mannheim—Ludwigshafen an aufwärts bis zum Fall von Schaffhausen soll die Lachsfischerei während der Dauer von mindestens 6 Wochen innerhalb der Zeit vom 15. Oktober bis 31. Dezember nur mit ausdrücklicher obrigkeitlicher Genehmigung betrieben und diese nur erteilt werden dürfen, wenn die Benutzung der Fortpflanzungselemente (Roggen und Milch) der gefangenen laichreifen oder der Laichreife nahestehenden Lachse zum Zweck der künstlichen Fischzucht gesichert ist. Unter dieser Voraussetzung darf die Lachsfischerei auch während der wöchentlichen Schonzeit (Art. IV) obrigkeitlich gestattet werden.

Artikel VI.

Die Vorschriften der Artikel I bis V dieser Übereinkunft finden auf die Mosel von ihrem Austritt aus Elsaß-Lothringen bis Trier und auf alle diejenigen linksseitigen Nebenflüsse der Mosel, welche in ihrem Laufe preußisches und luxemburgisches Gebiet berühren, keine Anwendung.

Der Königlich preußischen Regierung bleibt vorbehalten, die Fischereiverhältnisse dieser Gewässer durch Verständigung mit der Großherzoglich luxemburgischen Regierung im Sinne dieser Übereinkunft zu regeln.[1])

Artikel VII.

Zur Hebung des Lachsbestandes im Rheingebiet soll darauf Bedacht genommen werden, daß

1. die natürlichen Laichplätze in den Nebenflüssen den aufsteigenden Lachsen wieder möglichst erschlossen und zugänglich gemacht werden;

---

[1]) Ist geschehen; vgl. oben Art. 4 der Ver. betr. die Fischerei Anm. S. 119.

2. die Fortpflanzungselemente (Rogen und Milch) der gefangenen Lachse möglichst zu Zwecken der künstlichen Zucht verwendet werden.

Artikel VIII.

Die Regierungen der beteiligten Uferstaaten werden für ihr Gebiet ein Mindestmaß feststellen, unter welchem Lachse weder gefangen, noch in den Verkehr gebracht werden dürfen.

Artikel IX.

Die Regierungen der beteiligten Uferstaaten werden die zum Vollzuge dieser Übereinkunft erforderlichen Vorschriften erlassen und deren Übertretung mit angemessenen Strafen bedrohen, auch das zur Handhabung dieser Vorschriften erforderliche Aufsichtspersonal bestellen.

Durch gegenwärtige Übereinkunft wird die Befugnis der einzelnen Staaten nicht ausgeschlossen, für ihre Gebiete strengere Bestimmungen zum Schutze der Fische zu treffen.

Artikel X.

Jede Regierung der beteiligten Uferstaaten wird für ihr Gebiet einen Bevollmächtigten bestellen.

Diese Bevollmächtigten werden sich die von ihren Regierungen getroffenen Anordnungen über das Fischereiwesen im Rheingebiete gegenseitig mitteilen und von Zeit zu Zeit zusammenkommen, um über die zur Förderung der Lachsfischerei im Rheingebiete zu ergreifenden Maßregeln zu beraten.

Artikel XI.

Diese Übereinkunft tritt sofort nach ihrer Ratifikation in Kraft, bleibt von diesem Tage an zehn Jahre lang in Wirksamkeit und, wenn sie nicht zwölf Monate vor diesem Zeitpunkte von einer der vertragschließenden Regierungen gekündigt worden ist, weiter von Jahr zu Jahr bis zum Ablauf eines Jahres von dem Tage an gerechnet, an welchem die eine oder andere der vertragschließenden Regierungen die Kündigung erklärt hat.

Artikel XII.

Die gegenwärtige Übereinkunft soll ratifiziert und die Auswechselung der Ratifikationen soll binnen möglichst kurzer Frist in Berlin bewirkt werden.

Zu Urkund dessen haben die Bevollmächtigten die Übereinkunft unterzeichnet und ihr Siegel beigedrückt.

So geschehen zu Berlin, am 30. Juni 1885.

(L. S.) Marcard. (L. S.) F. P. van der Hoeven.
(L. S.) A. Roth. (L. S.) E. N. Rahusen.
(L. S.) Alfred de Claparède.
(L. S.) Ph. A. Holsboer.

Das vorstehende Übereinkommen ist ratifiziert worden und die Auswechselung der Ratifikations-Urkunden hat zu Berlin am 7. Juni 1886 stattgefunden.

Schlußprotokoll.

Bei der heute stattgehabten Unterzeichnung der Übereinkunft zwischen dem Deutschen Reich, dem Königreich der Niederlande und der Schweiz über die Regelung der Lachsfischerei im Stromgebiet des Rheins wurde das Einverständnis der Bevollmächtigten sämtlicher beteiligten Uferstaaten über folgende Punkte konstatiert:

I.

Auf die in den verlassenen Nebenarmen des Rheins betriebenen Fischereien jeglicher Art sollen die Bestimmungen der Übereinkunft keine Anwendung finden, sofern diese Nebenarme nicht von beiden Seiten mit dem Hauptstrome derartig in Verbindung stehen, daß die Wanderfische jederzeit frei hindurchziehen können.

II.

Den einschränkenden Vorschriften der Artikel II und III der Übereinkunft sollen diejenigen Zug- und Treibnetzfischereien unterworfen werden, welche vorzugsweise auf den Fang von Lachsen gerichtet sind; insbesondere auch

a) die mit Treibnetzen — dreiwandigen Netzen — an bestimmten Stellen betriebenen Fischereien;
b) die in den Niederlanden mittels großer Zugnetze — einwandiger Netze — unter Anwendung von Dampf- oder Pferdekraft betriebenen sogenannten „großen Zegensfischereien“;

c) die vornehmlich auf der niederländischen und der preußischen Flußstrecke unter Anwendung von Zugnetzen — einwandigen Netzen — jedoch ohne Anwendung von Dampf oder Pferdekraft betriebenen sogenannten „Hand-Zegensfischereien".

III.

Nach Maßgabe des vorletzten Absatzes des Artikels III der Übereinkunft soll insbesondere dafür Vorsorge getroffen werden, daß während der Herbstschonzeit nicht der Fang von anderen Wanderfischen, namentlich Schnäpeln (Coregonus oxyrynchus) — holländisch Houting — zum Vorwande genommen wird, um tatsächlich Lachsfischerei zu betreiben.

IV.

Sobald der Beitritt des Großherzogtums Luxemburg zu gegenwärtiger Übereinkunft erfolgt sein wird, soll der Artikel VI der Übereinkunft außer Kraft treten.

V.

In Ausführung der Bestimmungen im Artikel V und VII der Übereinkunft werden die Regierungen der beteiligten Uferstaaten sich die Erhaltung und Vermehrung des Lachsbestandes im Rhein unter ausgiebigster Benutzung der künstlichen Fischzucht angelegen sein lassen.

VI.

Vor der Unterzeichnung der Übereinkunft und des Schlußprotokolls haben die niederländischen Bevollmächtigten ausdrücklich erklärt, daß die Übereinkunft Seiner Majestät dem Könige der Niederlande zur Ratifikation erst werde vorgelegt werden, nachdem sie von den Generalstaaten genehmigt worden.

Zu Urkund dessen haben die unterzeichneten Bevollmächtigten das gegenwärtige Protokoll, welches ohne besondere Ratifikation durch die bloße Tatsache des Austausches der Ratifikationen zu der Übereinkunft, auf die es sich bezieht, als von den betreffenden Regierungen genehmigt und bestätigt gelten soll, aufgenommen und dasselbe mit ihrer Unterschrift versehen.

So geschehen zu Berlin, den 30. Juni 1885.

(L. S.) Marcard. (L. S.) F. P. van der Hoeven.

(L. S.) A. Roth. (L. S.) E. N. Rahusen.

(L. S.) Alfred de Claparède

(L. S.) Ph. A. Holsboer.

Uebereinkunft

zwischen

Elsaß-Lothringen, Baden und der Schweiz

über

die Anwendung gleichartiger Bestimmungen für die Fischerei im Rhein und seinen Zuflüssen, einschließlich des Bodensees.

Nachdem sich die Notwendigkeit ergeben hat, die zwischen Elsaß-Lothringen, Baden und der Schweiz abgeschlossene Übereinkunft d. d. Mülhausen, den 14. Juli 1877 / Basel, den 25. März 1875 und die Nachtragsübereinkunft d. d. Colmar, den 21. September 1884, einer Durchsicht zu unterziehen, sind zu diesem Zwecke:

Seitens der Kaiserlichen Regierung von Elsaß-Lothringen:

der Ministerialrat Hugo Freiherr von Bibra;

Seitens der Großherzoglich Badischen Regierung:

der Ministerialrat Adolf Buchenberger und der Legationsrat Adolf Freiherr von Marschall;

Seitens des Schweizerischen Bundesrats:

der Oberforstinspektor Johann Coaz

zu Bevollmächtigten bestellt worden und haben unter Vorbehalt der Ratifikation folgende Übereinkunft abgeschlossen:

Artikel 1.

Beim Fischfang im Rhein und dessen Zuflüssen, soweit darin Wanderfische (Lachse und Maifische) vorkommen, ist jede ständige Fischereivorrichtung (Fischwehr, Fach) und jede am Ufer oder im Flußbett befestigte oder verankerte Vorrichtung (Reusen, Sperrnetze) verboten, welche den Wasserlauf auf mehr als die Hälfte seiner Breite, bei gewöhnlichem niedrigem Wasserstande, in der kürzesten Linie von Ufer zu Ufer gemessen, für den Zug der Wanderfische versperrt.

Die Entfernung zwischen den einzelnen Pfählen, welche die zum Lachsfange bestimmten Fischwehre (Fache) bilden, sowie zwischen den Querverbindungen dieser Pfähle, muß mindestens 10 cm im Lichten betragen.

Mehrere solcher ständiger und am Ufer oder im Flußbett befestigter oder verankerter Fischereivorrichtungen, sowie mehrere feststehende Netze dürfen gleichzeitig auf derselben Uferseite oder auf der entgegengesetzten Uferseite nur in einer Entfernung von einander angebracht sein, welche mindestens das Doppelte der Länge der betreffenden Vorrichtung beträgt. Sind die Vorrichtungen von verschiedener Länge, so ist für die betreffende Entfernung die größere Länge maßgebend.

Auf sogenannte Altrheine (Gießen) finden obige Bestimmungen keine Anwendung, insofern dieselben nicht von beiden Seiten mit dem Hauptstrom derartig in Verbindung stehen, daß die Wanderfische jederzeit frei hindurchziehen können.

Artikel 2.

Fanggeräte jeder Art und Benennung dürfen nicht angewendet werden, wenn die Öffnungen (bei Maschen in nassem Zustande) in Höhe und Breite nicht wenigstens folgende Weiten haben:

a) beim Lachsfange: Geflechte (Körbe, Reusen) und Treibnetze 6 cm, das Innere der Reusen (Reusenschlupf) 4 cm;
b) beim Fang anderer großer Fischarten 3 cm;
c) beim Fang kleiner Fischarten 2 cm.

Im Rhein zwischen Schaffhausen und Basel dürfen jedoch beim Fischfang überhaupt keine Netze verwendet werden, deren Öffnungen, gemessen wie oben angegeben, weniger als 3 cm betragen.

Bei der Kontrolle der Geflechte und Netze ist eine Abweichung von einem Zehnteil nicht zu beanstanden.

Zum Zwecke des Fangens von Futterfischen für die Fischzuchtanstalten und von Köderfischen kann von der Aufsichtsbehörde unter den geeigneten Kontrollmaßregeln der Gebrauch von Netzen mit geringerer Maschenweite gestattet werden; doch wird dadurch an den Bestimmungen über Mindestmaße (Artikel 5) und Schonzeiten (Artikel 6) der Fische nichts geändert.

Artikel 3.

Treibnetze dürfen nicht derart ausgesetzt und befestigt werden, daß sie festliegen oder hängen bleiben.

Im Rheinstrom vom Fall bei Schaffhausen an abwärts und seinen Nebenflüssen, soweit sie den Durchzug der Lachse und Maifische zu den Laichplätzen vermitteln, dürfen Treibnetze beim Fischfang nur angewendet werden, wenn sie zwischen Ober- und Unter-Ähre (Leine) nicht über 2,5 m breit sind.

Mehrere Treibnetze dürfen nur in einer Enfernung von einander ausgeworfen werden, welche mindestens das Doppelte der Länge des größten Netzes beträgt.

Sollte die am Niederrhein vorkommende Lachsfischerei mit Zegensbetrieb im Gebiet des Oberrheins eingeführt werden, so bleibt dieselbe in der Zeit vom 27. August bis zum 26. Oktober einschließlich verboten.

Artikel 4.

Es ist verboten:

1. die Anwendung explodierender oder sonst schädlicher Stoffe (insbesondere von Dynamit, Sprengpatronen, giftigen Ködern und von Mitteln zur Betäubung der Fische);
2. die Anwendung von Fallen mit Schlagfedern, Fischgabeln und Geeren (Harpunen), Schießwaffen und andern derartigen Fangmitteln, welche eine Verwundung der Fische herbeiführen können. Der Gebrauch von Angeln ist gestattet;
3. die Anlegung neuer sogenannter Selbstfänge; die bereits bestehenden müssen mit Öffnungen versehen sein, deren Weite der für die Maschenweite der Netze (Art. 2) vorgeschriebenen entspricht;
4. die Anwendung von Reusen zum Lachsfang während der Zeit vom 20. Oktober bis 24. Dezember;
5. das Trockenlegen der Wasserläufe zum Zwecke des Fischfangs;
6. der Fang zur Nachtzeit unter Anwendung menschlicher Tätigkeit. Ausnahmen von diesem Verbot (insbesondere hinsichtlich der Fischerei auf Lachse und Maifische) können durch die Aufsichtsbehörde zugelassen werden.

Atikel 5.

Die nachbenannten Fischarten dürfen entweder feilgeboten noch verkauft werden, wenn die Fische, von der Kopfspitze bis zum Schwanzende (Schwanzspitzen) gemessen, nicht wenigstens folgende Längen haben:

Lachs (Salm, Salmo Salar L.)	50 cm;
Aal (Anguilla fluviatilis Flem.)	35 cm;
Zander (Schill, Lucioperca Sandra L.) . . .	
Hecht (Esox lucius L.)	30 cm;
Seeforelle (Trutta lacustris L.)	
Aesche (Thymallus vulgaris Nils.)	25 cm;
Saibling (Rötheli, Salmo salvelinus L.) . . .	
Barbe (Barbus fluviatilis Agass.)	
Fluß- und Bachforelle (Trutta Fario L.) . . .	20 cm;
Regenbogenforelle (Salmo irideus Gibb.) . . .	
Weißfelchen (Sandfelchen, Coregonus Fera Jur.)	
Blaufelchen (Coregonus Wartmanni Bloch) .	
Kropffelchen (Kilch, Coregonus hiemalis Jur.)	
Große Maräne (Coregonus Maraena Bloch) .	
Amerikanische Maräne (White-fish, Coregonus albus)	
Schleie (Tinca vulgaris Cuv.)	

Werden untermäßige Fische gefangen, so sind dieselben sofort wieder in das Wasser zu setzen.

Artikel 6.

Für die nachbenannten Fischarten werden folgende Schonzeiten, während welcher dieselben nicht gefangen werden dürfen, festgesetzt:

1. vom 1. März bis 30. April für Äschen und Regenbogenforellen;
2. vom 1. April bis 31. Mai für Zander;
3. vom 1. Oktober bis 31. Dezember für Seeforellen;
4. vom 10. Oktober bis 10. Januar für Fluß- und Bachforellen;
5. vom 1. November bis 31. Dezember für Saiblinge (Rötheli);
6. vom 11. November bis 24. Dezember für Lachse (Salmen);
7. vom 15. November bis 15. Dezember für Felchen (Weiß-, Blau-, Kropffelchen und Maränen).

Der Fang der sogenannten Silber- oder Schweb- (unfruchtbaren) Forellen im Bodensee während der Schonzeit ist gestattet.

Werden beim erlaubten Fang Fische, welche der Schonzeit unterliegen, mitgefangen, so sind dieselben sofort wieder in das Wasser zu setzen.

Die Fischerei auf Lachse (Salmen), ebenso diejenige auf Felchen (Weiß-, Blau-, Kropffelchen und Maränen) kann auch während der Schonzeit (Absatz 1) betrieben werden, jedoch nur mit ausdrücklicher Erlaubnis der zuständigen Behörde. Diese Erlaubnis ist nur zu erteilen, wenn Sicherheit besteht, daß die Fortpflanzungselemente (Rogen und Milch) der gefangenen laichreifen Fische zu Zwecken der künstlichen Fischzucht Verwendung finden.

Wo letztere Voraussetzung vorliegt oder wo Fische zu wissenschaftlichen Untersuchungen verwendet werden sollen, kann auch hinsichtlich der anderen obenerwähnten Fischarten (Absatz 1) die Erlaubnis zum Fang durch die zuständige Behörde während der Schonzeit in einzelnen Fällen erteilt werden.

Artikel 7.

Im Bodensee darf außerdem in der Zeit vom 15. April bis Ende Mai die Netzfischerei nur an den tiefen Stellen des Sees mit schwebenden Netzen und unter sorgfältiger Vermeidung jeder Berührung der Halden (abfallenden Seeufer), der Reiser und der gesamten Wasserflora (Kräbs) ausgeübt werden.

Artikel 8.

Im Rheinstrom und in denjenigen Strecken seiner Nebenflüsse von Basel an abwärts, welche den Durchzug der Lachse und Maifische zu den Laichstellen vermitteln, soll die Fischerei auf Lachse und Maifische mit Geräten jeder Art auf die Dauer von 24 Stunden in jeder Woche von Samstag Abend 6 Uhr bis Sonntag Abend 6 Uhr eingestellt werden.

Artikel 9.

Fische, deren Fang unter einem bestimmten Maß (Art. 5) oder deren Fang zu einer bestimmten Zeit (Art. 6) verboten ist, dürfen im ersten Falle nicht unter diesem Maß, im andern Fall nicht während dieser Zeit — die ersten drei Tage ausgenommen — feilgeboten, verkauft oder versendet werden. Unter den gleichen Voraussetzungen ist auch die Verabreichung solcher Fische in Wirtschaften zu untersagen.

Auf Lachse und Felchen, zu deren Fang gemäß Artikel 6 vorletzter Absatz Erlaubnis erteilt worden ist, findet dieses Verbot keine Anwendung. Außerdem können in außerordentlichen Fällen, wie bei Abfischung von Teichen infolge von Naturereignissen oder sonstigen Notstandes (z. B. durch Abschlagen von Wasserläufen ꝛc.), sowie für Fische, welche zu Zwecken der Fischzucht bestimmt sind, die zuständigen Behörden unter der geeigneten Kontrolle ausnahmweise Bewilligung zum Verkauf und Versand erteilen.

Artikel 10.

Es ist verboten, in Fischwasser Fabrikabgänge oder andere Stoffe von solcher Beschaffenheit und in solchen Mengen einzuwerfen, einzuleiten oder einfließen zu lassen, daß dadurch dem Fischbestand Schaden erwächst oder die Fische vertrieben werden.

Ob und inwieweit die obige Vorschrift auf die bereits bestehenden Ableitungen aus landwirtschaftlichen oder aus gewerblichen Anlagen Anwendung finden soll, wird von der zuständigen Behörde bestimmt werden.

Artikel 11.

Jede Regierung der beteiligten Uferstaaten bestellt für ihr Gebiet einen Bevollmächtigten.

Diese Bevollmächtigen werden sich die von ihren Regierungen getroffenen Anordnungen über das Fischereiwesen im Rheingebiet gegenseitig mitteilen und von Zeit zu Zeit zusammenkommen, um über die zur Förderung der Fischerei im Rheingebiet zu ergreifenden Maßregeln zu beraten.

Artikel 12.

Die kontrahierenden Regierungen verpflichten sich, in den Gesetzen und Verordnungen über Ausübung der Fischerei die in den Artikeln 1 bis 11 enthaltenen Bestimmungen, soweit tunlich, durchzuführen.

Durch gegenwärtige Übereinkunft wird die Befugnis der einzelnen Staaten nicht ausgeschlossen, für ihre Gebiete strengere Bestimmungen zum Schutz der Fischerei zu treffen.

Artikel 13.

Das Geltungsgebiet dieser Übereinkunft ist der Bodensee und der Rhein vom Ausfluß aus dem Bodensee an abwärts. Die Bestimmungen der Übereinkunft, welche auf die Wanderfische (Lachse und Maifische) Bezug haben, gelten auch für die Zuflüsse des Rheins.

Artikel 14.

Diese Übereinkunft tritt alsbald nach ihrer Ratifikation in Kraft und bleibt von diesem Tage an zehn Jahre lang in Wirksamkeit. Nach Ablauf von zehn Jahren, vom Tag des Ratifikationsaustausches gerechnet, soll es jedem der drei vertragschließenden Teile freistehen, jederzeit mit einjähriger Kündigungsfrist von der Vereinbarung zurückzutreten.*)

*) Eine Kündigung der Übereinkunft ist bis jetzt nicht erfolgt.

Artikel 15.

Die gegenwärtige Übereinkunft soll ratifiziert und die Auswechslung der Ratifikationserklärungen tunlichst bald bewirkt werden.

Dessen zur Urkunde haben die Bevollmächtigten gegenwärtige Übereinkunft in dreifacher Ausfertigung vollzogen.

Geschehen zu Luzern am achtzehnten Mai eintausend achthundert siebenundachtzig (1887).

Buchenberger.

von Bibra. Coaz.

von Marschall.

Schlußprotokoll.

Bei Unterzeichnung der Übereinkunft, betreffend die Regelung der Fischereiverhältnisse im Rheine und seinen Zuflüssen einschließlich des Bodensees, haben die Bevollmächtigten für dienlich und erforderlich erachtet, in dem gegenwärtigen Schlußprotokolle folgende Erklärungen und Erläuterungen niederzulegen:

I.

Es herrscht unter den Bevollmächtigten Übereinstimmung dahin, daß die zeitweise gänzliche Absperrung eines Wasserlaufs für zulässig erachtet und gestattet werden könne, wenn infolge Abschlagens von Fischwassern, infolge Wassermangels oder anderer Ereignisse der Fischbestand zugrunde zu gehen droht. (Artikel 1.)

II.

Es wird festgestellt, daß bei Angabe von Fristen sowohl der erste als der letztgenannte Tag als eingeschlossen zu gelten habe. (Art. 4 Ziff. 4 und Art. 6 der Übereinkunft.)

III.

Es bleibt vorbehalten, für das Fischereigebiet des Untersees auch bezüglich anderer als der in Art. 6 bezeichneten Fischarten Schonzeiten festzusetzen.

IV.

Es wird hier ausdrücklich hervorgehoben, daß die Festsetzungen d. d. Basel, den 22./23. Oktober 1883 und die im Vollzug derselben erlassenen Vorschriften durch die gegenwärtige Übereinkunft nicht berührt werden.

V.

Unter den Bevollmächtigten besteht Einverständnis darüber, daß die seinerzeit gegenseitig übernommene Verpflichtung, alljährlich eine nach der Uferlänge vom Rheinfall bei Schaffhausen abwärts bemessene Anzahl junger Lachse (auf den Kilometer Uferlänge mindestens tausend Stück) in das Rheingebiet einzusetzen, für die Dauer der gegenwärtigen Übereinkunft in Geltung zu bleiben habe.

VI.

Es wird als wünschenswert erachtet, daß künftig in den Bodensee und Rhein neue Fischarten nicht ohne vorgängige gegenseitige Verständigung der Regierungen der Uferstaaten eingesetzt werden.

Geschehen zu Luzern, den 18. Mai 1887.

Buchenberger.

von Bibra. Coaz.

von Marschall.

Übersicht
über die Bezirke der Wasserbauinspektoren.

a) Wasserbaubezirk Colmar.

Der Bezirk umfaßt den Rhein von der schweizerischen Grenze bei Kilometer $0_{,0}$ bis zur Rheinauer Schiffbrücke bei Kilometer $93_{,0}$.

b) Wasserbaubezirk Straßburg-Rhein.

Der Bezirk umfaßt:

1. den Rhein von Kilometer $93_{,0}$ bei Rheinau bis zur bayerischen Landesgrenze bei Kilometer $184_{,140}$;
2. den Kleinen Rhein bei Straßburg;
3. die Ill vom Nadelwehr bei Ruprechtsau bis zu ihrer Ausmündung in den Rhein.

c) Wasserbaubezirk Mülhausen.

Der Bezirk umfaßt:

1. die Strecke des Rhein-Rhone-Kanals von der französischen Grenze, jenseits Schleuse Nr. 2 Süd bei Altmünsterol, bis Schleuse 76 bei Boofzheim, Kilometer $105,_{742}$;
2. den Hüninger Kanal vom Rhein bei Hüningen bis zum Rhein-Rhone-Kanal bei Napoleonsinsel;
3. den Breisacher Kanal vom Rhein bei Breisach bis zum Rhein-Rhone-Kanal bei Künheim;
4. den Colmarer Kanal von Colmar bis zum Rhein-Rhone-Kanal.

d) Wasserbaubezirk Straßburg-Kanäle.

Der Bezirk umfaßt:

1. die Strecke des Rhein-Rhone-Kanals von Schleuse 76 bei Boofzheim, Kilometer $105,_{742}$ bis zur Mündung in die Ill bei Straßburg;
2. das Straßburger Kanalnetz, bestehend aus dem Ill-Rhein-Kanal, dem Umleitungskanal, dem Zufahrtskanal und der kanalisierten Ill von der Einmündung des Rhein-Rhone-Kanals bis zum Nadelwehr bei Ruprechtsau, letzteres einschließlich nebst den Seitenarmen dieser Illstrecke;
3. die Strecke des Rhein-Marne-Kanals von der Ill bei Straßburg bis Kilometer $68,_{0}$ zwischen Niederweiler und Hessen;
4. den Breuschkanal.

e) Wasserbaubezirk Saargemünd.

Der Bezirk umfaßt:

1. die Strecke des Rhein-Marne-Kanals von Kilometer $68,_{0}$ zwischen Hessen und Niederweiler bis zur französischen Grenze westlich der Schleuse Nr. 13 bei Lagarde nebst den Speiseweihern von Gondrexange und Rixingen;
2. den Saarkanal nebst der Speisungsanlage bei Mittersheim sowie die mit Preußen gemeinschaftliche Strecke der kanalisierten Saar bis Kilometer $76,_{0}$;
3. den Mittersheim-Lauterfinger-Kanal;
4. die flößbare Saar von der Vereinigung der roten und der weißen Saar bei Hermelingen bis zur Schleuse Nr. 27 des Saarkanals nebst den Speisegräben der Saar.

f) Wasserbaubezirk Metz.

Der Bezirk umfaßt:

1. die Mosel von der französischen Grenze zwischen Arnaville und Novéant bis zur preußischen Grenze bei Sierck;
2. den Moselkanal von der französischen Grenze zwischen Arnaville und Novéant bis Metz, einschl. Zweigkanäle.

Meliorations-Bauinspektionsbezirke.

a) Bauinspektionsbezirk Mülhausen.

Dem Meliorationsbauinspektor zu Mülhausen ist auch die Verwaltung des dem Staate gehörigen Stauweihers im Alfeld (Gmde. Sewen) unterstellt.

1. Wiesenbaumeisterbezirk Altkirch.

Der Bezirk umfaßt die Kantone Altkirch, Dammerkirch, Hirsingen und Pfirt.

2. Wiesenbaumeisterbezirk Mülhausen.

Der Bezirk umfaßt:

a) vom Kreise Thann den Kanton Masmünster, die Gemeinden Niederburbach, Gewenheim, Leimbach, Michelbach, Oberaspach, Rammersmattt und Rodern des Kantons Thann, die Gemeinden Bernweiler, Niederaspach, Niederburnhaupt, Oberburnhaupt und Schweighausen des Kantons Sennheim,

b) vom Kreise Mülhausen die Kantone Mülhausen-Nord und -Süd, den südlich des Rhein-Rhone-Kanals und südlich bzw. südwestlich des Hüninger Zweigkanals sowie den westlich der Ill gelegenen Teil des Kantons Habsheim, den Kanton Landser mit Ausschluß des östlich vom Hüninger Zweigkanals gelegenen Teils und den Kanton Hüningen,

c) vom Kreise Gebweiler die Ill mit ihrem Überschwemmungsgebiet im Kanton Ensisheim von der Kreisgrenze Mülhausen-Gebweiler bis zur Gemarkungsgrenze Ensisheim-Regisheim.

3. Wiesenbaumeisterbezirk Banzenheim.

Der Bezirk umfaßt:

a) vom Kreise Mülhausen den östlich des Hüninger Zweigkanals gelegenen Teil des Kantons Landser sowie den nördlich des Hüninger Zweigkanals und östlich der Ill gelegenen Teil des Kantons Habsheim,

b) vom Kreise Gebweiler den östlich des Rhein-Rhone-Kanals gelegenen Teil des Kantons Ensisheim sowie den Quatelbach und die aus demselben bewässerbaren Flächen zur Gemarkungsgrenze Ensisheim-Regisheim,

c) vom Kreise Colmar den östlich des Rhein-Rhone-Kanals und südlich der Bahnlinie Neubreisach-Altbreisach gelegenen Teil des Kantons Neubreisach.

b) Bauinspektionsbezirk Colmar.

Dem Meliorationsbauinspektor zu Colmar ist auch die Verwaltung der dem Staate gehörigen Stauweiher im Fechttale und im Lauchtale, sowie des Schwarzen und Weißen Sees unterstellt.

1. Wiesenbaumeisterbezirk Colmar I.

Der Bezirk umfaßt:

a) vom Kreise Rappoltsweiler die Kantone Kaysersberg, Markirch, Rappoltsweiler und Schnierlach mit Ausnahme der im Überschwemmungsgebiet der Ill gelegenen Flächen,

b) vom Kreise Colmar die Kantone Colmar und Andolsheim mit Ausnahme der im Überschwemmungsgebiet der und der Bahnlinie Neubreisach-Altbreisach gelegenen Ill gelegenen Flächen und den nördlich des Baubankanals Teil des Kantons Neubreisach mit Ausschluß der aus dem Baubankanal bewässerbaren Flächen.

2. Wiesenbaumeisterbezirk Colmar II.

Der Bezirk umfaßt:

a) vom Kreise Colmar die Kantone Münster und Winzenheim,

b) vom Kreise Gebweiler den Kanton Rufach, den östlich von der Ill und südlich von der Straße Merxheim-Meienheim begrenzten Teil des Kantons Ensisheim.

Zu diesem Wiesenbaumeisterbezirk gehört ferner der Aufsichtsbezirk Oberhergheim.

Der Bezirk umfaßt:

a) vom Kreise Colmar die Ill mit ihrem Überschwemmungsgebiet in den Kantonen Andolsheim und Neubreisach, den zwischen dem Baubankanal und dem Rhein-Rhone-Kanal gelegenen Teil des Kantons Neubreisach einschl. aller aus dem Baubankanal bewässerbaren Flächen,

b) vom Kreise Gebweiler den westlich von der Ill, südwestlich von der Straße Battenheim-Ensisheim-Regisheim und östlich vom Rhein-Rhone-Kanal begrenzten Teil des Kantons Ensisheim einschl. der Ill und ihres Überschwemmungsgebietes von der Gemarkungsgrenze Ensisheim-Regisheim an abwärts.

3 Wiesenbaumeisterbezirk Thann.

Der Bezirk umfaßt:

a) vom Kreise Gebweiler die Kantone Gebweiler und Sulz, die Thur und den Zwölfmühlenkanal im Kanton Ensisheim,

b) vom Kreise Thann den Kanton St. Amarin, ferner die Gemeinden Alt-Thann, Bitschweiler, Thann und Weiler des Kantons Thann, die Gemeinden Sennheim, Staffelfelden, Steinbach Uffholz, Wattweiler und Wittelsheim des Kantons Sennheim.

c) Bauinspektionsbezirk für die Ill in Straßburg.

Der Bezirk umfaßt die Verwaltung der schiffbaren Ill von der Gemarkungsgrenze Colmar-Horburg abwärts bis zur Einmündung des Rhein-Rhone-Kanals in die kanalisierte Ill bei Straßburg, von Kilometer $81{,}_{8}$—$0{,}_{0}$, den Ersteiner Illhochwasser-Ableitungskanal, den Gerstheimer Rhein-Ill-Speisekanal und den Krummen Rhein.

1. Wiesenbaumeisterbezirk Erstein.

Der Bezirk umfaßt die Ill einschließlich des Ersteiner Illhochwasser-Ableitungskanals, des Gerstheimer Rhein-Ill-Speisekanals und des Krummen Rheins von der Gemarkungsgrenze Hüttenheim-Sermersheim bis Straßburg.

2. Flußaufsichtsbezirk Schlettstadt.

Der Bezirk umfaßt die Ill von der Gemarkungsgrenze Colmar-Horburg bis zur Gemarkungsgrenze Hüttenheim-Sermersheim und ihre Seitenarme.

d) Bauinspektionsbezirk Straßburg-Süd.

1. Wiesenbaumeisterbezirk Molsheim.

Der Bezirk umfaßt die Kantone Molsheim, Rosheim, Saales, Schirmeck und Wasselnheim.

2. Wiesenbaumeisterbezirk Schlettstadt.

Der Bezirk umfaßt die Kantone Barr, Markolsheim, Schlettstadt und Weiler und die im Gebiete des Andlaurieds gelegenen Gemeinden des Kreises Erstein.

3. Wiesenbaumeisterbezirk Straßburg.

Der Bezirk umfaßt sämtliche Kantone des Stadtkreises Straßburg und die Kantone Benfeld, Erstein, Geispolsheim, Oberehnheim, Schiltigheim und Truchtersheim mit Ausnahme des Andlaurieds.

e) Bauinspektionsbezirk Straßburg-Nord.

1. Wiesenbaumeisterbezirk Hagenau.

Der Bezirk umfaßt die Kantone Bischweiler, Hagenau, Niederbronn und Brumath.

2. Wiesenbaumeisterbezirk Weißenburg.

Der Bezirk umfaßt die Kantone Lauterburg, Selz, Sulz u. Wald, Weißenburg und Wörth.

3. Wiesenbaumeisterbezirk Zabern.

Der Bezirk umfaßt die Kantone Hochfelden, Buchsweiler, Lützelstein, Maursmünster und Zabern.

f) Bauinspektionsbezirk Saargemünd.

1. Wiesenbaumeisterbezirk Chateau-Salins.

Der Bezirk umfaßt die Kantone Chateau-Salins, Delme, Dieuze und Vic.

2. Wiesenbaumeisterbezirk Saarunion.

Der Bezirk umfaßt die Kantone Albesdorf, Saaralben, Finstingen, Drulingen und Saarunion.

3. Wiesenbaumeisterbezirk Saarburg.

Der Bezirk umfaßt die Kantone Lörchingen, Pfalzburg, Rixingen und Saarburg.

4. Wiesenbaumeisterbezirk Saargemünd.

Der Bezirk umfaßt die Kantone Forbach, Bitsch, Rohrbach, Saargemünd und Wolmünster.

g) Bauinspektionsbezirk Metz.

1. Wiesenbaumeisterbezirk Bolchen.

Der Bezirk umfaßt die Kantone Bolchen, Busendorf und Pange.

2. Wiesenbaumeisterbezirk Diedenhofen.

Der Bezirk umfaßt die Kantone Diedenhofen, Fentsch, Groß-Moyeuvre, Hayingen, Kattenhofen, Metzerwiese und Sierck.

3. Wiesenbaumeisterbezirk Falkenberg.

Der Bezirk umfaßt die Kantone Falkenberg, Großtänchen und St. Avold.

4. Wiesenbaumeisterbezirk Metz.

Der Bezirk umfaßt sämtliche Kantone des Stadtkreises Metz und die Kantone Gorze, Metz, Verny und Vigy vom Landkreis Metz.

Bekanntmachung.

(Zentral- und Bezirksamtsblatt 1892 A. S. 367.)

Bei Festsetzung der Satzungen von Fischereigenossenschaften, welche gemäß den Bestimmungen der §§ 14 ff. des Gesetzes, betreffend die Fischerei, vom 2. Juli 1891 (Gesetzblatt S. 69) und der Verordnung, betreffend die Bildung von Fischereigenossenschaften, vom 31. Juli 1892 (Zentral- und Bezirksamtsblatt A. S. 343) gebildet werden, ist das nachstehende Muster zugrunde zu legen.

Straßburg, den 6. Oktober 1892.

Ministerium für Elsaß-Lothringen.
Abteilung für Finanzen, Landwirtschaft und Domänen.

Der Unterstaatssekretär

III. A. 3753. **von Schraut.**

Muster zu Genossenschaftssatzungen.

Bezirk: . . . .
Kreis: . . . .
Gemeinde: . . . .

Genossenschaftssatzungen

für die unter dem Namen . . . .
. . . .
mit dem Sitze in . . . .
gebildete Fischereigenossenschaft.

Artikel 1.

Der Zweck der Genossenschaft ist die gemeinschaftliche Bewirtschaftung und Nutzung der Fischerei und eine geregelte Aufsichtsführung und gemeinschaftliche Maßregeln zum Schutze des Fischbestandes in . . . .

Artikel 2.

Die Einkünfte der Genossenschaft sind zu verwenden:

1. zur Deckung der Verwaltungskosten;
2. zur Bestreitung der durch die Fischereiaufsicht entstehenden Kosten einschließlich der Belohnungen für Anzeigen von Fischereifreveln und für Vernichtung von der Fischerei schädlichen Tieren;
3. zur Deckung der durch Maßregeln zur Hebung der Fischerei entstehenden Kosten, einschließlich der Kosten etwaiger im Interesse der Fischerei liegenden Unterhaltungsarbeiten an . . . .
4. . . . .

Der verbleibende Rest fließt in die Gemeindekasse der Gemeinde . . . .

(Der verbleibende Rest ist an die Mitglieder nach Maßgabe ihrer Beteiligung an der Genossenschaft nach Uferlängen jährlich zu verteilen.)

Über die Art und Weise der zur Durchführung der Zwecke der Genossenschaft etwa notwendig werdenden Aufbringung außerordentlicher Mittel beschließt die Generalversammlung im einzelnen Falle mit Genehmigung des Bezirkspräsidenten.

Artikel 3.

Die Genossenschaft wird durch einen Vorstand verwaltet, dessen Mitglieder durch die Generalversammlung aus den Beteiligten gewählt werden.

Artikel 4.

Der Vorstand besteht aus . . . Mitgliedern und . . . Stellvertretern, welche von der Generalversammlung auf fünf Jahre gewählt werden.

Bei der alle fünf Jahre stattfindenden Neuwahl sind die ausscheidenden Mitglieder wieder wählbar, dieselben bleiben bis zu ihrer Ersetzung jedenfalls im Amt.

Sinkt die Zahl der Mitglieder und Stellvertreter durch Todesfälle oder Ausscheiden auf zusammen weniger als . . . . herab, so finden Ergänzungswahlen durch die Generalversammlung statt. Die Dauer des Amtes der auf diese Weise gewählten Mitglieder und Stellvertreter erstreckt sich nur bis zur Beendigung der laufenden Amtsperiode.

Artikel 5.

Die Berufung der Generalversammlung der Beteiligten erfolgt durch den Vorsitzenden des Vorstandes nach Beschluß des Genossenschaftsvorstands.

Der Kreisdirektor *) kann derartige Versammlungen von Amts wegen anordnen. Zur Vornahme der ersten Wahl des Vorstandes wird eine Generalversammlung durch Verfügung des Kreisdirektors *) unter gleichzeitiger Bestimmung des Ortes der Versammlung und Ernennung des Vorsitzenden der letzteren einberufen. Die Bekanntmachung der Generalversammlung erfolgt in ortsüblicher Weise.

Artikel 6.

Die Generalversammlung muß jedes Jahr wenigstens einmal und zwar im Monat . . . . berufen werden. Sie faßt Beschlüsse über alle gemeinsamen Angelegenheiten der Genossenschaft, soweit dieselben nicht anderen Organen derselben vorbehalten sind. Sie setzt insbesondere den durch den Vorstand vorbereiteten Haushaltsvoranschlag endgültig fest.

Artikel 7.

Zur Teilnahme an der Generalversammlung sind alle Eigentümer oder die gesetzlichen Vertreter derselben berechtigt, welche an dem Unternehmen beteiligt sind. Jedes Mitglied hat wenigstens eine Stimme.

Eigentümer von mehr als . . . . . m Uferlänge haben zwei, solche mit . . . . . bis . . . . . m drei, solche mit . . . . . bis . . . . . m vier und solche mit mehr als . . . . . m fünf Stimmen.

---

[1]) Bezirkspräsident (bei autorisierten Genossenschaften).

Eigentümer, welche verhindert sind, persönlich zu erscheinen, sowie Frauen, soweit sie nicht durch ihre Ehemänner zu vertreten sind, können sich durch Bevollmächtigte vertreten lassen. Privatschriftliche Vollmachten müssen durch den Bürgermeister des Wohnorts des Vollmachtgebers beglaubigt sein. Ein und dieselbe Person kann nicht mehr als vier Vollmachten übernehmen.

Artikel 8.

Die Wahl der Mitglieder des Vorstands und deren Stellvertreter erfolgt mittels Wahllisten nach relativer Stimmenmehrheit. Bei Stimmengleichheit entscheidet das Lebensalter.

Artikel 9.

Die Vorstandsmitglieder wählen den Vorsitzenden und dessen Stellvertreter aus ihrer Mitte durch Stimmenmehrheit. Der Vorsitzende und dessen Stellvertreter bleiben in diesem Amt während ihrer Amtsperiode als Mitglieder des Vorstandes. Der Vorsitzende beruft die Sitzungen des Vorstandes, so oft die Interessen der Genossenschaft es erfordern oder der Bezirkspräsident eine Berufung anordnet oder sobald wenigstens zwei Mitglieder des Vorstandes eine Sitzung beantragen; er führt den Vorsitz in den Sitzungen und in den Generalversammlungen. Er hat über die Interessen der Genossenschaft zu wachen und die Pläne, Akten und andere auf die Verwaltung der Genossenschaft bezüglichen Papiere aufzubewahren.

Die Vorstandsmitglieder sind jederzeit berechtigt, das Aktenverzeichnis und die Akten selbst einzusehen.

Der Vorsitzende hat die Beschlüsse des Vorstandes auszuführen; derselbe ist insbesondere dazu berufen, die Genossenschaft bei den Gerichten zu vertreten.

Artikel 10.

Die Beschlüsse des Vorstandes werden nach Stimmenmehrheit der anwesenden Mitglieder gefaßt; bei Stimmengleichheit entscheidet die Stimme des Vorsitzenden. Die Vorstandsmitglieder können sich bei den Versammlungen nicht durch Bevollmächtigte vertreten lassen. Der Vorstand ist nach ordnungsmäßiger Einladung seitens des Vorsitzenden oder, bei dessen Behinderung, seines Stellvertreters beschlußfähig, wenn wenigstens 3 Mitglieder mit Einschluß des Vorsitzenden anwesend sind.

Die Einladungen sind durch den Vorsitzenden in das Beratungsbuch einzutragen.

Der Kreisdirektor und der Meliorationsbauinspektor sind berechtigt, den Sitzungen des Vorstandes beizuwohnen und sich an den Verhandlungen zu beteiligen.

Artikel 11.

In ein von dem Vorsitzende geführtes Beratungsbuch sind alle Beschlüsse des Vorstandes in zeitlicher Reihenfolge einzutragen.

Dasselbe wird am Ende jeder Sitzung von den anwesenden Mitgliedern unterzeichnet.

Verweigert ein Mitglied die Unterschrift, so ist dies ausdrücklich zu erwähnen.

Jedes Genossenschaftsmitglied ist berechtigt, Einsicht von den Beschlüssen des Vorstandes zu nehmen.

Artikel 12.

Jedes Vorstandsmitglied, welches drei aufeinanderfolgenden Sitzungen ohne genügende Gründe nicht beigewohnt hat, kann durch den Bezirkspräsidenten seines Amtes enthoben werden.

Artikel 13.

Wenn ein Vorstandsmitglied austritt, seines Amtes enthoben wird oder stirbt, so wird dasselbe vorläufig durch einen Stellvertreter und demnächst endgültig durch eine Neuwahl der Generalversammlung ersetzt.

Das neueintretende Vorstandsmitglied übt das ihm übertragene Amt nur so lange aus, als das ausgeschiedene Mitglied noch dazu berechtigt war.

Artikel 14.

Der Genossenschaftsvorstand hat für die Durchführung der Zwecke der Genossenschaft Sorge zu tragen.

Derselbe hat insbesondere

1. im einzelnen die Nutzung der Fischerei durch Anstellung von Fischern, Ausstellung von Erlaubnisscheinen oder Verpachtung zu regeln;
2. die Anstellung von Fischereiaufsehern zu beschließen;
3. die Aussetzung von Fischbrut zu veranlassen;
4. den jährlichen Haushaltsvoranschlag vorzubereiten;
5. über den Abschluß von Rechtsgeschäften, sowie über die gerichtliche Verfolgung von Rechtssprüchen und über die Einlassung auf die gegen die Genossenschaft gerichteten Klagen Beschluß zu fassen;

6. die Geschäftsführung des Genossenschaftsrechners zu beaufsichtigen und zu prüfen;
7. Gutachten über alle Gegenstände abzugeben, welche die Interessen der Genossenschaft berühren;
8. die Kennzeichen zu bestimmen und öffentlich bekannt zu geben, die an den Fahrzeugen, Kähnen, Nachen und Fischkästen anzubringen sind, mittels deren in dem genossenschaftlichen Fischereigebiet die Fischerei betrieben wird.

Artikel 15.

Die Verwaltung der Einnahmen und Ausgaben erfolgt durch einen Genossenschaftsrechner, welcher vom Vorstande ernannt wird.

Der Genossenschaftsrechner hat eine angemessene Kaution zu stellen. Die Höhe dieser Kaution wird von dem Bezirkspräsidenten auf Vorschlag des Vorstandes festgesetzt.

Mit Genehmigung des Bezirkspräsidenten kann der Genossenschaftsvorstand auf die Stellung einer Kaution durch den Genossenschaftsrechner verzichten.

Der Genossenschaftsrechner erhält eine Vergütung, welche nach den für die Gemeinderechner üblichen Sätzen festgestellt wird.

Das Amt des Genossenschaftsrechners kann dem Gemeinderechner übertragen werden.

Artikel 16.

Die Einnahmen und Ausgaben erfolgen durch den Genossenschaftsrechner auf Grund von Anweisungen des Vorsitzenden des Vorstandes.

Der Genossenschaftsrechner hat jährlich vor dem 1. Mai über die Einnahmen und Ausgaben des vorhergegangenen Rechnungsjahres dem Vorstande Rechnung zu legen. Zu Unrecht von ihm geleistete Zahlungen werden nicht berücksichtigt.

Artikel 17.

Der Vorsitzende des Vorstandes kann die Kasse des Rechners prüfen, wenn er es für nötig hält. Der Rechner ist verpflichtet, ihm und den Vorstandsmitgliedern in alle zum Rechnungswesen der Genossenschaft gehörigen Schriftstücke Einsicht zu gestatten.

Artikel 18.

Änderungen der Genossenschaftssatzungen bedürfen der Zustimmung des Bezirkspräsidenten.

Artikel 19.

Die Auflösung der Genossenschaft kann von dem Bezirkspräsidenten ausgesprochen werden, wenn zwei Drittel sämtlicher Stimmen in einer besonders zur Beratung der Frage der Auflösung zusammenberufenen Generalversammlung sich ausdrücklich für die Auflösung ausgesprochen haben.

Bekanntmachung.

(Zentral- und Bezirksamtsblatt 1892 A. S. 373.)

Bei Neuverpachtungen von Fischereien in Wasserläufen, in denen die Fischerei dem Staate bzw. einer Gemeinde zusteht, sind künftighin die nachstehend unter A. bzw. unter B. mitgeteilten Muster für Verpachtsverhandlungen in Anwendung zu bringen.

Straßburg, den 9. Oktober 1892.

Ministerium für Elsaß-Lothringen.

Abteilung für Finanzen, Landwirtschaft und Domänen. Der Unterstaatssekretär.
III. A. 3833. **von Schraut.**

Abteilung des Innern. Der Unterstaatssekretär. Im Auftrage:
Harff.

A.

Muster zur Verhandlung wegen Verpachtung einer dem Staate zustehenden Fischerei.

Wasserbaubezirk . . . . Nr. . . . des Repertoriums.
Steuerkasse . . . .

Bedingungen

für die Verpachtung der Fischerei
in . . . .

Die Ausübung der Fischerei innerhalb eines jeden der in dem beiliegenden Verzeichnis aufgeführten Pachtlose wird unter Vorbehalt der Genehmigung des Ministeriums für Elsaß-Lothringen unter nachstehenden Bedingungen öffentlich auf das Meistgebot verpachtet.

Allgemeine Bedingungen.

§ 1.

Jedes Los wird einzeln, unter Zugrundelegung des in dem Loseverzeichns angegebenen, abgeschätzten Wertes zur Versteigerung an den Meistbietenden gestellt. Beträgt der Wert weniger als 100 Mark, so ist 1 Mark das geringste zulässige Aufgebot; bei einem Wert von 100 Mark bis 200 Mark sind 2 Mark und bei einem Wert von 200 Mark und darüber 5 Mark das niedrigste zulässige Mehrgebot.

§ 2.

Als zahlungsunfähig bekannte Personen können zum Gebote nicht zugelassen werden.

Wer für einen anderen bieten will oder geboten hat, muß dies vor dem Abschlusse der Verpachtungsverhandlung erklären, demnächst unterschriftlich anerkennen und ferner sich durch gehörige Vollmacht oder durch sofortige Gestellung seines Vollmachtgebers ausweisen.

Die Ansteigerer sind verpflichtet, an dem Ort, wo die Versteigerung abgehalten wurde, Wohnsitz zu erwählen, widrigenfalls ihnen alle späteren Akte gültig auf der Kanzlei der Kreisdirektion zugestellt werden.

§ 3.

Der Zuschlag wird für jedes einzelne Los dem Meistbietenden, welcher sofort im Termine einen zahlungsfähigen, samtverbindlich haftenden Bürgen zu stellen hat, unter Vorbehalt der Genehmigung des Ministeriums erteilt.

Der Ansteigerer ist sechs Wochen an sein Gebot gebunden. Erfolgt binnen dieser Frist die Genehmigung nicht, so gilt dieselbe als versagt.

Mit Genehmigung des Zuschlags wird die gegenwärtige Verpachtungsurkunde ein für alle Teile rechtsverbindlicher Vertrag.

Von der Zuschlagsgenehmigung werden die Ansteigerer auf ihre Kosten durch den Wasserbauinspektor schriftlich benachrichtigt werden.

§ 4.

Die Verpachtung erfolgt für die Zeit vom ... ten .... 19.. bis ... ten .... 19.. einschließlich.

§ 5.

Der Pachtpreis ist in vierteljährlichen Teilbeträgen im voraus und zwar am 1. April, 1. Juli, 1. Oktober und 1. Januar an diejenige Steuerkasse zu zahlen, welche den Pächtern bei der Benachrichtigung über die Zuschlagsgenehmigung bezeichnet werden wird.

§ 6.

Außer dem Pachtpreis und den Kosten des Stempels der den einzelnen Pächtern auf Verlangen zu erteilenden Ausfertigung der Verpachtungsurkunde fallen denselben keinerlei Kosten zur Last.

§ 7.

Bleibt der Pächter mit Zahlung eines fälligen Teilbetrages der Pacht länger als vier Wochen im Rückstande, so hat die Verwaltung das Recht, gegen denselben oder dessen Bürgen sofort und ohne daß es einer weiteren Mahnung bedarf, das gesetzliche Vollstreckungsverfahren einzuleiten; außerdem ist dieselbe befugt, in diesem Falle den Vertrag mit vierzehntägiger Frist zu kündigen und die Kosten der Neuverpachtung, sowie den etwaigen Mindererlös für die Dauer des aufgehobenen Pachtvertrages von dem früheren Pächter oder dessen Bürgen sofort im Gesamtbetrage einzuziehen.

§ 8.

Für die Länge oder den Flächeninhalt der einzelnen Lose wird keine Gewähr geleistet. Etwaiger Mindergehalt gibt dem Pächter keinen Anspruch auf Auflösung des Vertrages oder auf Pachtnachlaß. Als Grenzen der Lose sind lediglich die in dem Lose-Verzeichnis zu der Verpachtungsverhandlung benannten maßgebend.

§ 9.

Dem Pächter steht infolge etwaiger Änderung der Fischereipolizeibestimmungen, insbesondere hinsichtlich der Schonzeiten, der Laich- und Hegeplätze, des Mindestmaßes der zu fangenden Fische, der Art und Größe der zulässigen Fischereigerätschaften usw., des Verbotes des Krebsfanges oder des Fanges einzelner Fischarten für kürzere oder längere Dauer ein rechtlicher Anspruch auf Aufhebung des Pachtvertrages oder Gewährung von Schadensersatz bzw. Pachtnachlaß nicht zu. Insbesondere wird die

Änderung der Lage und der Ausdehnung der Laich- und Hegeplätze ausdrücklich vorbehalten.

§ 10.

Schaden, welcher dem Pächter durch Eisgang, Wassermangel, Hochwasser, zeitweise Sperrung oder Trockenlegung des ganzen Loses oder eines Teiles desselben behufs Neubauten, Instandsetzungen, Hebung gesunkener Fahrzeuge oder verlorenen Gutes, oder durch sonstige von der Verwaltung, sei es im Interesse der Schiffahrt oder aus anderen Gründen vorgenommenen Handlungen, sowie durch jede Art vorhergesehener oder nicht vorhergesehener Zufälle erwächst, berechtigt den Pächter nicht, von der Verwaltung Schadensersatz, Auflösung des Vertrages oder Pachtnachlaß zu fordern.

§ 11.

Ebenso hat der Pächter keinen Anspruch auf Pachtauflösung, Pachtnachlaß oder Schadensersatz, wenn ihm durch den Betrieb der Schiffahrt und Flößerei Nachteil oder Schaden erwächst.

§ 12.

Dagegen hat der Pächter für jeden Schaden aufzukommen, welchen er selbst oder seine Gehilfen in Ausübung der Fischerei anrichten.

§ 13.

Der Fischfang darf von dem Pächter nur unter strenger Beachtung der allgemeinen gesetzlichen Bestimmungen und der örtlichen Vorschriften über Fischerei und Hebung der Fischzucht ausgeübt werden.

Insbesondere hat der Pächter die Bestimmungen über die Schonzeit, die Hegung der Fischbrut, die Zulässigkeit und die Unzulässigkeit einzelner Fischereigeräte und über die Maschenweite der Netze genau zu beachten, sowie auch seine Gehilfen zu deren Beachtung anzuhalten.

§ 14.

Der Pächter hat den mit der Beaufsichtigung der Fischerei betrauten Beamten jederzeit eine Untersuchung der beim Fischfang in Gebrauch befindlichen oder in Fischereifahrzeugen vorhandenen Fanggeräte, sowie der gefangenen Fische am Orte des Fanges und in den Fischbehältern zu gestatten. Zu diesem Zweck hat er auf die durch Anruf erfolgte Aufforderung dieser Beamten sein

Fahrzeug herbeizuführen und die ihm gehörigen Behältnisse, Schuppen, Fischkästen und sonstigen zur Aufbewahrung der Fische dienenden Vorrichtungen zu öffnen.

§ 15.

Der Pächter darf sich zur Ausübung der Fischerei nur solcher Nachen und Geräte bedienen, die von den Aufsichtsbeamten der Wasserbauverwaltung geprüft und zugelassen worden sind.

Fischerfahrzeuge, Kähne, Nachen und Fischkästen müssen mit einem der Verordnung des Herrn Bezirkspräsidenten in .... vom .... entsprechenden Kennzeichen versehen sein, durch welches die Person des Pächters ermittelt werden kann.

§ 16.

Der Pächter darf zur Nachtzeit (eine Stunde nach Sonnenuntergang bis eine Stunde vor Sonnenaufgang) keinen Fischzug veranstalten. Ausnahmen kann der Wasserbauinspektor gemäß Artikel 8 der Verordnung, betreffend die Fischerei vom 28. April 1892 gestatten.

§ 17.

Das Fischen im Innern der Schleusen, Schützenanlagen, Durchlässe, Mühlgerinne und Fischleitern, sowie an den Wehren oder in geringerer Entfernung als 30 Meter oberhalb oder unterhalb dieser Werke ist verboten.

§ 18.

Durch den Betrieb der Fischerei darf der Schiffahrts- und Floßverkehr und der Leinzug in keiner Weise behindert werden.

§ 19.

Ohne Genehmigung des Wasserbauinspektors darf der Pächter keine Unterverpachtungen oder anderweitige Übertragungen seines Rechtes vornehmen.

Jede Unterverpachtung und jede Fischerei-Erlaubnis muß eine Strecke von mindestens zwei Kilometern bzw. bei Seen eine Fläche von mindestens zwei Hektaren umfassen.

Für die im zweiten Absatz bezeichneten Strecken oder Flächen darf nur je ein Unterpächter bestellt werden. Mit der Bestellung eines solchen begibt sich der Pächter seines Fischereirechtes für die betreffende Strecke oder Fläche. Eine Beschränkung des Unterpächters hinsichtlich der zum Fischfang zu benutzenden Geräte ist nicht statthaft.

Der Pächter darf die Erlaubnis zum Fischen mit der schweren Angel für jede der im zweiten Absatze bezeichneten Strecken oder Flächen je nur an höchstens zwei Personen erteilen. Für die in Unterpacht gegebenen Fischwasser steht dieses Recht nur dem Unterpächter zu. Erlaubnis zum Fischen mit Netzen darf neben dem Unterpächter niemandem erteilt werden.

Bei Ausübung des Fischzuges darf der Pächter ohne Genehmigung des Wasserbauinspektors niemals mehr als zwei Gehilfen für jeden verwendeten Nachen zuziehen.

In einem Lose und für einen Fischzug darf nicht mehr als ein Nachen für je 2 km (2 ha) der Streckenlänge (Flächengröße) benutzt werden.

Jeder Pächter oder Unterpächter darf für die ganze ihm zur Befischung verbleibende bzw. zugeteilte Strecke des Pachtloses nur einen Stellvertreter bestellen. Das gleichzeitige Fischen des Stellvertreters neben dem Pächter bzw. Unterpächter ist unstatthaft.

Die Zulassung von Ausländern als Unterpächter, Stellvertreter, oder Erlaubnisinhaber, bedarf der besonderen Genehmigung des Ministeriums.

§ 20.

Wird dem Pächter die Erlaubnis zur Vergebung seines Rechtes gemäß § 19 erteilt, so bleibt er der Verwaltung gegenüber dennoch für die Dauer seines Pachtvertrages allein verpflichtet und für die Handlungen seiner Unterpächter und deren Gehilfen und der Erlaubnisinhaber ebenso wie für die Handlungen seiner eigenen Gehilfen verantwortlich.

§ 21.

Der Pächter und die Unterpächter haben ihre Gehilfen dem Wasserbauinspektor namhaft zu machen, ehe dieselben beim Fischfang tätig sein dürfen.

§ 22.

Bei Ausübung der Fischerei haben sowohl der Pächter, als der Unterpächter oder deren als solche zugelassenen Stellvertreter und der Erlaubnisinhaber eine auf ihren Namen lautende und für das betreffende Kalenderjahr gültige Fischerkarte für schiff- oder flößbare Wasserläufe (zu vgl. die §§ 20—25 des Ges. vom 2. Juli 1891, betr. die Fischerei) bei sich zu führen. Außerdem müssen der Unterpächter, der Stellvertreter, der Erlaubnisinhaber und die Gehilfen den Fischereiaufsichtsbeamten und deren Vorgesetzten auf Verlangen die von dem Pächter ausgestellte und von dem Wasserbauinspektor mit Genehmigungsvermerk versehene Ausweiskarte über ihre Fischereiberechtigung vorzeigen.

Fischereipächter, welchen die Ausstellung einer Fischerkarte verweigert oder die ausgestellte Fischerkarte entzogen wird, haben aus diesem Grunde keinen Anspruch auf Aufhebung der Pacht oder Erlaß an Pachtzins.

§ 23.

Wird der Fischereipächter rechtskräftig wegen Übertretung der Fischereigesetze oder -Verordnungen verurteilt, so gibt dies der Verwaltung das Recht der sofortigen Vertragsauflösung durch Zustellung einer bloßen schriftlichen Erklärung des Wasserbauinspektors, ohne daß es einer weiteren Inanspruchnahme des Gerichts bedarf.

Jede Übertretung der Pachtbedingungen hinsichtlich der Übertragung der Fischereiberechtigung wird mit einer Vertragsstrafe von ..... Mark belegt. Im Wiederholungsfalle kann der Vertrag von der Verwaltung mit vierzehntägiger Kündigungsfrist aufgelöst werden.

Wird einer der Unterpächter, Erlaubnisinhaber oder Gehilfen wegen Übertretung der Fischereigesetze oder Verordnungen rechtskräftig verurteilt, oder wird von einem derselben gegen die Vertragsbedingungen verstoßen, so ist der Wasserbauinspektor berechtigt, die sofortige Zurückziehung des Berechtigungsausweises von dem Hauptpächter zu fordern.

Verweigert der Pächter diese Zurückziehung oder erfolgt dieselbe tatsächlich nicht binnen drei Tagen, so ist die Verwaltung berechtigt, den Pachtvertrag innerhalb vierzehn Tagen in der vorbezeichneten Weise aufzulösen.

In dem Falle der seitens des Pächters verschuldeten Auflösung des Vertrages kommen die Bestimmungen in dem obigen § 7 hinsichtlich der Einziehung der Kosten der Neuverpachtung und des Mindererlöses für die Dauer des aufgehobenen Pachtvertrages in Anwendung.

§ 24.

Falls in den besonderen Bedingungen die Aussetzung von Fischbrut verlangt wird, ist der Pächter gehalten, dieser Verpflichtung pünktlich in der vorgeschriebenen Zeit nachzukommen, widrigenfalls sowohl die Beschaffung der Fischbrut als die Aussetzung derselben auf seine Kosten durch die Wasserbauverwaltung vorgenommen wird und die Kosten von ihm zwangsweise eingezogen werden.

§ 25.

Sollten während der Pachtdauer Pachtlose oder Teile derselben einem genossenschaftlichen Fischereigebiete angeschlossen werden, so tritt in diesem Falle der Pachtvertrag hinsichtlich der betreffenden Strecken oder Flächen gemäß § 18 des Gesetzes vom 2. Juli 1891, betreffend die Fischerei, mit dem Tage der Errichtung der Genossenschaft außer Kraft. Für den Wegfall dieser Strecken oder Flächen kann der Pächter eine Entschädigung nicht beanspruchen; dagegen wird in einem solchen Falle der Pachtzins um einen nach Verhältnis der Größe der ausgefallenen Strecken oder Flächen zur Größe des Pachtloses zu bemessenden Betrag ermäßigt werden.

§ 26.

Der Bürge ist solidarisch mit dem Pächter für alle Ansprüche aus dem Pachtvertrage haftbar.

§ 27.

Wenn diesen Bedingungen eine französische Übersetzung beigegeben ist, so ist bei Abweichungen im Wortlaut immer der deutsche Wortlaut maßgebend.

Besondere Bedingungen.

*)

*) Nach den örtlichen Verhältnissen festzustellen, wobei besonders darauf zu achten ist, daß die von der Ausübung der Fischerei auszuschließenden Flächen innerhalb der einzelnen Loose möglichst genau bezeichnet werden.

B.

Muster zur Verhandlung wegen Verpachtung einer Fischerei, die einer Gemeinde zusteht.

Bezirk: . . . . Nr. . . . des Repertoriums.
Kreis: . . . .
Gemeinde: . . . .

Fischereiverpachtungsverhandlung.

Geschehen zu . . . . den . . . . 18 .
Gegenwärtig:
Der Bürgermeister der Gemeinde: . . . .
Die zwei Mitglieder des Gemeinderats: . . . .
Der Gemeinderechner: . . . .

Nach vorausgegangener öffentlicher Bekanntmachung in ortsüblicher Weise (und in der . . . . Zeitung) ist die Verpachtung der Fischerei in . . . .

. . . .

im Wege der öffentlichen Versteigerung unter folgenden Bedingungen heute abgehalten worden:

I. Allgemeine Pachtbedingungen:

1. Die Verpachtung der Fischerei . . . . erfolgt für die Zeit von . . . . bis . . . . Die Verpachtung unterliegt der Genehmigung des Kreisdirektors.

2. Es wird weder für den Ertrag der Fischerei noch für die angegebene Länge de . Wasserlaufe . Gewähr geleistet.

Die durch besondere Kennzeichen an Ort und Stelle festzulegenden Grenzen der Fischereilose sind die folgenden: . . . . . .

. . . .

Die Kosten der Errichtung der Grenzzeichen trägt der Fischereipächter.

3. Die Versteigerung findet (losweise) statt im Wege des Meistgebotes.

Der Zuschlag erfolgt, nachdem drei hintereinander angezündete Kerzen erloschen sind. Werden während des Abbrennens dieser drei Kerzen neue Gebote abgegeben, so wird der Zuschlag erst ausgesprochen, nachdem eine neue Kerze angezündet und während des Abbrennens derselben kein neues Gebot erfolgt ist.

4. Jedes Aufgebot muß wenigstens 1 Mark bei einem Anschlagspreis von weniger als 100 Mark, 2 Mark bei einem Anschlagspreis von 100 Mark bis 200 Mark und 5 Mark bei einem höheren Anschlagspreis betragen.

5. Gebote notorisch zahlungsunfähiger Personen werden nicht berücksichtigt.

6. Die Versteigerungsverhandlung wird auf Stempelpapier geschrieben und im Termin sofort von dem Bürgermeister, den beisitzenden beiden Mitgliedern des Gemeinderats und dem Gemeinderechner, sowie von dem Fischereipächter oder dessen Bevollmächtigten und dem Bürgen unterschrieben. Dem Fischereipächter fallen die Stempel- und Registrierungsgebühren, sowie die übrigen Kosten der Verpachtung zur Last.

7. Jeder Fischereipächter hat sofort im Termin einen sich gesamtverbindlich verpflichtenden zahlungsfähigen Bürgen oder Mitpächter zu stellen.

8. Der Pachtzins ist in vierteljährlichen Teilbeträgen im voraus und zwar am ....
an den Gemeinderechner zu zahlen.

9. Fischereipächter, welchen die Ausstellung einer Fischerkarte verweigert oder die ausgestellte Fischerkarte entzogen wird, haben aus diesem Grunde keinen Anspruch auf Aufhebung der Pacht oder Erlaß am Pachtzins.

10. Mit Genehmigung des Kreisdirektors ist der Gemeinderat befugt, den Pachtvertrag ohne gerichtliche Dazwischenkunft aufzuheben, wenn der Pächter vier Wochen nach der Verfallzeit mit dem Pachtzins noch im Rückstande ist, wenn er in anderer Beziehung gegen die Bedingungen des Pachtvertrags handelt, wenn ihm die Erteilung einer Fischerkarte verweigert wird, wenn ihm die erteilte Fischerkarte entzogen wird, oder wenn er die Fähigkeit zum Erwerb einer Fischerkarte verliert.

Für den Mindererlös bei der demnächstigen Neuverpachtung des Loses und zwar für die ganze Dauer des Pachtvertrages kann die Gemeinde den bisherigen Pächter haftbar machen.

11. Der Fischereipächter kann die Rechte aus dem Pachtvertrage nur nach Zustimmung des Gemeinderats und Genehmigung des Kreisdirektors ganz oder zum Teil an andere abtreten, einen Stellvertreter aufstellen und ferner nur unter den

gleichen Bedingungen nachträglich Mitpächter annehmen, falls er nicht schon vor der Entgegennahme der Zuschlagserklärung seine Mitpächter angegeben hat und diese ihre Zustimmung durch unterschriftliche Anerkennung der Verhandlung beurkundet haben.

In jedem Falle bleiben Pächter, Mitpächter und Bürge für die Erfüllung der aus dem Pachtvertrage hervorgehenden Pflichten bis zum Erlöschen des Vertrages gesamtverbindlich mit dem Unterpächter haftbar.

Mit Zustimmung des Gemeinderats und Genehmigung des Kreisdirektors können angenommene Mitpächter oder Unterpächter und deren Stellvertreter durch andere ersetzt werden.

12. Pächter, Mitpächter, Unterpächter oder deren Stellvertreter dürfen die Fischerei nicht auf derselben Strecke gemeinschaftlich ausüben.

Jede von dem Pächter, Mitpächter oder Unterpächter zu befischende Strecke muß eine Länge von mindestens 3 km bzw. eine Fläche von mindestens 3 Hektaren umfassen. Eine Beschränkung der Mit- oder Unterpächter hinsichtlich der zum Fischfange zu benutzenden Geräte ist nicht statthaft.

Der Pächter darf die Erlaubnis zum Fischen mit Angeln für jede der im 2. Absatze bezeichneten Strecken je nur an höchstens 2 Personen erteilen. Für die an einen Mitpächter oder Unterpächter überwiesenen Fischwasser steht dieses Recht nur dem Mit- bzw. Unterpächter zu. Erlaubnis zum Fischen mit Netzen darf neben dem Mitpächter, Unterpächter oder Stellvertreter niemandem erteilt werden.

Bei Ausübung des Fischzuges darf der Pächter, Mitpächter oder Unterpächter niemals mehr als einen Gehilfen für jeden verwendeten Nachen zuziehen. In einem Lose und für einen Fischzug darf nie mehr als ein Nachen für je 3 km der Streckenlänge benutzt werden.

Dem Bürgermeister ist gestattet, die Ausdehnung der von dem Pächter, oder dem Mit- oder Unterpächter zu befischenden Strecken in einzelnen Fällen auf 2 km zu ermäßigen und statt des einen Gehilfen deren zwei zuzulassen.

13. Der Pächter kann mit Genehmigung des Bürgermeisters . . . . Fischereiaufseher bestellen. Die Genehmigung kann zurückgezogen werden, wenn Umstände eintreten, welche die Zuverlässigkeit der als Fischereiaufseher bestellten Person : . in Frage stellen.

Vor Ausübung des Amtes ist der Fischereiaufseher durch das Amtsgericht in .... eidlich zu verpflichten.

14. Die Ausübung der Fischerei hat in Gemäßheit der einschlägigen gesetzlichen Bestimmungen und der erlassenen oder noch zu erlassenden Verordnungen der zuständigen Behörde stattzufinden.

15. Bei Ausübung der Fischerei dürfen als Fanggeräte nur in Anwendung kommen:

1. ....
2. ....
3. .... (usw.).

16. Bei Ausübung der Fischerei haben sowohl der Pächter, als der Mit- und Unterpächter und der Erlaubnisinhaber eine auf ihren Namen lautende und für das betreffende Kalenderjahr gültige, von dem zuständigen Bürgermeister ausgestellte Fischerkarte für das Fischen in nicht schiff- oder flößbaren Gewässern bei sich zu führen.

Gehilfen bedürfen einer Fischerkarte nur, wenn sie mit der Leitung des Fischfanges beauftragt sind.

17. Sollten während der Pachtdauer Pachtlose oder Teile derselben einem genossenschaftlichen Fischereigebiete angeschlossen werden, so tritt in diesem Falle das Pachtverhältnis hinsichtlich der betreffenden Strecken gemäß § 18 des Gesetzes vom 2. Juli 1891 mit dem Tage der Errichtung der Genossenschaft außer Kraft. Für den Wegfall dieser Strecken kann der Pächter eine Entschädigung nicht beanspruchen; dagegen wird der Pachtzins um einen nach Verhältnis der Größe der ausgefallenen Strecken zur Größe des Pachtloses zu bemessenden Betrag ermäßigt werden.

18. Wenn während der Dauer der Pacht das Pachtlos oder Teile desselben zu Laich- oder Hegeplätzen für die Fortpflanzung der Fische erklärt werden, so finden hinsichtlich der Entschädigung des Pächters usw., falls nicht vorher eine besondere bezügliche Vereinbarung unter Genehmigung des Kreisdirektors zustande kommt, die Bestimmungen in den §§ 39 und 5 des Gesetzes vom 2. Juli 1891 Anwendung.

Dem Pächter usw. steht infolge etwaiger Änderung der Fischereipolizei-Bestimmungen, insbesondere hinsichtlich der Schonzeiten, des Mindestmaßes der zu fangenden Fische, der Art und Größe der zulässigen Fischereigerätschaften, des Verbotes des

Krebsfanges oder des Fanges einzelner Fischarten für kürzere oder längere Dauer ein rechtlicher Anspruch auf Aufhebung des Pachtvertrages oder Gewährung von Schadensersatz bzw. Pachtnachlaß nicht zu.

Schaden, welcher dem Pächter durch Eisgang, Wassermangel, Hochwasser oder sonstige nicht vorherzusehende Zufälle erwächst, berechtigt den Pächter nicht, von der Verpächterin Schadensersatz, Auflösung des Vertrages oder Pachtnachlaß zu fordern.

19. Wird der Fischereipächter rechtskräftig wegen Übertretung der Fischereigesetze oder Verordnungen verurteilt, so gibt dies dem Bürgermeister das Recht der sofortigen Vertragsauflösung durch Zustellung einer schriftlichen Erklärung vorbehaltlich der Genehmigung des Kreisdirektors, ohne daß es einer weiteren Inanspruchnahme des Gerichtes bedarf.

Jede Übertretung der Pachtbedingungen hinsichtlich der Übertragung der Fischereiberechtigung wird mit einer Vertragsstrafe von .... Mark belegt. Im Wiederholungsfalle kann der Vertrag von dem Bürgermeister mit Genehmigung des Kreisdirektors mit 14tägiger Kündigungsfrist aufgelöst werden.

Wird einer der Mitpächter, Unterpächter, Stellvertreter, Erlaubnisinhaber oder Gehilfen wegen Übertretung der Fischereigesetze oder Verordnungen rechtskräftig verurteilt, oder wird von einem derselben gegen die Vertragsbedingungen verstoßen, so ist der Bürgermeister vorbehaltlich der vorgedachten Genehmigung berechtigt, den sofortigen Austritt des Mitpächters, Unterpächters oder Stellvertreters aus dem Pachtverhältnis bzw. die Zurückziehung der Berechtigung des Erlaubnsinhabers oder die Entfernung der Gehilfen von dem Hauptpächter zu fordern.

Verweigert der Pächter die Ausführung dieser Maßnahmen, oder erfolgt dieselbe tatsächlich nicht binnen drei Tagen, so ist die Verpächterin berechtigt, den Pachtvertrag innerhalb vierzehn Tagen in der vorbezeichneten Weise aufzulösen.

In dem Falle der seitens des Pächters verschuldeten Auflösung des Vertrages können die unter Ziffer 10 oben hinsichtlich der Haftbarmachung für den Mindererlös für die Dauer des aufgehobenen Pachtvertrages aufgeführten Bestimmungen in Anwendung gebracht werden.

20. Der Pächter verpflichtet sich zum Aussetzen von Fischbrut in der Weise, daß er alljährlich .... Stück .... aussetzt.

II. Besondere Pachtbedingungen.

....
....
....

III. Beschreibung des zu verpachtenden Fischereiloses.

(Bei mehreren Loosen sind dieselben hintereinander aufzuführen und gesondert zu beschreiben.)

....
....
....

Nachdem die vorstehenden Bedingungen, sowie die Beschreibung des Loses den anwesenden Pachtliebhabern verlesen worden, wurde mit der Steigerung begonnen.

Das höchste Gebot erfolgte für das erste Los mit . . . Mark von Seiten des Herrn . . . . in . . . ., welchem hierauf der Zuschlag erteilt wurde. Herr . . . . bezeichnete als Bürgen (Mitpächter) nach Ziffer 7 der Bedingungen den Herrn . . . . in . . . .

Das höchste Gebot erfolgte für das zweite Los usw. (wie vor).

Vorgelesen, genehmigt, unterschrieben.

Die Pächter: . . . .
Die Bürgen: . . . .
Der Bürgermeister: . . . .
Der Gemeinderechner: . . . .
Die Mitglieder des Gemeinderats: . . . .

Genehmigt . . . . den . . . . 19 . .

Der Kreisdirektor.

Allgemeine Verfügung des Oberstaatsanwalts in Colmar,

betreffend

das Verfahren bei der Beschlagnahme von Fischen

vom 8. November 1894.

(Zentral- und Bezirksamtsblatt 1894 A 269.)

An Stelle der Nr. III der allgemeinen Verfügung vom 16. April 1887 betreffend das Verfahren bei Beschlagnahme von Wild und Fischen (Zentral- und Bezirksamtsblatt S. 86; Smlg. der Justizverwaltung XII S. 147) treten folgende Bestimmungen:

1. Bei Beschlagnahme von Fischen hat der Regel nach sofortige Veräußerung der beschlagnahmten Fische durch den Beamten, welcher die Beschlagnahme bewirkt hat, stattzufinden. Dieselbe hat in der dem Orte der Beschlagnahme zunächst liegenden Gemeinde nach öffentlicher Bekanntmachung im Wege öffentlicher Versteigerung zu erfolgen und zwar auf Grund einer Ermächtigung des Amtsgerichts, sofern eine richterliche Anordnung oder Bestätigung der Beschlagnahme stattgefunden hat und der Amtsrichter rechtzeitig zu erreichen ist, andernfalls auf Ermächtigung des Bürgermeisters. Diese Versteigerung hat in Gegenwart des Enregistrementseinnehmers, oder wenn dieser nicht am Orte anwesend ist, des Bürgermeisters, bzw. des Vertreters des letzteren stattzufinden.

2. Im Falle eines unberechtigten Fischens sind die Fische der Regel nach in Natur an den durch das unberechtigte Fischen verletzten Fischereiberechtigten auszuliefern, sofern die Umstände eine Übergabe der Fische in lebendem oder genießbarem Zustande ohne Weiterungen gestatten.

Eine Ausnahme greift dann Platz, wenn zugleich eine Zwiderhandlung gegen § 33 des Fischereigesetzes in Frage steht; diesenfalls bewendet es bei der Bestimmung unter Ziffer 1.

3. Im Falle der Möglichkeit sofortiger Vorführung und Aburteilung des Täters sind die Fische dem Amtsrichter vorzulegen, welchem es vorbehalten bleibt, nach beendigter Verhandlung die geeigneten Anordnungen zu treffen.

4. Bezüglich des an die zuständigen Enregistrementseinnehmereien abzuliefernden Erlöses der Veräußerung ist in dem Falle, in welchem eine Einziehung statthaft ist (vgl. § 53 F. G. v. 2. Juli 1891) und zwar, soweit die Verfolgung eines

bestimmten Täters nicht ausführbar erscheint, im Wege des objektiven Verfahrens, Ausspruch der Einziehung zu beantragen, in anderen Fällen ist gerichtliche Anordnung dahin zu beantragen, daß der Erlös dem verletzten Fischereiberechtigten auszuzahlen sei. Ist letzterer selbst der Täter, so verbleibt der Erlös der Staatskasse.

5. Falls von einer Veräußerung der beschlagnahmten Fische in Anbetracht der geringen Menge oder des unbedingten Wertes eine den Betrag der aufzuwendenden Kosten nennenswert übersteigender Erlös nicht zu erwarten steht, können die beschlagnahmten Fische auf Ermächtigung des Amtsgerichts, sofern eine richterliche Anordnung oder Bestätigung der Beschlagnahme stattgefunden hat, und der Amtsrichter rechtzeitig zu erreichen ist, andernfalls auf Ermächtigung des Bürgermeisters der nächsten Wohltätigkeitsanstalt überwiesen werden. Bereits verdorbene Fische sind zu vernichten.

6. Vorstehende Bestimmungen setzen voraus, daß tatsächlich eine Beschlagnahme stattgefunden hat. Nach § 32 des Fischereigesetzes v. 2. Juli 1891 sind übrigens lebende Fische, welche nicht das vorgeschriebene Maß haben, oder welche zu der betreffenden Zeit nicht gefangen werden dürfen, wieder in das Wasser zu werfen.

Colmar, den 8. Nov. 1894.

Der K. Oberstaatsanwalt

T. 1602. Kassiga.

Übersicht

derjenigen Uferstrecken des Rheinstroms längs der elsässisch-badischen Grenze, die zum elsaß-lothringischen Hoheitsgebiet gehören, aber Teile von badischen Gemarkungen sind, und in denen die Fischerei nur nach Maßgabe der badischen Gesetzgebung ausgeübt werden darf.

A. Hauptstrom.

1.	von	km	$2,339^{6}$	bis	km	$2,926^{5}$
2.	„	„	$5,539^{5}$	„	„	$11,871^{1}$
3.	„	„	$16,581^{4}$	„	„	26,417
4.	„	„	27,767	„	„	31,144
5.	„	„	$31,818^{5}$	„	„	34,980
6.	„	„	$39,866^{6}$	„	„	42,015
7.	„	„	$46,382^{1}$	„	„	58,405
8.	„	„	$58,993^{5}$	„	„	$78,875^{4}$
9.	„	„	$80,428^{7}$	„	„	$82,696^{8}$
10.	„	„	$95,294^{8}$	„	„	107,772
11.	„	„	$118,102^{1}$	„	„	$119,332^{4}$
12.	„	„	$122,441^{3}$	„	„	$124,811^{7}$
13.	„	„	130,958	„	„	$133,001^{6}$
14.	„	„	$135,336^{3}$	„	„	$140,542^{3}$
15.	„	„	$145,389^{3}$	„	„	149,547
16.	„	„	$152,547^{8}$	„	„	163,306
17.	„	„	167,753	„	„	$171,096^{3}$
18.	„	„	172,678	„	„	173,945

B. Kleiner Rhein.

1. Linkes Ufer von der Abzweigung aus dem Rheinstrom bis km $0,259^{4}$.
2. Rechtes Ufer von der Abzweigung aus dem Rheinstrom bis km 0,360.

Verzeichnis

der

Rheinuferstrecken längs der elsässisch-badischen Grenze, innerhalb welcher die freie Angelfischerei gestattet ist.

Strecke von km	Strecke bis km	Gemarkung	Kreis
		A. Hauptstrom.	
0,000	$2,339^{6}$	Hüningen	
$2,926^{5}$	$5,539^{5}$	Neudorf	
$11,871^{1}$	$16,581_{4}$	Kembs	Mülhausen
26,417	27,767	Ottmarsheim	
31,144	$31,818^{5}$	Eichwald	
34,980	$39,866^{6}$	Rumersheim und Blodelsheim	
42,015	Kreisgrenze		Gebweiler
Kreisgrenze	(43,516)	Fessenheim	
(43,516)	$46,382^{1}$	Balgau und Nambsheim	Colmar
58,405	$58,993^{5}$	Biesheim	
$78,875^{4}$	$80,428^{7}$	Artolsheim und Schönau	
$82,696^{2}$	Kreisgrenze		Schlettstadt
Kreisgrenze	(86,044)	Schönau und Sundhausen	
(86,044)	93,000	Rheinau	Erstein
93,000	$95,294^{2}$	Rheinau	Erstein
107,772	$118,102^{1}$	Erstein, Plobsheim, Eschau und Straßburg-Neuhof	Erstein und Straßb.-Stadt
$119,332^{4}$	$122,441^{8}$	Straßburg-Neuhof	Straßb.-Stadt
$124,811^{7}$	130,958	Straßburg-Neudorf und Straßburg-Ruprechtsau	Straßb.-Stadt
$133,001^{6}$	$135,336^{3}$	Wanzenau	Straßb.-Land
$140,542^{3}$	$145,389^{1}$	Gambsheim und Offendorf	Straßb.-Land und Hagenau

Strecke von km	Strecke bis km	Gemarkung	Kreis
149,547	152,547[2]	Drusenheim u. Dalhunden	Hagenau
163,306	167,753	Neuhäusel und Beinheim	Hagenau und Weißenburg
171,096[3]	172,678	Selz	Weißenburg
173,945	184,140	Münchhausen, Mothern und Lauterburg	Weißenburg

B. Kleiner Rhein.

Linkes Ufer km 0,259[4] bis zur Mündung in den Rhein; rechtes Ufer km 0,360 bis zur Mündung in den Rhein	Straßburg-Neudorf und Straßburg-Ruprechtsau	Straßb.-Stadt

Sachregister.

(Die Ziffern geben die Seitenzahlen an.)

Aus dem Verlag von

Karl J. Trübner in Straßburg

mcmxii

Durch die meisten Buchhandlungen des In- und Auslandes zu beziehen.

Das

Feldpolizeistrafgesetz
für Elsaß-Lothringen

vom 9. Juli 1888.

Erläutert

von

Dr. A. Stieve,

Gerichtsassessor.

8°. XIV, 100 Seiten. 1907. Kartoniert ℳ 1.60

„Das Werkchen, welches den mit der Verfolgung von Feldfreveln betrauten Beamten die Handhabung des Gesetzes und die Ausübung des Dienstes erleichtern wird, kann den Gemeindeverwaltungen zur Anschaffung für die Feldhüter bestens empfohlen werden."

Straßburger Korrespondenz 1907, Nr. 36.

„Der kleine Kommentar gibt eine sehr brauchbare Erörterung über die zum Teil recht schwierigen Fragen unseres Feldpolizeistrafrechtes. Ein großer Vorzug des Werkchens ist der, daß der Verfasser bei der Untersuchung und Darstellung der besonderen Regelung, die das Gesetz getroffen, immer von den allgemeinen Grundsätzen des Strafrechts ausgeht und auf dieser Grundlage die Sonderbestimmung klar und anschaulich macht. Dadurch bieten die Ausführungen über Notstand, Bewußtsein der Rechtswidrigkeit, Versuch und Beihilfe — die nach dem vorliegenden Gesetz auch bei Übertretungen mit der Strafe des vollendeten Delikts bezw. der Täterhandlung bedroht werden, — Rückfall, Strafbarkeit der Jugendlichen usw., viel allgemein Interessantes. Auch die hübschen Ausführungen über die juristische Natur der „Nachlese" — eine an manchen Orten von alters her bestehende Berechtigung der Armen, die nach vollendeter und abgeräumter Ernte auf den Feldern zurückgelassenen Bodenerzeugnisse einzusammeln und sich anzueignen — wird mancher gerne lesen". *Deutsche Juristen-Zeitung 1908, Heft 7.*

Soeben erschien:

Das Gesetz

betreffend die

Ausführung des Bürgerlichen Gesetzbuchs in Elsaß-Lothringen

mit Erläuterungen.

Von

Dr. jur. h. c. Hugo Molitor,

Präsident des Oberlandesgerichts in Colmar.

Zweite,

in Verbindung mit

Dr. jur. A. Stieve,

Regierungsrat im Ministerium für Elsaß-Lothringen,

völlig neubearbeitete Auflage.

Lex. 8°. 38½ Bogen. 1912. Geh. ℳ 19.—, gebunden ℳ 20.—

Seitdem die erste Lieferung der nunmehr vollständig vorliegenden zweiten Auflage des vorbezeichneten Werkes erschienen ist, sind mehr als drei Jahre vergangen. Den Herren Verfassern war es infolge Überlastung mit Berufsgeschäften nicht möglich, das Buch innerhalb der damals in Aussicht gestellten Frist zu vollenden. Herr Regierungsrat Münzer, der beim Erscheinen der ersten Lieferung als Mitarbeiter genannt war, hat infolge dienstlicher Inanspruchnahme von seiner Mitwirkung Abstand nehmen müssen.

Inzwischen hat der in der ersten Lieferung verarbeitete Teil des Ausführungsgesetzes durch die Justiznovelle vom 8. August 1910 mehrere wichtige Änderungen erfahren. Hierdurch wurde eine Neubearbeitung auch der ersten Lieferung veranlaßt, wobei neben den durch die Novelle gebotenen auch sonstige sachliche Ergänzungen vorgenommen wurden. Da bei der weiteren Bearbeitung des Gesetzes das Werk einen unerwartet großen Umfang annahm, hat sich die Verlagsbuchhandlung entschlossen, die zweite Auflage in völlig veränderter Form und Ausstattung, nach dem Muster der großen Kommentare zum BGB. von Planck und Staudinger, erscheinen zu lassen.

Die in Elsaß-Lothringen geltenden

Gesetze betreffend die direkten Steuern.

Text-Ausgabe.

Im amtlichen Auftrage zusammengestellt von

Ministerialrat Roth.

Dritte Auflage.

16°. VII, 125 S. 1908. In Leinwand geb. ℳ 2.—.

Aus dem Vorwort zur dritten Auflage:

„In der neuen Auflage sind sämtliche in der Gesetzgebung über die direkten Steuern seit dem Erscheinen dieses Werkchens vorgekommenen Änderungen und Ergänzungen berücksichtigt worden . . .“

Inhalt:

Grundsteuer, Gebäudesteuer, Tothandabgabe, Gewerbesteuer, Wandergewerbesteuer, Bergwerkssteuer, Kapitalsteuer, Lohn- und Besoldungssteuer, Verwendung der Erträge der Kapitalsteuer und der Lohn- und Besoldungssteuer, Lizenzgebühren, Kirchensteuer.

Hauseigentümer und Steuerreform in Elsaß-Lothringen

Von

Aug. Herrmann

Doktor der Staatswissenschaften

8°. III, 30 S. 1911. ℳ 0.75.

Der Schutz des Ortsbildes

Das Elsaß-Lothringische Landesgesetz betreffend baupolizeiliche Vorschriften

vom 7. November 1910 (Gesetzblatt v. 21. Nov.), sowie das Ortsstatut und die Verordnung zum Schutze des Ortsbildes von Straßburg vom 23. November 1910

erläutert von

Dr. jur. Heinr. Emerich,

Beigeordneter der Stadt Straßburg.

8°. X, 150 Seiten. 1911. Mit 4 Tafeln.
Geheftet *M* 4.—, gebunden *M* 4.80.

„... Das Werk ist somit vorzüglich dazu geeignet, das Wesen und den Zweck des erwähnten Landesgesetzes auch dem bisher Uneingeweihten vor Augen zu führen und als Grundlage zum Erlasse von Ortsstatuten sowie von bürgermeisterlichen Verordnungen zu dienen.

Das Ziel, welches sich der Verfasser bei Herausgabe des Werkes gesteckt hat, durch Erhaltung schöner, charakteristischer Ortsbilder und durch Gewinnung solcher zum Segen unseres engeren Heimatlandes mit beizutragen, den Gemeinden und anderen Verwaltungsbehörden, den Gerichten und Anwälten, Architekten, Unternehmern und Bauhandwerkern sowie den Schulen ein Hilfsmittel an die Hand zu geben, dies Ziel dürfte in vollem Umfange erreicht werden. Die Herausgabe des Werkes entsprach geradezu einem Bedürfnis. ...“

Elsaß-Lothringische Gemeindezeitung 1911, Nr. 8.

„... Der Inhalt des Buches zeugt nicht bloß von genauer, fachmännischer Kenntnis der behandelten Gebiete, sondern auch von einem ernsten Erfassen der Schönheit heimatlicher Bauschätze und einem warmen kommunal-patriotischen Empfinden. Interessiert die „wunderschöne Stadt“ mit ihren Bauten schon heute jeden gebildeten Deutschen, so wird das Buch dazu beitragen, dieses Interesse in weitere Kreise zu tragen ....“

Deutsche Gemeinde-Zeitung 1911, Nr. 7.

Das
Elsaß-Lothringische Verfassungsgesetz
vom 31. Mai 1911
nebst dem Wahlgesetz und den ergänzenden Verordnungen

herausgegeben mit Erläuterungen

von

Dr. F. F. Heim
Gerichtsassessor in Straßburg.

Mit einem Vorwort von Dr. Wilhelm Kisch,
Professor an der Universität zu Straßburg.

8°. VI, 230 S. 1911. Geheftet *M* 4.50, in Leinwand geb. *M* 5.—.

„Das höchst zeitgemäße Werk verdient volle Anerkennung. . . .“

Juristische Zeitschrift f. Elsaß-Lothringen 1911, Nr. 11.

„. . . Überdies weist das Heimsche Buch einen wesentlichen Vorteil auf: Heim berücksichtigt auf das Eingehendste die reichsländische Literatur, die schon manche der Fragen, die durch das Verfassungsgesetz entschieden worden ist, vorher erörtert und gelöst hatte. Auf diese Weise bekommt der Heimsche Kommentar einen großen wissenschaftlichen Wert. . . .“

Juristisches Literaturblatt vom 15. Nov. 1911.

FSC
www.fsc.org
MIX
Papier | Fördert gute Waldnutzung
FSC® C083411

Kolibri 360 GmbH
Ferdinand-Jühlke-Straße 7
99095 Erfurt, Deutschland
produktsicherheit@kolibri360.de